对外汉语本科系列教材

语言技能类　一年级教材

汉语听力教程 第3版

HANYU TINGLI JIAOCHENG

第三册

杨雪梅　编著

北京语言大学出版社
BEIJING LANGUAGE AND CULTURE UNIVERSITY PRESS

图书在版编目（CIP）数据

汉语听力教程．3 / 杨雪梅编著．-- 3 版．-- 北京 ：
北京语言大学出版社，2020.1（2025.9重印）
ISBN 978-7-5619-5596-3

Ⅰ.①汉… Ⅱ.①杨… Ⅲ.①汉语－听说教学－对外
汉语教学－教材 Ⅳ.① H195.4

中国版本图书馆 CIP 数据核字 (2019) 第 287120 号

汉语听力教程（第 3 版）第三册

HANYU TINGLI JIAOCHENG (DI 3 BAN) DI-SAN CE

责任编辑：王巧燕
英文编辑：侯晓娟
排版制作：北京创艺涵文化发展有限公司
责任印制：邝　天

出版发行：北京语言大学出版社
社　　址：北京市海淀区学院路 15 号，100083
网　　址：www.blcup.com
电子信箱：service@blcup.com
电　　话：编辑部　8610-82303647/3592/3724
国内发行　8610-82303650/3591/3648
海外发行　8610-82303365/3080/3668
北语书店　8610-82303653
网购咨询　8610-82303908
印　　刷：天津鑫丰华印务有限公司

版　　次：2000 年 8 月第 1 版
2010 年 12 月第 2 版
2020 年 1 月第 3 版
开　　本：787 毫米 × 1092 毫米　1/16
印　　张：15/13.75
字　　数：341 千字
印　　次：2025 年 9 月第 5 次印刷
定　　价：78.00 元

PRINTED IN CHINA

前 言

本教程是为提高汉语初学者的听力理解能力而编写的一套训练方式针对性强、题量丰富、内容生动有趣、难易度适宜的听力教材，也是“对外汉语本科系列教材”中《汉语教程》(第 3 版）的配套教材。

全套教程共分三册，第一册侧重语音语调训练和汉语基础语法理解训练；第二册在针对语法点进行理解训练的同时，开始针对语段和语义进行理解训练；第三册在语段和语义理解训练的基础上，强化了语用理解训练，并且在听力材料中引入了大量中国文化元素，这样可以使学习者在提高听力理解能力的同时，了解更多的中国文化，有“一石二鸟”的作用。

本教程的语音语调练习题型丰富，通过听后填空、听后选择、听后跟读等练习，训练学习者的辨音、辨调能力，并根据不同的教学阶段设置不同的题量、题型。听力理解练习部分除了常见的听后选择正确答案、听后判断正误、听后填空、听后回答问题等，我们还特别设计了根据句重音提问、听后选择合适的回答、听后快速回答问题等功能性强的练习形式。

本教程分“学生用书”和“学习参考”两部分。在“学习参考”里我们为大多数拼音练习加上了汉字，便于有这方面需求的学生自主学习。

本次修订主要是随着《汉语教程》(修订本）的修订而进行的。近十年的时间，中国社会发生了很大的变化，我们对原教材中一些不太符合当今社会情况的句子、对话或短文做了修改或更换；听力语料中的词语也随着《汉语教程》(修订本）的修订略有增减；个别课的顺序有所调整。为配合《汉语教程》(第 3 版），我们将原第一册的第 26 ～ 30 课放到了第二册，作为第二册的第 1 ～ 5 课。这样，第一册和第二册的课数相同，均为 25 课。同时，为了使第二册在体例上保持一致，我们对这五课的“听力理解练习”中的“听后快速回答问题”部分进行了修改。

对于教程中标注声调的练习，有教师反映有些三声连读的词语，学生因为没学过，很难标注出正确的读音，是否有必要辨别这样的词语。我们认为，该练习训练的就是学生对声调的敏感度，且他们已经具备了一定的三声变调的知识，应该强化这方面的训练。故此，我们保留了三声连读词语的听音辨调练习。

本教程自 2000 年出版以来，受到了国内外院校教师和学习者的一致认可，作为编者，我们为能给大家提供有用的帮助感到高兴，也非常感谢大家的支持。

虽然我们做了认真修订，但书中仍有可能存在疏漏和不足，我们诚挚地希望大家提出宝贵意见。

在此特别感谢北京语言大学出版社多年来的大力支持。

编　者

使用说明

《汉语听力教程》(第 3 版)第三册教学建议：

1. 课时安排：每课两个课时。

2. 在教学过程中，应该注重听和说相结合。比如听力理解练习“(一)听录音，选择正确答案”，在学生做完之后，对于对话中出现的典型句式，教师可以让他们重复一遍，这样做可以加深理解和记忆，同时可以活跃课堂气氛。

3. 对生词的处理：听力理解练习“(二)听对话 / 短文，做练习”中的生词，应该要求学生做好预习。对于重点词语，在听录音之前，教师应该多做些解释。泛听练习中的生词，不要求学生预习，只供参考。

4. 对“重点、难题提示”部分的处理：这部分内容要求学生提前预习，并且，在听录音之前，教师应该再做些讲解，让学生正确理解这些语言点，为后面的练习扫清障碍。

5. 在听录音之前，应让学生有一个心理预测。如听力理解练习“(二)听对话 / 短文，做练习”，在听录音之前，可以通过让学生看课文的标题、看听后练习的“听第一遍录音，判断正误”等练习中的句子或者教师简单提问等各种方式，让学生对将要听到的对话或短文的内容有一个基本的心理预测。

6. 对泛听练习的处理要注意与对听力理解练习的处理有所区别，做到学生可以理解大意，能完成后面的练习即可。

目　录

Lesson 1

第一课
迎来送往

一、听力理解练习 Listening comprehension

一、听录音，选择正确答案 Listen and choose the correct answers. 1-1

1. A. 今天阴天
   B. 今天刮风
   C. 今天晴天
   D. 今天有雨

2. A. 小王因为有事儿所以跟他联系
   B. 小王如果有事儿就跟他联系
   C. 小王正在跟他联系
   D. 他要跟小王联系

3. A. 买今天的火车票
   B. 买明天的火车票
   C. 今天去买火车票
   D. 明天去买火车票

4. A. 她心里的话不能说出来
   B. 她心里的话说不出来
   C. 她心里非常难受
   D. 孩子心里非常难受

5. A. 这件事你不应该瞒着我
   B. 这件事你在瞒着我吗
   C. 我不想告诉你这件事
   D. 这件事你必须告诉我

6. A. 那孩子跑着跑着摔了一下
   B. 那孩子跑着跑着突然摔倒了
   C. 那孩子跑了一下摔倒了
   D. 那孩子摔了一下又跑起来

7. A. 他们以前知道小张不去
   B. 他们没给小张买票
   C. 小张自己已经买票了
   D. 他们已经给小张买了票

8. A. 小王工作很忙
   B. 小王正在找工作，很忙
   C. 小王正在跟他联系呢
   D. 他正跟小王联系呢

9. A. 小李不同意老王的意见
B. 老王对小李很了解
C. 小李知道老王不会同意
D. 小刘对老王很了解

10. A. 小刚现在很好
B. 很多父母的教育方法有问题
C. 小刚父母的教育方法很好
D. 小刚父母的教育方法不对

二、听对话，做练习 Listen to the following dialogue and do the exercises.

迎来送往 1-2

生词 New Words

1.	生硬	shēngyìng	（形）	stiff, blunt
2.	基本	jīběn	（形）	basic, fundamental
3.	礼节	lǐjié	（名）	courtesy, etiquette
4.	主人	zhǔrén	（名）	host/hostess
5.	急	jí	（形）	anxious, eager
6.	难得	nándé	（形）	rare, hard to come by
7.	尽	jǐn	（动）	to try (one's best)
8.	甚至	shènzhì	（连）	even

重点、难点提示 Key and difficult points

❶ 难得来一趟

“难得”做状语，表示不常发生。例如：

难得 is used as an adverb that indicates “seldom”, e.g.

① 你难得来一次，再玩儿一会儿吧。

② 最近工作很忙，难得陪孩子出去玩儿。

❷ 别说走就走啊

“说……就……”，“说”和“就”后接同一动词，表示动作或情况发生得快。例如：

In the construction “说……就……”, 说 and 就 are followed by the same verb, and it means that the action or condition occurs quickly, e.g.

① 六月的天气，说变就变。

② 小红怎么说生气就生气了？

❸ 把客人送到尽可能远的地方

动词“尽”跟“可能”一起搭配，表示力求达到最大的限度。例如：

The verb 尽 often collocates with 可能 , meaning “to try one’s best”, e.g.

① 明天考试，大家尽可能早点儿来。

② 我明天尽可能八点以前给你回电话。

❹ 如果是重要的客人，甚至会送到车站

“甚至”用于强调突出的事例。例如：

甚至 is used to emphasize something prominent, e.g.

① 刚来中国的时候，我一句汉语也不会说，甚至“你好”也不会。

② 每篇课文他都念得很流利，甚至可以背下来。

1. 听第一遍录音，判断正误　Listen to the dialogue for the first time and decide if the following statements are true or false. 1-3

（1）男的是一位外国人。　（　）

（2）中国人见面的时候问候别人，只说“你好！”。　（　）

（3）男的不知道跟朋友见面时应该说什么。　（　）

（4）男的觉得送客人的时候，只说“再见！”不太好。　（　）

（5）中国人送客人的时候一般没有什么特别的礼节。　（　）

（6）中国人常常只把客人送到门外边。　（　）

2. 听第二遍录音，选择正确答案 Listen to the dialogue again and choose the correct answers. 1-4

（1）A. 中国人怎么送客人
B. 送客人的时候要送到哪儿
C. 见面时该说什么
D. 客人来的时候该说什么

（2）A. 你去哪儿
B. 今天上班吗
C. 上班去啊
D. 你工作忙吗

（3）A. 一句也不知道
B. 只知道说“再见！”
C. 知道一些
D. 知道很多

（4）A. 马上站起来
B. 立刻打开门
C. 慢慢地打开门
D. 等客人站起来以后再站起来

（5）A. 客人来的时候主人说
B. 客人来的时候客人说
C. 送客人的时候主人说
D. 客人走的时候客人说

（6）A. 请客人多玩儿一会儿
B. 请客人一起吃饭
C. 把客人送到楼下
D. 把客人送到车站

（7）A. 好像客人不受欢迎
B. 好像主人没有礼貌
C. 好像主人很生气
D. 好像主人不热情

（8）A. 门口
B. 楼下
C. 马路上
D. 尽可能远的地方

（9）A. 不太客气
B. 比较随便
C. 送到楼下
D. 送到车站

（10）A. 不送了
B. 以后有时间来玩儿
C. 别送了
D. 慢走

3. 听第三遍录音，选择填空　Listen to the dialogue once more and fill in the blanks.　1-5

（1）要等客人先站起来，主人才可以站起来，不然，好像________让客人走似的。（着急 / 急着）

（2）不然的话，好像主人不________这位客人。（欢迎 / 喜欢）

（3）中国人一般是把客人送到尽可能远的地方，送到楼下，________外边的马路上。（一直到 / 直到）

（4）如果是________的客人，甚至会送到车站。（重要 / 主要）

（5）如果是跟你年纪差不多或者比你年轻的朋友，就比较________一些。（随便 / 方便）

4. 模仿对话中提到的方法，练习怎样送客　Imitate the dialogue and practise seeing a guest off.

二、泛听练习　Extensive listening

短文（一）　Passage 1　待客　1-6

生词　New Words

1.	招待	zhāodài	（动）	to receive or entertain a guest, to host
2.	加	jiā	（动）	to put in
3.	盛	chéng	（动）	to fill, to ladle

根据短文内容，判断下面的做法是否正确　Decide if the following are appropriate according to the information given in the passage.

（1）给客人倒茶的时候一定要倒得很满才行。（　）

（2）客人喝茶的时候，要不停地给客人加茶。（　）

（3）跟客人聊天儿的时候不能总是看表。 （ ）

（4）给客人倒酒一般倒大半杯。 （ ）

（5）给客人盛饭时不要盛得太满。 （ ）

（6）吃饭的时候鱼头一定要给客人吃。 （ ）

（7）主人不能自己先吃完，让客人一个人吃。 （ ）

短文（二） Passage 2 握手 1-7

生词 New Words

1.	握手	wò shǒu	（动）	to shake hands
2.	职位	zhíwèi	（名）	position, post
3.	礼貌	lǐmào	（形）	polite

根据短文内容，判断下面的做法是否正确 Decide if the following are appropriate according to the information given in the passage.

（1）握手时女人应该先伸出手。 （ ）

（2）年龄小的人要等年龄大的人伸出手以后才能伸手。 （ ）

（3）职位低的人应先伸手。 （ ）

（4）客人来和走的时候，主人都应该先伸出手。 （ ）

（5）戴着手套跟别人握手很不礼貌。 （ ）

（6）男人和女人握手时不要握得太重。 （ ）

（7）任何情况下，握手时都不要用两只手去握别人的一只手。 （ ）

（8）可以用左手跟人握手。 （ ）

（9）不要同时跟两个人握手。 （ ）

Lesson 2
第二课 左邻右舍

一、听力理解练习 Listening comprehension

一、听录音，选择正确答案 Listen and choose the correct answers. 2-1

1. A. 女的抽烟了
   B. 男的抽烟了
   C. 女的感冒了
   D. 男的感冒了

2. A. 这个方法真的不好
   B. 这个方法真的很好
   C. 小王说这个方法很好
   D. 小王没说这个方法不好

3. A. 她不是每天锻炼身体
   B. 她想每天锻炼身体
   C. 她身体不太好
   D. 她身体很好

4. A. 着急
   B. 感激
   C. 遗憾
   D. 兴奋

5. A. 小李父亲的病好了
   B. 小李的父亲已经能起来了
   C. 小李父亲的病在变好
   D. 小李的父亲已经吃了三个月的药了

6. A. 北京一场，上海一场
   B. 北京两场，上海两场
   C. 北京一场，上海两场
   D. 北京两场，上海一场

7. A. 一点儿也没变
   B. 变化很小
   C. 有很大的变化
   D. 认不出来了

8. A. 小李比小王瘦一些
   B. 小王比小李高
   C. 小李比小王高
   D. 小李和小王差不多高

9. A. 她即使有钱也不买汽车
B. 她如果有钱的话，就不想骑车了
C. 她尽管很有钱，但是也不想买汽车
D. 她因为有钱了，所以想买汽车

10. A. 小红的妈妈
B. 小红的同学
C. 小红不认识的人
D. 小红的男朋友

二、听对话，做练习 Listen to the following dialogue and do the exercises.

左邻右舍 2-2

生词 New Words

1.	单元	dānyuán	（名）	unit
2.	平房	píngfáng	（名）	single-storey house
3.	张嘴	zhāng zuǐ	（动）	to open one’s mouth (to say something)
4.	可	kě	（副）	*a modal particle used to emphasize the tone*
5.	亲密	qīnmì	（形）	close, intimate
6.	隐私	yǐnsī	（名）	privacy
7.	过问	guòwèn	（动）	to ask, to intervene

重点、难点提示 Key and difficult points

❶ 别说聊天儿了，就连邻居的面也很少见

“别说 A(了)，就连 B 也……”，表示 B 都怎么样，A 就更不用说了。还可以说“别说 A（了），即使 B 也……”。例如：

The construction "别说 A（了），就连 B 也……" means that it is so even with B, let alone A. "别说 A（了），即便 B 也……" is also correct, e.g.

① 这么难的题，别说学生了，就连老师也不一定能做出来。

② 动物园里的熊猫，别说孩子了，就连大人也都爱看。

③ 这几位专家，别说在国内，就是在世界上也是很有名的。

❷ 最好的邻居不是那种……的人，而是那种……的人

"不是……，而是……"前后形成对比，表示转折。可以连接两个或两个以上的名词、代词、动词或小句。例如：

"不是……，而是……" is used to form a contrast to indicate transition. This construction may connect two or more than two nouns, pronouns, verbs or clauses, e.g.

① 中国最长的河不是黄河，而是长江。

② 昨天我遇见的不是她，而是她妹妹。

③ 老师叫你去办公室，不是要批评你，而是要表扬你。

④ 他不是不小心，而是故意要撞我。

1. 听第一遍录音，判断正误 Listen to the dialogue for the first time and decide if the following statements are true or false. 2-3

（1）这两个人是夫妻关系。（ ）

（2）他们搬到这儿一个多月了。（ ）

（3）他们以前住楼房，现在住平房。（ ）

（4）因为现在住的房子面积太小，所以妻子觉得不太习惯。（ ）

（5）丈夫觉得住四合院虽然不错，可是住楼房也挺好。（ ）

2. 听第二遍录音，把左右两栏中的相关内容用线连起来
Listen to the dialogue again and match the corresponding information in the two columns. 2-4

	○ 跟邻居关系很亲密
住四合院	○ 妻子不太习惯
	○ 房子面积很小
	○ 邻居之间很少聊天儿
住楼房	○ 邻居帮助他们看孩子、买菜
	○ 邻居之间没有隐私

3. 选择对下面各句话的正确理解 Choose the correct sentences based on your understanding.

（1）A. 他不知道一天能跟邻居见多少次面
B. 他问一天能跟邻居见多少次面
C. 每天跟邻居见很多次面
D. 一天都见不到邻居的面

（2）A. 对别人家的事儿很了解
B. 别人不太了解他家的事儿
C. 别人很了解他家的事儿
D. 他只了解自己家的事儿

（3）A. 以前邻居比较多
B. 现在邻居比较多
C. 现在的邻居比以前多很多
D. 现在的邻居跟以前差不多一样多

（4）A. 跟邻居见面的时候，很少聊天儿
B. 跟邻居很少见面，聊天儿的机会就更少了
C. 跟邻居很少见面，也很少聊天儿
D. 不想跟邻居见面，更不想跟他们聊天儿

（5）A. 住四合院的时候，房子面积比较大
B. 住楼房，房子的面积比较大
C. 住楼房、住四合院，房子面积都比较大
D. 住楼房、住四合院，房子面积都不太大

（6）A. 问谁家有事儿，需要不需要大家帮忙
B. 别人家有了事儿，不要去问
C. 他希望别人来给他家帮忙
D. 一家有了困难，不用请求，邻居们都会来帮忙

（7）A. 别人很少帮助他们
B. 别人没帮助过他们
C. 别人经常帮助他们
D. 他们经常帮助张大爷、李大妈他们

（8）A. 以后可能没有这么好的邻居了
B. 我害怕以后没有这么好的邻居
C. 以后一定没有这么好的邻居了
D. 以后的邻居也会很好

（9）A. 经常来帮助你的人
B. 总是不关心你的人
C. 平时总是喜欢过问你的事儿的人
D. 平时不太关心你，你遇到困难时才来帮助你的人

4. 听第三遍录音，回答问题　Listen to the dialogue once more and answer the following questions. 2-5

（1）住四合院有什么好处？有什么不好的地方？
（2）住楼房有什么好处？有什么不好的地方？
（3）你喜欢住平房还是住楼房？为什么？

二、泛听练习　Extensive listening

短文（一）　Passage 1　我的几家邻居　2-6

生词　New Words

1. 对门儿　duìménr　（名）　the house/apartment opposite

2. 气味	qìwèi	（名）	odour, smell
3. 老伴儿	lǎobànr	（名）	(of an old married couple) husband or wife
4. 保姆	bǎomǔ	（名）	nurse, nanny

根据录音，把三个栏目中的相关内容用线连起来 Listen and match the corresponding information in the three columns.

		○ 孩子对人很有礼貌
○ 对门儿	季家	○ 家里很安静
		○ 母亲身体好像不太健康
○ 楼下	齐家	○ 妻子在医院工作
		○ 孩子打扮得很漂亮
○ 楼上	李家	○ 丈夫每天早出晚归
		○ 爱人去世了

短文（二） Passage 2 他们的家 2-7

生词 New Words

1. 村子	cūnzi	（名）	village
2. 根本	gēnběn	（副）	at all (*usu. used in the negative*)
3. 靠	kào	（动）	to be close to, to be near

听下面三段录音，判断正误 Listen to the following three passages and decide if the following statements are true or false.

1.

（1）在她家后边很远的地方有一座山。 （ ）

（2）那条河在她家的东边。 （ ）

（3）她家的村子和另外一个村子中间有一条河。（　）

（4）她小时候在自己的村子里上学。（　）

2.

（1）他的房子很小，租金比较便宜。（　）

（2）他的房子前边是一个饭馆。（　）

（3）他每天工作很忙，到晚上 12 点才能休息。（　）

（4）他每天早上 7 点多去饭馆上班。（　）

3.

（1）这个四合院里住着五家人。（　）

（2）钱家有三口人，住在四合院北边的房间里。（　）

（3）四合院东边的房间里现在住着老王一家。（　）

（4）老刘一家住在四合院西边的房间里。（　）

（5）四合院的南边只有一个房间，住着老马一家。（　）

Lesson 3

第三课

跟中国不一样

一、听力理解练习 Listening comprehension

一、听录音，选择正确答案 Listen and choose the correct answers. 3-1

1. A. 北京的名胜古迹她只去过一个地方
   B. 北京的名胜古迹还有一个地方她没去过
   C. 北京的名胜古迹她都还没去过
   D. 北京的名胜古迹她都去过了

2. A. 办公室里有很多人
   B. 办公室里有一个人
   C. 每个办公室里都有很多人
   D. 屋子里一个人也没有

3. A. 担心
   B. 害怕
   C. 一定
   D. 也许

4. A. 就不再跟他见面了
   B. 再也不去见他了
   C. 没有再见过他
   D. 很少跟他见面

5. A. 小李正在高兴呢
   B. 小李很高兴
   C. 小李不满意
   D. 小李可能不满意吧

6. A. 男的的电话坏了
   B. 男的要打电话告诉小王
   C. 男的想让女的告诉小王
   D. 男的要去小王那儿

7. A. 那家店里的衣服不好
   B. 那家店里不卖衣服
   C. 不知道那家店里卖的是什么
   D. 那家店里衣服很贵

8. A. 北京大学
   B. 马路上
   C. 公共汽车上
   D. 动物园

9. A. 你现在找工作来不及了
   B. 你应该赶快找工作
   C. 应该快毕业的时候再找工作
   D. 快毕业的时候找工作也来得及

10. A. 她不喝咖啡，只喝茶
    B. 她不敢喝咖啡，只敢喝茶
    C. 她晚上不敢喝茶，更不敢喝咖啡
    D. 茶、咖啡她都能喝

二、听对话，做练习　Listen to the following dialogue and do the exercises.

跟中国不一样　3-2

生词　New Words

1.	相反	xiāngfǎn	（形）	contrary, opposite
2.	顺序	shùnxù	（名）	order, sequence
3.	通信	tōng xìn	（动）	to communicate by letter
4.	区	qū	（名）	district
5.	街道	jiēdào	（名）	street
6.	留	liú	（动）	to grow (a beard)
7.	实际	shíjì	（形）	actual, real

重点、难点提示　Key and difficult points

❶ 也就是三十多岁

"也就是"多用于口语中，表示数量不多、程度不高等。例如：

也就是 is mostly used in spoken Chinese to indicate a small amount or a low degree, e.g.

① 我看他身高也就是一米七。

② 我的汉语不太好，也就是会一些日常会话。

❷ 我想这可能跟胡子有关系

"有关系"常与"跟、和、同、与"相呼应，构成"跟（和、同、与）……有关系"的格式。在句中常做谓语、定语。例如：

有关系 is often used together with 跟, 和, 同, or 与 to form the construction "跟（和 / 同 / 与）……有关系". This construction is often used as a predicate or an attribute, e.g.

① 这件事可能跟他有关系。

② 他学习好跟他刻苦努力有关系。

③ 跟这件事有关系的人我都问过了。

1. 听第一遍录音，判断正误 Listen to the dialogue for the first time and decide if the following statements are true or false. 3-3

（1）他们俩谈了中国和美国有哪些不同。 （ ）

（2）乔治发现两个国家人的姓名、日期的顺序不一样。 （ ）

（3）中国人习惯按从大到小的顺序说。 （ ）

（4）他们都觉得中国人通信地址的写法对送信来说比较方便。 （ ）

（5）乔治把那个中国人的年龄猜大了。 （ ）

（6）中国人常常觉得外国人看起来比他们的实际年龄大。 （ ）

（7）外国人常常觉得中国人看起来比他们的实际年龄小。 （ ）

2. 听第二遍录音，选择正确答案　Listen to the dialogue again and choose the correct answers. 3-4

（1）A.“林”和“乔治”
B.“林”和“布朗”
C.“达”和“乔治”
D.“达”和“布朗”

（2）A. 国家、城市、区、街道、房号
B. 国家、区、城市、街道、房号
C. 国家、城市、街道、区、房号
D. 国家、街道、区、城市、房号

（3）A. 通信地址的写法
B. 说日期的顺序
C. 打扮的样子
D. 结婚的年龄

（4）A. 五十岁
B. 五十岁左右
C. 三四十岁
D. 六七十岁

（5）A. 五十岁
B. 五十岁左右
C. 三四十岁
D. 六七十岁

3. 听第三遍录音，按中国人的习惯说一说　Listen to the dialogue once more and talk about the following subjects in Chinese. 3-5

（1）今天的日期
（2）自我介绍
（3）你现在的通信地址

4. 根据录音内容说一说：中国跟英国有哪些不同？中国跟你们国家呢？
Based on what you have heard in the recording, talk about the differences between China and Britain and the differences between China and your mother country.

二、泛听练习 Extensive listening

短文（一） Passage 1 安排座位的学问 3-6

生词 New Words

1.	位置	wèizhì	（名）	place, position
2.	端	duān		end, side

听录音，判断正误 Listen to the passage and decide if the following statements are true or false.

（1）中国人吃饭习惯用圆形的桌子。（　）

（2）中国人请朋友来家里吃饭的时候，男女主人分别坐在桌子的两端。（　）

（3）中国人认为最重要的座位是正门对面的座位。（　）

（4）在西方国家，客人来家里吃饭时，男女主人一般坐在一起。（　）

（5）在西方国家，客人来家里吃饭时，最重要的男客人坐在男主人的右边。（　）

（6）在中国，朋友一起吃饭时，总是让男的坐在一起，女的坐在一起。（　）

短文（二） Passage 2 手的语言 3-7

生词 New Words

1.	拇指	mǔzhǐ	（名）	thumb
2.	小指	xiǎozhǐ	（名）	little finger
3.	食指	shízhǐ	（名）	index finger

4.	中指	zhōngzhǐ	（名）	middle finger
5.	捏	niē	（动）	to pinch, to hold between the fingers
6.	勾	gōu	（动）	to curl up
7.	翻动	fāndòng	（动）	to turn over
8.	手掌	shǒuzhǎng	（名）	palm (of one's hand)

你来做一做：下边的情况用手怎么表示？　Let's do it: Use your hand(s) to gesture.

（1）用一只手表示数字 6 到 10。

（2）让别人过来。

（3）表示“自己”。

（4）提醒你的同桌注意看黑板。

（5）别人给你倒茶，你表示感谢。

Lesson 4

第四课
送什么礼物好

一、听力理解练习 Listening comprehension

一、听录音，选择正确答案 Listen and choose the correct answers. 4-1

1. A. 今年这儿从来没下过雨
   B. 这场雨很大
   C. 男的从没见过这么大的雨
   D. 这是今年第一次下雨

2. A. 女的现在不在上海了
   B. 女的在上海生活四年了
   C. 女的现在住在上海
   D. 女的想在上海生活四年

3. A. 这条裙子不好看
   B. 女的个子太高了
   C. 女的穿这种裙子很合适
   D. 女的穿这种裙子不合适

4. A. 别人请她，她一定不来
   B. 你只有去请她，她才会来
   C. 只有你能把她请来
   D. 她今天一定会来

5. A. 张叔叔是中医
   B. 张叔叔是西医
   C. 女的不喜欢爸爸
   D. 女的不相信中医

6. A. 男的说错了
   B. 女的是学医的
   C. 女的不是学医的
   D. 他们俩认识

7. A. 女的以前的成绩没有现在好
   B. 女的现在学习努力了
   C. 女的现在的成绩很好
   D. 女的现在学习成绩不太好

8. A. 她没想过30年前生活什么样
   B. 现在的生活跟30年前完全不一样
   C. 30年后生活会比现在更好
   D. 30年前的生活比现在好

9. A. 男的的妈妈心情很愉快
B. 老人的什么问题都很重要
C. 老人最重要的是心情愉快
D. 我们应该愉快地生活

10. A. 老王找到工作了
B. 老王不想告诉人家自己的年龄
C. 老王对工作不感兴趣
D. 老王已经 40 多岁了

二、听对话，做练习　Listen to the following dialogue and do the exercises.

送什么礼物好 4-2

生词　New Words

1.	红包	hóngbāo	（名）	red envelope containing money as a gift
2.	人家	rénjia	（代）	person(s) other than the speaker or the hearer
3.	既……又……	jì…yòu…		not only... but also..., both... and...
4.	点歌	diǎn gē		to request a song
5.	提前	tíqián	（动）	to do something in advance
6.	既然	jìrán	（连）	now that, since
7.	真心	zhēnxīn	（名）	wholeheartedness, sincerity

重点、难点提示　Key and difficult points

❶ 要我说啊，什么都不用买，送红包不就挺好的吗

“要我说（啊）”表示按照自己的想法发表意见，用作插入语，下文说出自己对事情的主张或见解。例如：

要我说（啊）means “in my opinion”. It is used as a parenthesis, followed by the speaker’s proposition or opinion, e.g.

① 要我说啊，咱们不等他了。

② 要我说啊，还是去颐和园划船比较好。

❷ 你买礼物，说不定人家还不喜欢呢

“说不定”表示对事情的来由、状况、性质、趋势等方面的可能性做出推测、估计。例如：

说不定 indicates the speaker’s inference or estimation as to the origin, condition, nature or trend of something, e.g.

① 你别等他了，说不定他已经走了。

② 你别着急，说不定她还没收到你的信呢，再等几天。

❸ 话是这么说，可是送钱没有什么纪念意义吧

“话是这么说”在口语中多接在别人所说的话以后，下文接着指出实际情况。意思是，虽然按道理是这样的，可是实际情况不是这样。例如：

In spoken Chinese, 话是这么说 mostly follows what the other party says, ushering in the real situation, indicating that although it makes sense, it is not the way it works in reality, e.g.

① A：你既然知道吸烟对身体不好，就应该把烟戒掉！

B：话是这么说，可是一个人的习惯是很难改掉的。

② A：我觉得你只要努力就会有好的成绩。

B：话是这么说，可我这么大年纪了，即使再努力也不如年轻人。

1. 听第一遍录音，判断正误　Listen to the dialogue for the first time and decide if the following statements are true or false.　4-3

（1）他们的朋友要结婚了。（　）

（2）给朋友送什么礼物，丈夫想了四个办法。（　）

（3）因为不知道朋友喜欢什么，所以妻子觉得给别人买礼物很难。（　）

（4）妻子觉得应该送自己最喜欢的东西，丈夫觉得要送既有用又有纪念意义的东西。（　）

（5）那套“夫妻茶杯”不是在中国买的。（　）

2. 听第二遍录音，连线：他们在谈话中都提到了送哪些东西？在左边一栏中选出来，并与右边一栏相关的内容连起来　Listen to the dialogue again and match the columns. Find out the gifts mentioned in the dialogue. Match the corresponding items in the two columns.　4-4

（　）	钱	○ 既有用又有纪念意义
（　）	包	○ 提前半个月
（　）	电视	○ 没有纪念意义
（　）	点歌	○ 人家想买什么就买什么
（　）	茶	○ 就像夫妻俩
（　）	茶杯	○ 自己都舍不得用

3. 根据录音内容选择正确答案　Choose the correct answers according to the dialogue.

（1）A. 4 月 1 日
B. 10 月 1 日
C. 10 月 7 日
D. 4 月 7 日

（2）A. 请咱们全家去喝酒
B. 请咱们全家去吃饭
C. 请咱们全家去参加婚礼
D. 咱们请他们全家吃饭

（3）A. 咱们要带着礼物去
B. 咱们不能让他的手空着
C. 咱们要在手上戴些东西去
D. 咱们还是不要去了吧

（4）A. 3 月 15 日以前
B. 9 月 15 日以前
C. 9 月 20 日以前
D. 10 月 1 日

（5）A. 这套茶杯是从国外带回来的
B. 他们还没有用过
C. 这套茶杯很贵
D. 这套茶杯既有用又有纪念意义

（6）A. 送“夫妻茶杯”，她舍不得
B. 送“夫妻茶杯”很好
C. 从国外带回来的东西送人不太好
D. 这套杯子不太实用

（7）A. 好吧，你听我说
B. 好吧，我听你说
C. 好吧，按你说的做吧
D. 好吧，按我说的做吧

4. 听第三遍录音，填空　Listen to the dialogue once more and fill in the blanks. 4-5

（1）____________，什么都不用买，送红包不就挺好的吗？
（2）你买礼物，____________人家还不喜欢呢。
（3）____________，可是送钱没有什么纪念意义吧？
（4）____________，不过，点歌要提前半个月，现在来不及了。
（5）____________，把家里那套“夫妻茶杯”送给他们。

二、泛听练习　Extensive listening

短文（一） Passage 1　大学校园里的社交 4-6

生词　New Words

1. 社交　shèjiāo　（名）　social contact, social intercourse

2. 方式	fāngshì	（名）	way, manner
3. 高雅	gāoyǎ	（形）	elegant
4. 聚	jù	（动）	to gather, to get together

听录音，回答问题　Listen to the passage and answer the following questions.

（1）在大学校园内，同学之间送礼物跟社会上有什么不同？

（2）录音中谈到了哪几种送礼物的方式？对每种方式都有哪些评论？

短文（二）　Passage 2　怎样送礼物　4-7

生词　New Words

1. 独特	dútè	（形）	unique
2. 心意	xīnyì	（名）	regard, kindly feelings

听录音，回答问题　Listen to the passage and answer the following questions.

（1）去中国朋友家做客，可以给谁准备礼物？准备什么样的礼物？

（2）给女主人送礼物的时候，要注意什么问题？

Lesson 5

第五课
谢谢你的“生日”

一、听力理解练习 Listening comprehension

一、听录音，选择正确答案 Listen and choose the correct answers. 5-1

1. A. 要去海南
   B. 还没决定
   C. 我不太想去
   D. 哪儿都不想去

2. A. 小张可能今天来
   B. 小张没有准备跟你联系
   C. 小张有可能今天找你
   D. 小张不可能今天跟你联系

3. A. 不笨，但是不努力
   B. 不笨，也很努力
   C. 很笨，不过很努力
   D. 很笨，学习又不努力

4. A. 喜欢吹牛
   B. 不会说骗人的话
   C. 有什么话不说出来
   D. 有时候会骗人

5. A. 很冷
   B. 不冷
   C. 很热情
   D. 不热情

6. A. 现在穿的衣服
   B. 春天的衣服
   C. 冬天的衣服
   D. 不喜欢的衣服

7. A. 犹豫
   B. 不犹豫
   C. 很慢
   D. 干净

8. A. 黑板上写过通知
   B. 黑板上写着通知呢
   C. 黑板上可能写了通知
   D. 黑板上可能没写通知

9. A. 告诉老王武汉的天气情况
B. 问老王的身体怎么样
C. 问老王生了病应该怎么办
D. 劝老王不要去武汉

10. A. 她很犹豫
B. 她在推辞
C. 她在考虑
D. 她很生气

二、听短文，做练习 Listen to the following passage and do the exercises.

谢谢你的“生日” 5-2

生词 New Words

1.	穿着	chuānzhuó	（名）	what one wears, apparel
2.	专心	zhuānxīn	（形）	attentive, wholehearted
3.	好在	hǎozài	（副）	fortunately, luckily
4.	节省	jiéshěng	（动）	to economize, to save, to use sparingly
5.	例外	lìwài	（动）	to be an exception
6.	钞票	chāopiào	（名）	banknote, paper money

专有名词 Proper Noun

郑州	Zhèngzhōu	Zhengzhou, capital city of Henan Province

重点、难点提示 Key and difficult points

❶ 我找遍了周围的每一个地方，都没有

“遍”用在动词后做补语，表示动作的范围，是“所有、全面”的意思。例如：

遍 is used as a complement following a verb to indicate the scope of an action, meaning "all" or "completely", e.g.

① 她把整个房间都找遍了，也没找到那本书。

② 她几乎问遍了全班同学，谁都不知道他去哪儿了。

❷ 好在我身上还有几块糖

"好在"，副词，表示本来就存在的有利条件或情况。多用于口语。做状语，修饰动词、形容词、小句。例如：

好在 is an adverb, indicating the advantageous conditions or situations that have already been existing. It is often used as an adverbial to modify verbs, adjectives or clauses in spoken Chinese, e.g.

① 这个房子虽然小了点儿，但好在便宜，我们就租了吧！

② 我的同屋是日本人，不会说英语，我又不会说日语，好在我们都会一点儿汉语，不然就没有办法说话了。

③ 妈妈生日的时候，我很想给她买一件礼物，可是钱不够，好在我找到了一个打工的机会，挣够了钱。

❸ 于是我就一块接一块地吃了起来

"'一'＋量词＋'接'＋'一'＋量词"表示不停地。例如：

" 一 + measure word + 接 + 一 + measure word" means "one after another (without stopping)", e.g.

① 他说得很快，一句接一句地说，我一句也没听懂。

② 他现在对中国的小说很感兴趣，一本接一本地看。

1. 听第一遍录音，判断正误 Listen to the passage for the first time and decide if the following statements are true or false. 5-3

（1）这个故事发生在火车上。 （　）

（2）在郑州车站的时候，他发现钱包没了。 （　）

（3）对面的男人送给他一个苹果。 （　）

（4）那天正好是对面那个男人的生日。 （ ）

（5）杂志里的那一百块钱是对面的男人送给他的。 （ ）

2. 听第二遍录音，把下面的话按故事发生的顺序排列起来

Listen to the passage again and rearrange the following sentences based on the sequence of the story. 5-4

（ ）对面的男人快下车了，交给他一本杂志。

（ ）他一块接一块地吃糖。

（ ）他发现钱包没有了。

（ ）桌子上放着四瓶啤酒、一只烤鸭。对面的男人拿了一瓶啤酒给他。

（ ）他不停地喝水。

（ ）他打开杂志，发现里面夹着一张一百元的钞票。

（ ）邻座的女人送给他一个苹果，他没有要。

3. 根据录音内容选择正确答案 Choose the correct answers according to the passage.

（1）A. 我到处找都没找到

B. 我找了一遍还是没有

C. 我在一个地方找了找

D. 有一个地方还没有找

（2）A. 我吃了一块糖

B. 我吃了两块糖

C. 我站起来吃了一块糖

D. 我不停地吃起糖来

（3）A. 那个女人觉得他喜欢吃苹果

B. 那个女人觉得他太节省了

C. 那个苹果很好

D. 他跟那个女人要的

（4）A. 其实我心里很想吃

B. 其实我心里不想吃

C. 我没有说我想吃

D. 我说很想吃

（5）A. 我只是过生日的时候不喝酒

B. 我很少喝酒，过生日也不喝酒

C. 除了过生日以外，我一般不喝酒

D. 我过生日的时候很少喝酒

（6）A. 四瓶啤酒，一只烤鸭
B. 四瓶啤酒，半只烤鸭
C. 两瓶啤酒，一只烤鸭
D. 两瓶啤酒，半只烤鸭

（7）A. 过了一会儿
B. 过了很久
C. 过了好几个车站
D. 过了一个车站

（8）A. 觉得他在车上会很寂寞
B. 那本杂志是他的，对面的男人还给了他
C. 对面的男人想送给他点儿钱
D. 那个男人觉得他喜欢那本杂志

4. 听第三遍录音，简单讲一讲这个故事 Listen to the passage once more and retell the story. 5-5

二、泛听练习 Extensive listening

短文（一） Passage 1 一个红苹果 5-6

生词 New Words

1.	卧铺	wòpù	（名）	sleeping berth, sleeper
2.	警惕	jǐngtì	（动）	to be vigilant, to watch out for
3.	脑子	nǎozi	（名）	brain, mind
4.	中毒	zhòng dú	（动）	to be poisoned
5.	信任	xìnrèn	（动）	to trust

专有名词 Proper Noun

白雪公主	Báixuě Gōngzhǔ	Snow White

听录音，回答问题　Listen to the passage and answer the following questions.

（1）故事发生在什么地方？

（2）那位中年妇女给了她什么？她开始为什么没有吃？

（3）那位中年妇女给她的东西原来是那位妇女的朋友送给谁的？

（4）那位中年妇女的女儿长什么样？

（5）听了这个故事，你有什么想法？

短文（二） Passage 2　举手　5-7

生词 New Words

1.	举手	jǔ shǒu		to raise one's hand
2.	课堂	kètáng	（名）	classroom
3.	笑话	xiàohua	（动）	to laugh at

听录音，回答问题　Listen to the passage and answer the following questions.

（1）每次老师问问题的时候，他会怎么做？他为什么要这样做？

（2）周围的同学为什么偷偷地笑话他？

（3）老师和他约好了什么事？你觉得老师为什么要这样做？

（4）他怎么从一个被别人笑话的学生变成了一个好学生？

Lesson 6

第六课 谈婚论嫁

一、听力理解练习 Listening comprehension

一、听录音，选择正确答案 Listen and choose the correct answers. 6-1

1. A. 小王去跳舞了
   B. 小王很喜欢跳舞
   C. 小王对跟谁一起跳舞更感兴趣
   D. 小王不知道跟谁一起跳舞好

2. A. 山田在中国学习了一年汉语
   B. 山田回国以后每天都练习说汉语
   C. 山田在中国学的汉语没有用
   D. 山田学的汉语已经忘了

3. A. 不要参加
   B. 一定要参加
   C. 别迟到
   D. 再考虑一下

4. A. 他不知道小王和小李为什么吵架
   B. 小王和小李是突然吵起来的
   C. 他不知道他们吵架了
   D. 他没想到他们会吵架

5. A. 这次考试他考得很好
   B. 这次考试他考得不好
   C. 他现在对这次考试没有信心了
   D. 考试结果他早就想到了

6. A. 没有哭
   B. 哭了一会儿
   C. 不停地哭
   D. 没有精神

7. A. 这片红叶真新鲜啊
   B. 这种红叶我们那儿有很多
   C. 这种红叶就是我们那儿的
   D. 我们那儿的红叶有的跟香山的一样

8. A. 照相
   B. 看照片
   C. 理发
   D. 买帽子

9. A. 她的熟人
B. 她的朋友
C. 很奇怪的人
D. 不认识的人

10. A. 男的要出国了
B. 男的不想出国
C. 男的生病了
D. 男的没尽到做儿子的责任

二、听对话，做练习 Listen to the following dialogue and do the exercises.

谈婚论嫁 6-2

生词 New Words

1.	单身	dānshēn	（动）	to be single, to be unmarried
2.	害怕	hàipà	（动）	to fear
3.	婚姻	hūnyīn	（名）	marriage
4.	物质	wùzhì	（名）	material
5.	共同	gòngtóng	（形）	shared, common
6.	成熟	chéngshú	（形）	ripe

重点、难点提示 Key and difficult points

❶ ……再说，我不能因为寂寞就去结婚啊

“再说”表示推进一层，追加理由。例如：

再说 is used to make a further explanation, e.g.

① 大家都有自行车，咱们就骑车去吧，再说也不远。

② 他住的地方我没去过，再说又很难找，所以半天才找到。

❷ 我觉得婚姻是一种可有可无的东西

“可A可B”在口语中用于正反对举。“可”，助动词，表示可以。例如：

可 A 可 B is used for contrast in spoken Chinese, in which 可 is an auxiliary verb meaning "can, may", e.g.

① 这个包可大可小。

② 那个晚会我可去可不去。

③ 这双鞋你可买可不买。

1. 听第一遍录音，判断正误 Listen to the dialogue for the first time and decide if the following statements are true or false. 6-3

（1）叶（Yè）小姐现在一边工作，一边读书，所以每天都很忙。（ ）

（2）聂（Niè）小姐现在工作还不太稳定。（ ）

（3）叶小姐因为没有结婚，所以有时会觉得很寂寞。（ ）

（4）列（Liè）小姐的很多朋友离婚了，所以她现在对结婚的事很小心。（ ）

（5）聂小姐觉得很难遇到一个合适的男孩子。（ ）

（6）列小姐因为害怕结婚，所以也不想找男朋友。（ ）

（7）李华先生觉得跟女孩子没有什么共同语言。（ ）

（8）黎（Lí）先生已经35岁了。（ ）

（9）李先生觉得现在的女孩子不太重视精神方面的要求。（ ）

（10）立华先生以前不太想结婚，现在很想结婚。（ ）

2. 听第二遍录音，把三栏中的相关内容用线连起来 Listen to the dialogue again and match the corresponding information in the three columns. 6-4

①黎先生	Ⓐ机场工作	ⓐ想结婚，但找一个合适的人不容易
②列小姐	Ⓑ中学教师	ⓑ不太理解现在的女孩子
③立华先生	Ⓒ公司职员	ⓒ寂寞的时候会想到结婚
④聂小姐	Ⓓ剧场工作	ⓓ很想结婚，但现在还没有结婚的条件
⑤李华先生	Ⓔ记者	ⓔ害怕结婚
⑥叶小姐	Ⓕ外企工作	ⓕ年纪比较大了，所以很想结婚

3. 选择对下面各句话的正确理解　Choose the correct sentences based on your understanding.

（1）A. 我过去很想结婚
B. 我现在不想结婚了
C. 我结过婚，但很快就离婚了
D. 有时我也想结婚，但过一会儿就不想了

（2）A. 感觉不到他们在这儿
B. 对身边的男孩子没有爱的感觉
C. 那些男孩子都没有感觉
D. 没有觉得有男孩子喜欢自己

（3）A. 都没有成功
B. 都成功了
C. 只成功了一个
D. 有一个没有成功

（4）A. 人一定要结婚
B. 人一定不要结婚
C. 人可以结婚，也可以不结婚
D. 人可以结婚，也可以离婚

（5）A. 没有钱，又没有房子，所以不能结婚
B. 结了婚就会没有钱，没有房子
C. 结了婚才会有钱，有房子
D. 没有钱，没有房子，怎么能算是结婚呢

（6）A. 我以前不想结婚，现在想了
B. 我以前想结婚，现在不想了
C. 我以前不想结婚，现在也不想
D. 我比以前还想结婚

4. 听第三遍录音，用所给的词语回答问题　Listen to the dialogue once more and use the words in the parentheses to answer the following questions. 6-5

（1）叶小姐现在有没有结婚的打算？为什么？

（因为　寂寞　再说）

（2）聂小姐想结婚吗？为什么她现在还没结婚？

（合适　熟悉　陌生）

（3）列小姐对结婚是什么态度？ （越来越　离婚　害怕）

（4）李华先生对结婚是什么态度？ （可有可无　理解　共同语言）

（5）黎先生想结婚吗？他为什么现在还没有结婚呢？

（……怎么……呢　条件　成熟）

（6）立华先生想结婚吗？为什么？ （比……更……）

二、泛听练习 Extensive listening

对话 Dialogue 我心中的他（她） 6-6

生词 New Words

1. 博士 bóshì （名） doctor, PhD
2. 文静 wénjìng （形） quiet and refined
3. 无所谓 wúsuǒwèi （动） to not matter
4. 稳重 wěnzhòng （形） steady, prudent
5. 相似 xiāngsì （形） similar
6. 颜值 yánzhí （名） face score, appearance
7. 郊游 jiāoyóu （动） to go for an outing, to go on an excursion
8. 依靠 yīkào （动） to rely on

听录音，填表 Listen to the dialogue and fill out the following form.

问题	姓名			
	刘英	安静	陆大勇	时超
最重视对方哪一项				
对对方的要求				
业余爱好				
自己是什么样的人				

短文　Passage　G小姐的择偶标准　6-7

生词　New Words

1.	择偶	zé'ǒu	（动）	to choose one's spouse
2.	单眼皮	dānyǎnpí	（名）	single-edged eyelid
3.	嫌	xián	（动）	to complain (of)
4.	酗酒	xùjiǔ	（动）	to indulge in excessive drinking
5.	打呼噜	dǎ hūlu		to snore
6.	熨	yùn	（动）	to iron, to press
7.	心甘情愿	xīngān-qíngyuàn		to be mostly willing to
8.	幽默感	yōumògǎn		sense of humour
9.	倾家荡产	qīngjiā-dàngchǎn		to lose all one's property
10.	貌合神离	màohé-shénlí		(of two persons or parties) to appear united but divided at heart

听录音，回答问题　Listen to the passage and answer the following questions.

（1）23岁的G小姐希望自己的男朋友是什么样的？

（2）G小姐最后明白了什么道理？

（3）你希望自己的男朋友/女朋友是什么样的？

Lesson 7

第七课 男人和女人

一、听力理解练习 Listening comprehension

一、听录音，选择正确答案 Listen and choose the correct answers. 7-1

1. A. 学汉语最难的是听力
   B. 学汉语她练习听力最多
   C. 学汉语最重要的是听力
   D. 学汉语她喜欢多听

2. A. 这个电影她看了两遍
   B. 她想去看看这个电影
   C. 这个电影她不想再看了
   D. 这个电影她想再看一遍

3. A. 她不买
   B. 她只买一点儿
   C. 她再问问别的
   D. 她要买这种葡萄

4. A. 北京队可能会输
   B. 北京队一定能赢
   C. 北京队可能会有意外
   D. 北京队意外地输了

5. A. 他看了电视剧前边的部分
   B. 他觉得现在的电视剧很好看
   C. 他觉得现在的电视剧没意思
   D. 他已经知道电视剧的内容了

6. A. 没有办法了
   B. 不想吃药
   C. 什么都不吃
   D. 不知道吃什么药

7. A. 你感冒好了以后再去上课吧
   B. 如果感冒好了，就去上课吧
   C. 你感冒没好，为什么去上课
   D. 你感冒好了，应该去上课

8. A. 你说得对
   B. 你说得不对
   C. 你说的不一定对
   D. 不知道你说的对不对

9. A. 她生病的时候给妈妈织的
   B. 她生病的时候妈妈给她织的
   C. 妈妈生病的时候给她织的
   D. 妈妈生病的时候她给妈妈织的

10. A. 他的收入太少了
   B. 挣钱的目的到底是什么
   C. 出租车太贵了
   D. 交通太不方便了

二、听对话，做练习 Listen to the following dialogue and do the exercises.

男人和女人 7-2

生词 New Words

1.	夸张	kuāzhāng	（形）	exaggerating
2.	烦人	fánrén	（形）	annoying
3.	准确	zhǔnquè	（形）	accurate
4.	减少	jiǎnshǎo	（动）	to reduce, to lessen

重点、难点提示 Key and difficult point

这样一来二去，俩人就吵起来了

“一来二去”表示随着某种情况的慢慢积累，渐渐产生了某种影响或结果。例如：

一来二去 means that a particular event repeats day by day and gradually brings some influence or result into being, e.g.

① 这两位老人每天都会来公园打太极拳，一来二去，他们就很熟悉了。

② 大家不叫他的名字李小东，都叫他大李，一来二去，人们几乎忘了他的名字。

③ 我们两个工作上要经常来往，这样一来二去的，就成了很好的朋友。

1. 听第一遍录音，判断正误 Listen to the dialogue for the first time and decide if the following statements are true or false. 7-3

（1）他们在讨论为什么男人和女人不同。（ ）

（2）女人往往喜欢把自己的困难告诉别人，男人一般不喜欢。（ ）

（3）丈夫遇到困难的时候，妻子最好去问一问。（ ）

（4）女人说话的时候喜欢用准确的词。（ ）

（5）夫妻吵架常常是由于互相不了解造成的。（ ）

2. 听第二遍录音，选择正确答案 Listen to the dialogue again and choose the correct answers. 7-4

（1）A. 他们遇到的困难不同，说话时用的词语不同
B. 他们遇到的困难不同，说话时的样子不同
C. 他们遇到困难时的表现不同，说话时的样子不同
D. 他们遇到困难时的表现不同，说话时用的词语不同

（2）A. 哭
B. 请朋友来帮助
C. 跟朋友聊一聊
D. 喜欢自己待一会儿

（3）A. 有人来安慰他
B. 单独待一会儿
C. 跟朋友聊一聊
D. 喝一杯茶

（4）A. 听她说说话
B. 赶快帮她想办法
C. 让她自己待一会儿
D. 给她倒一杯茶

（5）A. 问问他为什么不高兴
B. 只给他倒杯茶就可以了
C. 跟他说说话
D. 赶快帮他想办法

（6）A. 我们有多长时间没去公园了
B. 我们为什么好久没去公园了
C. 我们什么时候去公园
D. 我想跟你一起去公园

3. 选择对下面各句话的正确理解　Choose the correct sentences based on your understanding.

（1）A. 这样说虽然有些夸张，但是男人和女人确实有很多不同
B. 这样说不但有些夸张，而且男人和女人确实有很多不同
C. 这样说要是有些夸张，男人和女人确实有很多不同
D. 这样说不管是不是有些夸张，但是男人和女人确实有很多不同

（2）A. 她这时想当一个听众
B. 她这时需要一个人来安慰她
C. 她这时需要别人听她说话
D. 她这时需要跟别人聊天儿

（3）A. 这时女人不要说着话给他倒茶
B. 这时女人什么也不要问，只给他倒一杯茶就可以了
C. 这时女人不说话，男人来给她倒一杯茶就行了
D. 这时女人不要说话，只给自己倒一杯茶就可以了

（4）A. 当她看到丈夫把自己和另外一个人关在房间里的时候……
B. 当她看到丈夫把别人关在房间里的时候……
C. 当她看到丈夫把妻子一个人关在房间里的时候……
D. 当她看到丈夫把他自己一个人关在房间里的时候……

（5）A. 你来一次，我去一次，俩人就吵起来了
B. 你说一句，我说一句，俩人就吵起来了
C. 你过来，我过去，俩人就吵起来了
D. 俩人来往了几次就吵起来了

4. 听第三遍录音，找出各句与录音内容不一致的地方，并写出正确的内容 Listen to the dialogue once more and find out how the sentences are different from the recording, and write down the correct information. 7-5

（1）男人和女人有很大的不同，还有人说，男人和女人确实是两种不同的动物。

（2）尽管这样说有些夸张，但是男人和女人其实有很多不同。

（3）在工作和生活中碰到困难的时候，女人往往是去找人聊天儿。

（4）这时女人最好什么话也不要说，只给他倒一杯茶就行了。

（5）这样一来二去，俩人就吵起架来了。

（6）男人说话一般尽可能用标准的词，女人不是这样。

二、泛听练习 Extensive listening

短文（一） Passage 1 女人的秘密 7-6

生词 New Words

1.	寿命	shòumìng	（名）	lifespan, lifetime
2.	唠叨	láodao	（动）	to be garrulous
3.	缺点	quēdiǎn	（名）	shortcoming

听录音，回答问题 Listen to the passage and answer the following questions.

（1）你觉得这段短文的大意是什么？

（2）女人为什么喜欢说话？

（3）女人和男人有什么不同？

（4）女人为什么比男人寿命长？

（5）怎样才能保持身体健康？

短文（二）Passage 2　谁该进厨房 7-7

生词 New Words

1.	稿费	gǎofèi	（名）	author's remuneration
2.	牙科	yákē		dentistry
3.	诊所	zhěnsuǒ	（名）	clinic
4.	儿媳妇	érxífu	（名）	daughter-in-law (son's wife)

根据录音，把人物与相应的情况用线连起来 Match the persons with the corresponding information according to the passage.

A 先生	○ 公司职员
B 女士	○ 什么收入也没有
儿子小 C	○ 因为工资低，所以在家里的角色也发生了变化
儿媳妇小 D	○ 一个月挣的钱比爱人一年挣的都多
孙子小 E	○ 出租车司机

Lesson 8

第八课
"二人世界"的家庭

一、听力理解练习 Listening comprehension

一、听录音，选择正确答案 Listen and choose the correct answers. 8-1

1. A. 会说一句汉语
   B. 一句汉语也不会说
   C. 会说几句汉语
   D. 很高

2. A. 她相信了
   B. 她不相信
   C. 她可能不相信
   D. 她不可能相信

3. A. 把桌子擦一下
   B. 把书放在桌子上
   C. 快点儿做作业
   D. 把桌子上的东西收拾一下

4. A. 不要买了
   B. 买不买都行
   C. 可以买
   D. 应该买

5. A. 新郎说不下楼了
   B. 新郎激动得不能继续说了
   C. 新郎不想说了
   D. 新郎已经说完了

6. A. 很想去
   B. 不想去
   C. 想明天去
   D. 不喜欢京剧

7. A. 他问小刘了
   B. 小刘问他了，他没同意
   C. 小刘没有告诉他
   D. 小刘告诉他了

8. A. 小王给小李打了电话
   B. 小李给小王打了电话
   C. 小王来找小李了
   D. 小李来找小王了

9. A. 她很生气
B. 她很难过
C. 她觉得很麻烦
D. 她不喜欢这种味道

10. A. 一种人
B. 一个故事
C. 一种书
D. 一件事

二、听对话，做练习 Listen to the following dialogue and do the exercises.

“二人世界”的家庭 8-2

生词 New Words

1.	丁克	dīngkè	（形）	DINK (Double Income No Kids)
2.	贵族	guìzú	（名）	noble
3.	何况	hékuàng	（连）	much less, let alone
4.	难道	nándào	（副）	*used to reinforce a rhetorical question*
5.	反而	fǎn'ér	（副）	on the contrary

重点、难点提示 Key and difficult points

❶ 连丈夫或妻子都不要，何况孩子呢

“何况”，连词。用于后一小句的句首。用反问的语气表示比较起来更进一层的意思。前边的小句常用“连……都……”与之相呼应。例如：

何况 is a conjunction used at the beginning of the second clause. Its rhetorical tone suggests a further implication. “连……都……” is often used in the preceding clause, e.g.

① 这个问题连科学家都弄不清楚，何况我们这些人呢？

② 坐车都来不及了，何况走路去呢？

❷ 难道你认为，等你老了，儿子或女儿会在你身边照顾你

“难道”，副词。用于加强反问语气。用在动词前，也可以用在主语前。句末常有“吗”或“不成”等词语呼应。例如：

难道 is an adverb used to strengthen the tone of a rhetorical question. It is used before a verb or the subject of a sentence. Such a sentence is often ended with 吗 or 不成, etc., e.g.

① 这件事你难道一直不知道吗？

② 很长时间没见到他了，难道他回国了不成？

❸ 即使他想照顾你，你忍心让孩子那样做吗

“即使”，连词。表示假设兼让步（口语中多用“就是”），用在前一小句中，后一小句常用“也（还）”，表示结果或结论不受这种情况的影响。例如：

The conjunction 即使 indicates a concessive assumption in the first clause (就是 is more often used in spoken Chinese), and 也 (还) often appears in the following clause to point out that the result or conclusion is not influenced by this situation, e.g.

① 上课的时候要大胆说汉语，即使说错了也没关系。

② 即使明天下雨，我们也要去。

③ 飞机 12 点才起飞，即使再晚一个小时出发，也还来得及。

1. 听第一遍录音，判断正误 Listen to the dialogue for the first time and decide if the following statements are true or false. 8-3

（1）丁克家庭是结婚以后不要孩子的家庭。（ ）

（2）女人觉得丁克家庭不太好。（ ）

（3）男人觉得丁克家庭很好。（ ）

（4）丁克家庭对社会会有很大的影响。（ ）

2. 听第二遍录音，选择正确答案 Listen to the dialogue again and choose the correct answers. 8-4

（1）A. 刘佳和王涛结婚快六年了，还不要孩子
B. 刘佳和王涛已经结婚六七年了，还不要孩子
C. 刘佳和王涛结婚六七年以后才要的孩子
D. 刘佳和王涛想六七年以后再要孩子

（2）A. 这样不好
B. 这样好吗
C. 这样不好吗
D. 这样没什么不好

（3）A. 现在有很多年轻人，三十多岁了都不结婚呢
B. 现在有很多年轻人，快三十岁了都不结婚呢
C. 现在有的年轻人，快三十岁了都不结婚呢
D. 现在有几个年轻人，三十岁了都不结婚呢

（4）A. 要丈夫或妻子，不要孩子
B. 没有丈夫或妻子，更没有孩子
C. 不想结婚，更不想要孩子
D. 想结婚，但是不想要孩子

（5）A. 没有孩子的家庭就不能算真正的家
B. 没有孩子的家庭是什么样的家庭呢
C. 没有孩子的家庭也是一个家啊
D. 他们家为什么没有孩子呢

（6）A. 儿子或女儿会在你身边照顾你
B. 儿子或女儿不会在你身边照顾你
C. 想让儿子或女儿在你身边照顾你吗
D. 儿子或女儿也许会在你身边照顾你

（7）A. 你说什么

B. 培养一个孩子要花很多钱

C. 他们不要孩子是因为钱的问题

D. 他们不要孩子不是因为钱的问题

（8）A. 这种家庭越来越多，将来老人就会越来越多吗

B. 这种家庭越来越多，将来老人不会越来越多

C. 这种家庭越来越多，将来老人就会越来越多

D. 这种家庭越来越多，将来老人有可能越来越多

（9）A. 不生孩子不是坏事，是好事

B. 不生孩子不但是坏事，而且没有好处

C. 不生孩子不是好事，没有好处

D. 不生孩子不是坏事，但是没有好处

3. 听第三遍录音，请你说一说下面哪些不是他们的观点 Listen to the dialogue once more and find out which of the following is (are) not their viewpoint(s). 8-5

女的认为：（1）这种丁克家庭不太好。（　）

（2）没有孩子，根本不能算真正的家。（　）

（3）他们老了以后，身边没有孩子会很寂寞。（　）

（4）刘佳他们不要孩子可能是由于经济的原因。（　）

（5）这种家庭越多，将来人口就会越来越少。（　）

男的认为：（1）这种丁克家庭没什么不好的。（　）

（2）要不要孩子是别人的自由。（　）

（3）培养一个孩子要花很多钱。（　）

（4）刘佳他们不要孩子可能是因为钱的问题。（　）

（5）我们应该向刘佳他们学习。（　）

4. 对话中有一些反问句，请你找出来 Find the rhetorical questions in the dialogue.

二、泛听练习 Extensive listening

短文 Passage 陪妻子逛商场 8-6

生词 New Words

1.	任务	rènwu	（名）	task
2.	柜台	guìtái	（名）	counter

根据录音内容，指出他们今天去的地方的顺序，写在括号内，并与相关的活动连起来 Write the numbers in the parentheses to indicate the sequence of the places they have been to today and then match the places with the activities.

（ ）西城	○ 看包
（ ）东城	○ 看皮鞋、化妆品
（ ）蓝天大厦	○ 买皮鞋
（ ）南城	○ 看服装、皮鞋

对话 Passage 吃什么都行 8-7

生词 New Words

1.	情人节	Qíngrén Jié	（名）	Valentine's Day
2.	上火	shàng huǒ	（动）	to suffer from excessive internal heat (with such symptoms as constipation, conjunctivitis and inflammation of the nasal and oral cavities)
3.	垃圾食品	lājī shípǐn		junk food

听录音，回答问题 Listen to the dialogue and answer the following questions.

（1）他们俩是什么关系？

（2）男的想做什么？女的是什么意见？

（3）男的提了哪些建议？女的都是怎么回答的？

（4）你觉得女的是不是“吃什么都行”？

Lesson 9

第九课
望子成龙

一、听力理解练习 Listening comprehension

一、听录音，选择正确答案 Listen and choose the correct answers. 9-1

1. A. 他一直在和同学联系
   B. 他跟同学一直有联系
   C. 他一定要和同学保持联系
   D. 他已经和同学没联系了

2. A. 父亲看了我一下就认出我来了
   B. 我看了父亲一下就认出他来了
   C. 父亲看了我很长时间才认出我来
   D. 我看了父亲很长时间才认出他来

3. A. 5号和7号
   B. 8号和2号
   C. 5号和2号
   D. 7号和8号

4. A. 很放心
   B. 很忙
   C. 很紧张
   D. 很生气

5. A. 山田觉得他在这个班很合适
   B. 女的想让山田换班
   C. 山田的汉语水平很高
   D. 山田原来想换到别的班

6. A. 他们现在知道小王的地址、电话
   B. 他们当初问了小王的地址、电话
   C. 他们现在不知道小王的地址、电话
   D. 他们正在打听小王的地址、电话

7. A. 会用了
   B. 能听懂中国人说话了
   C. 作业都对了
   D. 能跟中国人说话了

8. A. 她有点儿犹豫
   B. 她有钱
   C. 她不太放心
   D. 她觉得租金有点儿贵

9. A. 很顺利
   B. 不顺利
   C. 很高兴
   D. 不高兴

10. A. 这个司机开车太快
    B. 这个司机喝醉了
    C. 汽车开到长城饭店后，司机把他推醒了
    D. 他上车前刚从饭店里出来

二、听对话，做练习 Listen to the following dialogue and do the exercises.

望子成龙 9-2

生词 New Words

1.	砸	zá	（动）	to fail, to foul up
2.	改掉	gǎidiào		to give up, to get rid of (a bad habit, etc.)
3.	名牌	míngpái	（名）	name brand

重点、难点提示 Key and difficult points

❶出错的地方，不是数字的顺序弄错了，就是把题抄错了，要不就是少写了一个数字

"不是……，就是……（，要不就是……）"用在选择句中，表示列举事实，用来说明某种情况。例如：

"不是……，就是……（，要不就是……）" is used in alternative questions to list facts and explain a particular situation, e.g.

① 她星期天不是洗衣服，就是做饭，要不就是打扫房间，总是忙个不停。

② 我每次去她的宿舍，她不是在听录音，就是在写汉字，学习非常刻苦。

❷ 真拿他没办法

"拿……没办法"表示对人或事不满意，可是又想不出好的办法让他（它）改变，有无可奈何的意思。例如：

"拿……没办法" indicates the speaker is unsatisfied with someone or something, but has no idea how to change the situation. It implies the speaker's helplessness, e.g.

① 我跟他说过好多次了，上课的时候不要迟到，可他根本不听，真拿他没办法。

② 他们让我去，我就是不去，他们拿我也没办法。

❸ 让他学会自己照顾自己，不但不会耽误他的时间，对他来说反而是一种锻炼

"不但"，连词。"不但不（没有）"与"相反""反而"等相呼应，前一小句用否定句，后一小句用肯定句，表示前后分句意思相反或出乎意料。例如：

不但 is a conjunction. The preceding clause is negative, and the following affirmative. 不但不（没有）coordinates with 相反 or 反而 to indicate that the two clauses are opposite in meaning or that the situation is unexpected, e.g.

① 他吃了药，不但没有好，病情反而更重了。

② 他骑车撞了我，不但不跟我道歉，反而说我撞了他。

1. 听第一遍录音，判断正误　Listen to the dialogue for the first time and decide if the following statements are true or false. 9-3

（1）对话中的两个人是小民的妈妈、爸爸。　（　）

（2）小民的"老毛病"是在家里什么事都不做。（　）

（3）女的对小民的学习不太满意。（　）

（4）男的觉得孩子的学习习惯跟他的生活习惯有关系。（　）

（5）女的希望小民将来能上名牌大学。（　）

2. 听第二遍录音，选择正确答案 Listen to the dialogue again and choose the correct answers. 9-4

（1）A. 小民的考试成绩
B. 小民在家做不做事
C. 怎样改掉小民的毛病
D. 小民的身体情况

（2）A. 他不太认真
B. 他不好好儿学习
C. 他不聪明
D. 他生病了

（3）A. 数字的顺序写错了
B. 少做了一道题
C. 少写了一个数字
D. 把题抄错了

（4）A. 考试的时候不要紧张
B. 自己的事情自己做
C. 考试的时候要快一点儿写
D. 做完以后要检查几遍

（5）A. 帮他整理房间
B. 帮他洗衣服
C. 帮他买书
D. 帮他准备书包

（6）A. 小民不会做
B. 妈妈喜欢帮小民做
C. 小民让妈妈帮他做
D. 想节省时间让小民学习

（7）A. 很好，为了孩子应该这样
B. 不好，这样做对孩子不好
C. 不好，应该妈妈跟孩子一起做
D. 应该让孩子多锻炼身体

3. 根据录音内容选择正确答案 Choose the correct answers according to the dialogue.

（1）A. 很生气　　B. 很无聊
　　C. 很兴奋　　D. 很着急

（2）A. 他自己没办法改掉这个毛病
　　B. 我没办法让他改掉这个毛病
　　C. 他没办法帮我改掉这个毛病
　　D. 他不改掉这个毛病，我就没办法

（3）A. 在家里什么事不是我帮他做呀
　　B. 在家里我什么事都要做
　　C. 在家里什么事他都帮我做
　　D. 在家里他什么事都做

（4）A. 我帮他做这些，他就没有更多的时间学习了
　　B. 我帮他做这些，他还有时间学习吗
　　C. 我帮他做这些，他就有更多的时间学习了
　　D. 我帮他做这些，他就可以不学习了

（5）A. 他将来能考上一个名牌大学，我就很满意了
　　B. 我觉得他将来一定能考上名牌大学
　　C. 他考上了一个名牌大学，我很满意
　　D. 他考上了一个名牌大学，自己很满意

（6）A. 不会耽误他的时间，还可以让他锻炼身体
　　B. 不会耽误他的时间，而且可以锻炼他
　　C. 不但会耽误他的时间，而且还会影响他锻炼
　　D. 不会耽误他的时间，但是会影响他锻炼

（7）A. 我自己做自己的事　　B. 我让他帮我做事

C. 他让我帮他做事　　D. 我让他自己做自己的事

4. 听第三遍录音，用所给词语和句式回答问题 Listen to the dialogue once more and answer the following questions with the words, expressions or structures in the parentheses. 9-5

（1）老师说小民这次考试怎么样？

（不是……，就是……，要不就是……）

（2）每次考试以前妈妈都要对小民说什么？（一定要）

（3）小民在家里做事吗？（连……都……　简直）

（4）小民妈妈为什么要帮小民做很多事？（不如　不就……吗）

（5）老师认为很多事应该让孩子自己去做，他是怎么跟小民妈妈说的？（对……有好处）

二、泛听练习 Extensive listening

短文（一） Passage 1 关于独生子女教育问题的调查 9-6

生词 New Words

1.	调查	diàochá	（动）	to investigate
2.	大多数	dàduōshù	（名）	majority
3.	居民	jūmín	（名）	resident
4.	角色	juésè	（名）	role

根据录音内容，在空格中填出你听到的百分比（录音中没有的不用填）
Fill in the spaces with the percentages you hear（Leave a space blank if the information is not given）.

父母的文化水平	父母担心的问题		
	孩子的学习	孩子的工作	孩子的健康
小学以下			
高中			
大学以上			

短文（二） Passage 2　父子对话　9-7

生词　New Words

1. 数学　shùxué　（名）　mathematics
2. 语文　yǔwén　（名）　Chinese (as a subject for native speakers)
3. 作文　zuòwén　（名）　composition, essay
4. 强项　qiángxiàng　（名）　strong suit
5. 推迟　tuīchí　（动）　to postpone

听录音，回答问题　Listen to the passage and answer the following questions.

（1）儿子什么成绩是100分？

（2）儿子说1加1等于几？

（3）儿子考试的作文题目是什么？

（4）儿子的作文是怎么写的？

（5）儿子的英语考了多少分？

Lesson 10

第十课 妈妈和儿子

一、听力理解练习 Listening comprehension

一、听录音，选择正确答案 Listen and choose the correct answers. 10-1

1. A. 她咳得不能去上课了
   B. 她咳得不能下去了
   C. 她咳得不能继续上课了
   D. 她一上课就咳嗽

2. A. 提高工作能力比赚钱更重要
   B. 这些年他赚了很多钱
   C. 他想跟王经理学习
   D. 他的工作能力还要提高

3. A. 学过一点儿程序设计
   B. 会一点儿程序设计
   C. 不会程序设计
   D. 什么也不会

4. A. 今天
   B. 明天
   C. 后天
   D. 过几天

5. A. 男的想到了儿子会辞职
   B. 男的以前让儿子不要辞职
   C. 男的以前曾经建议儿子辞职
   D. 儿子辞职没有跟爸爸商量过

6. A. 在埋怨男的
   B. 在嘱咐男的
   C. 问男的什么时候回家
   D. 不知道什么时候男的来看她和孩子

7. A. 开车了
   B. 睡觉了
   C. 工作了
   D. 玩儿了

8. A. 很便宜，一节课才三四百块钱
   B. 是很贵，三四百块钱一节课
   C. 一节课三四百块钱比较合适
   D. 不是一节课三四百块钱

9. A. 找一份工作不容易
B. 现在的工作不累
C. 现在的工作挣钱不少
D. 对工作的态度更重要

10. A. 你每天做饭的时间太长了
B. 你每天吃饭的时间太长了
C. 他不喜欢一边吃饭一边聊天儿
D. 他很喜欢做饭

二、听对话，做练习 Listen to the following dialogue and do the exercises.

妈妈和儿子 10-2

生词 New Words

1.	雨衣	yǔyī	（名）	raincoat
2.	万一	wànyī	（连）	in case
3.	管	guǎn	（动）	to care about, to bother about
4.	脏	zāng	（形）	dirty
5.	茶馆	cháguǎn	（名）	teahouse

重点、难点提示 Key and difficult points

❶ 万一下班的时候天晴了

“万一”，连词，表示可能性极小的假设。例如：

万一 is a conjunction indicating a hypothesis of tiny possibility, e.g.

① 万一她不来怎么办呢？

② 万一下雨，咱们还去不去呢？

❷ 名牌就是名牌

“A 就是 A”，用于强调事物的客观性。例如：

A 就是 A is used to emphasize the objectivity of something, e.g.

① 老师就是老师，这个问题，老师一讲，我就明白了。

② 孩子就是孩子，一个小小的玩具就能玩儿上半天。

③ 不懂就是不懂，不要装懂。

❸ 喝茶为什么非要去茶馆不可呢

“非……不可”表示一定要这样。例如：

“非……不可” means “must”, e.g.

① 要学好汉语非多听、多说、多读、多写不可。

② 不让他去，他非去不可。

1. 听第一遍录音，判断正误 Listen to the dialogue for the first time and decide if the following statements are true or false. 10-3

（1）他们谈话的时候是晚上。（ ）

（2）小强平时坐车上班。（ ）

（3）妈妈让小强明天坐车去上班。（ ）

（4）小强明天想穿雨鞋，他让妈妈帮他找出来。（ ）

（5）小强的名牌衬衣花了 800 块钱，他穿上感觉不太好。（ ）

（6）明天晚上，朋友要请小强去茶馆喝茶。（ ）

2. 听第二遍录音，选择正确答案 Listen to the dialogue again and choose the correct answers. 10-4

（1）A. 在手机上看到的
B. 在电视上看到的
C. 在网上看到的
D. 听朋友说的

（2）A. 穿上雨衣
B. 穿上雨衣、雨鞋
C. 带上雨伞，穿上雨鞋
D. 穿上雨衣，带上雨伞

（3）A. 穿雨鞋又难受又难看
B. 明天是晴天，不会下雨
C. 他的脚有毛病
D. 他的雨鞋不好看

（4）A. 穿皮鞋去
B. 换一双雨鞋
C. 穿皮鞋去，带着雨鞋
D. 穿雨鞋去，带着皮鞋

（5）A. 不是名牌
B. 不划算
C. 不是新的
D. 不好看

（6）A. 并不贵
B. 是很贵
C. 好看
D. 穿起来感觉很好

（7）A. 太贵了
B. 环境、气氛比在家里好得多
C. 很好
D. 太远了

（8）A. 不贵
B. 不如在家里好
C. 环境和气氛比较好
D. 很近，很方便

3. 选择对下面各句话的正确理解 Choose the correct sentences based on your understanding.

（1）A. 现在一般情况下人们都不穿雨鞋
B. 只有卖鱼的不穿雨鞋
C. 卖鱼的一定要穿雨鞋
D. 穿雨鞋的都是卖鱼的

（2）A. 尽管
B. 如果
C. 即使
D. 虽然

（3）A. 很好
B. 有点儿不高兴
C. 有点儿奇怪
D. 很愤怒

（4）A. 名牌就是好
B. 名牌是名牌，但是穿上感觉也不太好
C. 名牌跟名牌也不一样
D. 有的名牌感觉也不太好

（5）A. 你们为什么一定要喝茶呢
B. 你们去茶馆喝茶，可以吗
C. 你们去茶馆喝茶，不可以吗
D. 你们为什么一定要去茶馆喝茶呢

（6）A. 家里的环境不比茶馆好
B. 家里的环境比茶馆差很多
C. 家里的环境比茶馆好很多
D. 家里的环境比茶馆好一点儿

（7）A. 家和茶馆不一样
B. 家和茶馆一样
C. 这是家，那是茶馆
D. 那是家，这是茶馆

4. 听第三遍录音，回答问题 Listen to the dialogue once more and answer the following questions. 10-5

（1）如果明天下雨了，妈妈会怎么做？儿子呢？他为什么这样做？
（2）妈妈买衬衣的话，会怎么做？为什么？儿子呢？为什么？
（3）儿子为什么要去茶馆喝茶？妈妈为什么反对？
（4）在一些家庭里，可能会有爸爸妈妈不理解子女的时候。你的家庭里有这种情况吗？你怎么看这个问题？

二、泛听练习 Extensive listening

短文（一） Passage 1 爱 10-6

生词 New Words

1. 艘　sōu　（量）　*a measure word for boats and ships*
2. 游轮　yóulún　（名）　cruise ship

3.	海难	hǎinàn	（名）	marine perils, shipwreck
4.	救生艇	jiùshēngtǐng	（名）	lifeboat
5.	沉没	chénmò	（动）	to sink, to go under
6.	患	huàn	（动）	to contract, to suffer from
7.	绝症	juézhèng	（名）	incurable disease, fatal illness

听录音，回答问题 Listen to the passage and answer the following questions.

（1）发生海难时，男人做了什么？

（2）女人对男人喊了什么话？

（3）他们乘坐游轮时，女人的身体情况怎么样？

（4）发生海难时，男人为什么那样做？

（5）你可以理解那个男人的做法吗？为什么？

短文（二） Passage 2 心跳与寿命 10-7

生词 New Words

1.	心跳	xīn tiào	（动）	heartbeat
2.	极限	jíxiàn	（名）	maximum, limit
3.	明显	míngxiǎn	（形）	evident, obvious
4.	剧烈	jùliè	（形）	strenuous, intense
5.	恢复	huīfù	（动）	to recover

听录音，选择正确答案 Listen to the passage and choose the correct answer .

A. 为什么人们的寿命不一样长

B. 心跳和寿命的关系以及怎样放慢心跳

C. 心跳和寿命为什么成反比以及怎样放慢心跳

小测试（一）

说明：请把答案写在答卷上。（总分 100 分）

一、听录音，选择正确答案（每题 2 分，共 40 分）

1. A. 男的认识小明
   B. 男的没有帮助小明
   C. 不认识小明的人帮助了小明
   D. 男的和别人一起帮助了小明

2. A. 老张今天不高兴，要喝很多酒
   B. 老张很少像今天这样高兴
   C. 老张今天不高兴，喝了很多酒
   D. 老张一喝酒就很高兴

3. A. 男的觉得小张不一定来
   B. 男的觉得小张一定不来
   C. 男的觉得小张一定来
   D. 小张没说来不来

4. A. 跑一圈儿
   B. 跑两圈儿
   C. 不停地跑步
   D. 跟朋友一起跑步

5. A. 汉字
   B. 听力
   C. 发音
   D. 汉字、听力都难

6. A. 可能是这样
   B. 必须参加
   C. 我可能去
   D. 能去的话就去吧

7. A. 你说的话没错，我以后一定这么做
   B. 你说的话不对
   C. 不完全同意丈夫的意见
   D. 可以这样跟女儿说一说

8. A. 不想换
   B. 快点儿换吧
   C. 哪天换呢
   D. 他没说过要换

9. A. 问孩子为什么有这么多的问题
B. 问孩子哪些问题不懂
C. 问孩子为什么不懂还要装懂
D. 跟孩子讲学习态度的问题

10. A. 去医院
B. 听她说话
C. 吃药
D. 休息

11. A. 你不要相信小刘的话
B. 你为什么不相信小刘的话
C. 小刘说的是对的
D. 他不相信小刘会那么说

12. A. 没有看见他
B. 不想见到他
C. 没有见过他
D. 不重视他

13. A. 他今天没来听讲座
B. 他今天白天没来
C. 他今天听的讲座很好
D. 他今天听的讲座不好

14. A. 让这位小姐看看这种香水
B. 让这位小姐买这种香水
C. 告诉这位小姐这种香水很容易卖
D. 告诉这位小姐这种香水的价钱

15. A. 不喜欢去茶馆喝茶
B. 每个月只花一半的工资
C. 工资不够花
D. 每个月只发半个月的工资

16. A. 她大学的时候常常去旅游
B. 她大学学的专业是电脑
C. 她现在在一家饭店工作
D. 她大学学了很多东西

17. A. 有人不喜欢猫
B. 有人很喜欢猫
C. 为什么有人很喜欢猫
D. 猫为什么很可爱

18. A. 很矛盾
B. 很幸福
C. 很辛苦
D. 很健康

19. A. 一个男孩儿
    B. 一个女孩儿
    C. 一个叫齐雨的人
    D. 齐雨的姐姐

20. A. 最近这几年的旅游情况跟以前不同
    B. 说话人自己这几年跟前几年不同
    C. 坐飞机跟坐火车的不同
    D. 坐飞机方便还是坐火车方便

二、听短文《都生气了》，完成试题（共31分）

1. 听第一遍录音，判断正误（每题1分，共6分）

（1）在中国，人们都很尊敬老年人。 （ ）

（2）在中国，有的老年人喜欢年轻人叫他们爷爷、奶奶。 （ ）

（3）在中国，在公共汽车上年轻人应该把座位让给老年人。 （ ）

（4）麦克和约翰是同学，麦克比约翰大40岁。 （ ）

（5）小王刚工作不久。 （ ）

（6）小王他们坐火车去西安参观。 （ ）

2. 听第二遍录音，选择正确答案（每题2分，共10分）

（1）A. 小王老师和约翰在205房间，麦克在701房间
    B. 麦克在205房间，小王老师和约翰在701房间
    C. 麦克和约翰在205房间，小王老师在701房间
    D. 小王老师和麦克在205房间，约翰在701房间

（2）A. 酒店的电梯坏了
    B. 酒店没有空房间了
    C. 他们发现酒店没有电梯
    D. 酒店的电梯太小了

（3）A. 二层的房间大一些
    B. 七层的房间很安静
    C. 爬七层楼很辛苦
    D. 小王老师想跟麦克一个房间

（4）A. 小王不知道他多大了
B. 小王说他小
C. 小王让他到七层的房间去
D. 小王问了他的年龄

（5）A. 小王问了他的年龄
B. 他不想去二层的房间
C. 小王不知道照顾他
D. 小王说他年纪大了

3. 听第三遍录音，回答问题（每题 5 分，共 15 分）

（1）小王说了一句什么话，让麦克和约翰都生气了？

（2）你觉得为什么会发生这样的事？

（3）你觉得不同国家的人在一起时应该注意什么问题？

三、听短文《朋友的意见》，完成试题（共 29 分）

1. 听第一遍录音，选择正确答案（4 分）

□ 年龄	□ 爱好	□ 体重	□ 长相	□ 性格
□ 工作	□ 收入	□ 学历	□ 家庭	□ 专业

2. 听第二遍录音，判断正误（每题 1 分，共 7 分）

（1）小李的个子比小王矮。（　）

（2）小李工作很忙。（　）

（3）小王家人很多。（　）

（4）小李家的日子不好过。（　）

（5）小李是研究生。（　）

（6）小王和小李的性格不一样。（　）

（7）小王和小李的专业不一样。（　）

3. 听第三遍录音，选择正确答案（每题 2 分，共 8 分）

（1）A. 家务事只有你一个人做
B. 你只做一个人的家务
C. 家里只有你一个人
D. 家里就会多一个人

（2）A. 我没考虑其他方面
B. 其他方面没有问题
C. 我觉得其他方面不好
D. 我没觉得其他方面好

（3）A. 他一点儿钱也没有
B. 他的钱没了
C. 他的钱不多
D. 他有钱

（4）A. 俩人不会在一起说话
B. 俩人说了一定会一起去
C. 俩人说了不会走到一起去
D. 俩人不会有共同的兴趣、爱好

4. 回答问题（每题 5 分，共 10 分）

（1）小王自己觉得小李怎么样？她担心什么？

（2）听了几位朋友的话以后，小王是怎么想的？

Lesson 11

第十一课
命都不要了

一、听力理解练习 Listening comprehension

一、听录音，选择正确答案 Listen and choose the correct answers. 11-1

1. A. 老王总是对孩子发脾气
   B. 老王常常跟别人发脾气
   C. 孩子常常跟老王发脾气
   D. 孩子不常跟老王发脾气

2. A. 现在时间很晚了
   B. 问女的说什么
   C. 他已经感冒了
   D. 他今天来晚了

3. A. 50 个人
   B. 40 个人
   C. 25 个人
   D. 20 个人

4. A. 顾客很喜欢
   B. 商品很好
   C. 欢迎顾客去买东西
   D. 卖的冰箱质量很好

5. A. 把衣服晒在外边
   B. 起来穿衣服
   C. 把外边的衣服拿进来
   D. 赶快起床

6. A. 半年
   B. 两个月
   C. 四个月
   D. 八个月

7. A. 很着急
   B. 很无奈
   C. 很寂寞
   D. 很生气

8. A. 她不太想去
   B. 父母不想让她去
   C. 她要照顾父母
   D. 她要是出国的话，没人照顾她

9. A. 男的的电话坏了
B. 男的来找女的了
C. 男的在电话中没说清楚
D. 男的想让女的来他这儿一趟

10. A. 大海
B. 一个人
C. 一个城市
D. 一座房子

二、听短文，做练习 Listen to the following passage and do the exercises.

命都不要了 11-2

生词 New Words

1.	小气	xiǎoqi	（形）	stingy, petty
2.	划算	huásuàn	（形）	cost-efficient
3.	不得不	bùdébù		to have no choice but to, to have to
4.	端	duān	（动）	to hold something level with both hands, to carry
5.	拒绝	jùjué	（动）	to refuse, to decline
6.	炖	dùn	（动）	to stew
7.	煎	jiān	（动）	to fry (in shallow oil without stirring)
8.	烩	huì	（动）	to braise
9.	睁	zhēng	（动）	to open (one's eyes)
10.	张	zhāng	（动）	to open (one's mouth)

重点、难点提示 Key and difficult points

❶ 三天两头地跑到别人家去

"三天两头"，固定结构。多用于口语，在句中做状语，意思是经常发生。例如：

三天两头 is a fixed structure mostly used as an adverbial in spoken Chinese. It means "very often", e.g.

① 小王身体不好，三天两头生病。

② 这个学生三天两头旷课。

❷ 在别人家一坐就是半天

"'一' + 动词 + '就是' + 数量"，加强肯定语气，指说话人认为时间长、数量多。例如：

" 一 + verb + 就是 + amount" emphasizes the affirmative tone, indicating a long time or a large quantity in the speaker's mind, e.g.

① 他经常出差，而且一走就是好几个月。

② 她特别喜欢买衣服，每次去商场，一买就是好几件。

❸ 不得不留李三在他家吃午饭

"不得不"表示某种动作行为并不是自己愿意做的，实在是没有办法才这样做的。语气比"只好"更强。例如：

不得不 means that somebody has to do something, usually something that one doesn't want to do. The tone is stronger than 只好, e.g.

① 后天去上海的飞机票卖完了，我不得不坐火车去。

② 我不懂法语，不得不请她翻译。

③ 今天下雨，运动会不得不推迟了。

1. 听第一遍录音，判断正误　Listen to the passage for the first time and decide if the following statements are true or false.　11-3

（1）王二很爱面子，也很小气。　（　）

（2）王二觉得别人家的饭很好吃，所以常去别人家吃饭。　（　）

（3）王二也很喜欢朋友来他家，所以有一天他请李三来他家做客。　（　）

（4）到了十二点，李三还不走，王二只好请他吃饭。（ ）

（5）王二在李三家，看见豆腐，眼睛睁得圆圆的，嘴巴张得大大的，吃了很多。（ ）

2. 听第二遍录音，选择正确答案 Listen to the passage again and choose the correct answers. 11-4

（1）A. 朋友家的饭很简单
B. 这样他可以省钱
C. 这样他的朋友可以省钱
D. 这样他花的钱比较少

（2）A. 他想知道几点了
B. 他有事
C. 他希望李三快点儿走
D. 他害怕耽误李三的时间

（3）A. 李三喜欢吃豆腐
B. 王二喜欢吃豆腐
C. 豆腐很有营养
D. 豆腐非常便宜

（4）A. 王二说他很喜欢吃豆腐
B. 李三很喜欢吃豆腐
C. 豆腐很有营养
D. 豆腐非常便宜

（5）A. 豆腐
B. 鱼和肉
C. 鱼和豆腐
D. 鱼、肉、豆腐都喜欢

3. 选择对下面各句话的正确理解 Choose the correct sentences based on your understanding.

（1）A. 他三天中有两天要去别人家
B. 他经常去别人家
C. 他第一天和第三天去别人家
D. 他要去别人家住五天

（2）A. 在别人家待一个上午
B. 在别人家一直坐 12 个小时
C. 只要去别人家，就待很长时间
D. 只要去别人家，就要在那儿住一天

（3）A. 王二想请李三在他家吃饭
B. 王二非要请李三吃饭不可
C. 王二必须请李三在他家吃饭
D. 王二只好请李三在他家吃饭

（4）A. 我每顿饭都要有它
B. 即使只吃一顿饭，也要有它
C. 我只吃了一次就离不开它了
D. 我一次也没吃过

（5）A. 王二很吃惊
B. 王二很害怕
C. 王二不高兴
D. 王二吃得很高兴

（6）A. 看见桌子上只有鱼和肉
B. 他只注意鱼和肉
C. 他没看见有鱼和肉
D. 他不喜欢吃鱼和肉

（7）A. 他一点儿豆腐也没吃
B. 他吃了一口豆腐，没吃别的
C. 他没吃别的，只吃了豆腐
D. 他喜欢吃豆腐

（8）A. 他最喜欢吃的是豆腐
B. 豆腐、鱼和肉他都喜欢吃
C. 他最喜欢吃的是鱼和肉
D. 即使有鱼和肉，他也要吃豆腐

4. 听第三遍录音，填空　Listen to the passage once more and fill in the blanks.　11-5

（1）他觉得这样很划算，________可以吃别人的，________还可以防止别人来自己家吃。
（2）他刚要去别人家，________，他的朋友李三先到他家来了。
（3）王二________跟李三聊天儿，________不停地偷偷看表。
（4）我最爱吃豆腐了，它________就是我的命，我一顿饭也________它。
（5）你________最爱吃豆腐，________豆腐就是你的命吗？
（6）你知道吗？看见鱼和肉，我就______________。

二、泛听练习 Extensive listening

短文（一） Passage 1 "花昨天的钱"和"花明天的钱" 11-6

生词 New Words

1.	分期付款	fēnqī fù kuǎn		to pay in installments
2.	提前消费	tíqián xiāofèi		to consume in advance
3.	促进	cùjìn	（动）	to promote

听录音，回答问题 Listen to the passage and answer the following questions.

（1）短文中"花昨天的钱"和"花明天的钱"是什么意思？

（2）在花钱的问题上，中国人一般有什么样的习惯？

（3）现在有多少中国人愿意接受"分期付款"这种消费方式？

短文（二） Passage 2 什么时候买东西最合适 11-7

生词 New Words

1.	季节性	jìjiéxìng		seasonal
2.	上市	shàng shì	（动）	to be/appear on the market

听录音，回答问题 Listen to the passage and answer the following questions.

（1）如果你要买泳衣的话，什么季节买比较好？为什么？

（2）为什么刚刚上市的东西不要急着去买？

（3）为什么说上午去商场比较好？

Lesson 12

第十二课
充电

一、听力理解练习 Listening comprehension

一、听录音，选择正确答案 Listen and choose the correct answers. 12-1

1. A. 来得比女的早
   B. 来得比女的晚
   C. 跟女的一起来的
   D. 今天没有坐车来

2. A. 质量不知道怎么样
   B. 质量很好
   C. 质量不会很好
   D. 不便宜

3. A. 你要在哪儿工作
   B. 你想做什么工作
   C. 我不想在这儿干了
   D. 这儿没有工作

4. A. 很生气
   B. 很难过
   C. 很失望
   D. 很得意

5. A. 很吃惊
   B. 不同意
   C. 很害怕
   D. 很失望

6. A. 经常和爸爸妈妈去公园
   B. 想跟小朋友去公园
   C. 很少跟爸爸妈妈去公园
   D. 喜欢跟别的孩子一起玩儿

7. A. 要让两人生活习惯一样是很难的
   B. 两人的生活习惯应该一样，免得发生矛盾
   C. 两人生活习惯不一样，很容易发生矛盾
   D. 如果两人的生活习惯一样，就不会发生矛盾了

8. A. 七点四十
B. 七点五十
C. 八点钟以后
D. 八点钟以前

9. A. 小刘原来是单身，现在结婚了
B. 她现在才知道小刘是单身
C. 她不知道小刘已经结婚了
D. 小刘结婚太早了

10. A. 不太认真
B. 上课的时候总是笑
C. 教得很好
D. 对英语兴趣不大

二、听对话，做练习 Listen to the following dialogue and do the exercises.

充电 12-2

生词 New Words

1.	充电	chōng diàn	（动）	to charge (a battery), to pursue further studies
2.	打扰	dǎrǎo	（动）	to interrupt, to disturb
3.	培训班	péixùnbān		training program
4.	中专	zhōngzhuān	（名）	secondary specialized school
5.	千差万别	qiānchā-wànbié		to differ greatly

1. 听第一遍录音，判断正误 Listen to the dialogue for the first time and decide if the following statements are true or false. 12-3

（1）这位记者是《中国青年》杂志社的。 （ ）

（2）记者采访了小马和小王办培训班的问题。 （ ）

（3）小马在公司工作，小王在学校工作。 （ ）

（4）小马和小王都参加了电脑培训班。　（　）

（5）小马和小王都是下班以后来参加培训班学习的。　（　）

（6）小马对培训班的教学比较满意。　（　）

2. 听第二遍录音，选择正确答案　Listen to the dialogue again and choose the correct answers. 12-4

（1）A. 不满一年
B. 够一年了
C. 正好一年
D. 好几年了

（2）A. 换工作
B. 提高工作能力
C. 以后当秘书
D. 挣更多的钱

（3）A. 去学校当老师
B. 提高工作能力
C. 换工作
D. 挣更多的钱

（4）A. 电脑专业
B. 中文专业
C. 经济管理专业
D. 法律专业

（5）A. 去中学当老师
B. 当律师
C. 挣钱比较多的工作
D. 去公司当秘书

（6）A. 不少
B. 很多
C. 不是很多
D. 每个人都参加

（7）A. 培训班的教学质量不好
B. 工作太忙
C. 家务太多
D. 没有钱

（8）A. 英语培训班
B. 法律培训班
C. 电脑培训班
D. 经济管理培训班

（9）A. 英语培训班
B. 中文培训班
C. 法律培训班
D. 经济管理培训班

（10）A. 法律培训班、电脑培训班
B. 中文培训班、电脑培训班
C. 英语培训班、法律培训班
D. 英语培训班、电脑培训班

（11）A. 电脑培训班、经济管理培训班
B. 经济管理培训班、英语培训班
C. 电脑培训班、英语培训班
D. 中文培训班、电脑培训班

（12）A. 跟他原来想的差不多
B. 比他原来想的要好
C. 学生们的水平很高
D. 教学质量不太好

3. 选择对下面各句话的正确理解 Choose the correct sentences based on your understanding.

（1）A. 你说得对
B. 你说错了
C. 你做错了
D. 我做错了

（2）A. 你怎么这么说呢
B. 我怎么这么说呢
C. 你说什么
D. 让我想想该怎么说

（3）A. 上一个培训班要交多少钱
B. 上一个培训班要交很多钱
C. 上一个培训班要交一些钱
D. 上一个培训班才交几千块钱

（4）A. 我实在不满意
B. 实际上我很不满意
C. 说心里话，很不满意
D. 我不是很满意

（5）A. 我原来想的不好，现在也觉得不好
B. 我原来想的不好，现在觉得很好
C. 我原来想的很好，现在觉得很差
D. 我原来想的很好，现在也觉得很好

（6）A. 可能不参加了
B. 一定不参加了
C. 一定会参加
D. 一边参加培训班，一边自己学习

4. 听第三遍录音，回答问题 Listen to the dialogue once more and answer the following questions. 12-5

（1）小马为什么参加培训班？小王呢？

（2）在他们单位，参加这种培训班的人多吗？为什么？

（3）除了电脑培训班以外，还有什么培训班？

（4）小马对培训班的教学满意吗？

二、泛听练习 Extensive listening

短文（一） Passage 1 怎样提高学习效率 12-6

生词 New Words

1.	效率	xiàolǜ	（名）	efficiency
2.	总结	zǒngjié	（动）	to summarize
3.	放松	fàngsōng	（动）	to relax
4.	饱	bǎo	（形）	full, having had enough to eat
5.	血液	xuèyè	（名）	blood
6.	胃部	wèibù		stomach
7.	脑部	nǎobù		brain
8.	注意力	zhùyìlì		attention
9.	完整	wánzhěng	（形）	complete

听录音，判断正误 Listen to the passage and decide if the following statements are true or false.

（1）学习一个小时左右就应该休息休息。 （ ）

（2）刚吃完饭以后不要学习。 （ ）

（3）早上人都特别精神，所以应该早上学习。（　）

（4）不要一边学习一边听音乐。（　）

（5）学习新的东西时，为了帮助理解，可以先用自己的话说一说。（　）

（6）记一首诗的时候要一句一句地记。（　）

短文（二） Passage 2 朝三暮四 12-7

生词 New Words

1.	朝	zhāo		dawn, morning
2.	暮	mù		evening, dusk
3.	猴子	hóuzi	（名）	monkey
4.	食物	shíwù	（名）	food
5.	栗子	lìzi	（名）	chestnut

听录音，回答问题 Listen to the passage and answer the following questions.

（1）主人为什么很爱这些猴子？

（2）主人后来为什么要给猴子们减少食物？他是怎样跟猴子们说的？猴子们同意吗？

（3）他第二次是怎么跟猴子们说的？他给猴子们增加食物了吗？

（4）“朝三暮四”这个成语本来是什么意思？现在呢？

Lesson 13

第十三课 想开点儿

一、听力理解练习 Listening comprehension

一、听录音，选择正确答案 Listen and choose the correct answers. 13-1

1. A. 小王住得离学校比较远
   B. 小王住得离学校很近
   C. 女的比小王先到了
   D. 小王今天迟到了

2. A. 他们的孩子很好
   B. 孩子不需要他们照顾了
   C. 等孩子大了就好了
   D. 她不想工作了

3. A. 自己的英语水平太低了
   B. 自己的时间不够
   C. 那个家长觉得她的英语水平不太高
   D. 她想去试一试

4. A. 把桌子上的书都放到书架上去
   B. 把书架上的书都放到桌子上去
   C. 把现在不用的书都放到书架上去
   D. 把现在不用的书都放到桌子上去

5. A. 他有一双皮鞋就够了
   B. 这双皮鞋很好
   C. 这双布鞋很好
   D. 这双布鞋太贵了

6. A. 这对孩子来说太不容易了
   B. 这对你爱人来说太难了
   C. 你们应该为孩子想想
   D. 照顾孩子太难了

7. A. 写信很方便
   B. 她喜欢跟朋友写信联系
   C. 她喜欢读信的感觉
   D. 她写的信都不长

8. A. 常常一天换两套衣服
   B. 每天穿的衣服很少
   C. 常常没有衣服穿
   D. 喜欢穿新衣服

9. A. 汽车不能代替自行车
   B. 以后电脑会代替笔
   C. 他不喜欢使用电脑
   D. 电脑不能完全代替笔

10. A. 两种
    B. 三种
    C. 四种
    D. 五种

二、听对话，做练习 Listen to the following dialogue and do the exercises.

想开点儿 13-2

生词 New Words

1.	肥胖	féipàng	（形）	fat, obese
2.	稍微	shāowēi	（副）	slightly
3.	女装	nǚzhuāng	（名）	women's clothing
4.	用品	yòngpǐn	（名）	articles for use
5.	机器	jīqì	（名）	machine
6.	蔬菜	shūcài	（名）	vegetable
7.	何苦	hékǔ	（副）	why bother
8.	区别	qūbié	（名）	difference
9.	智商	zhìshāng	（名）	IQ (intelligence quotient)

重点、难点提示 Key and difficult points

❶ 女：……。我还真想买一个试试。

男：算了吧！

"算了吧"表示认为对方的想法、说法或行为应该停止。用于劝止或制止。例如：

算了吧 suggests that the speaker thinks the other party should abandon his/her idea, statement or action. It can be used for dissuasion or prohibition, e.g.

① A：我想去一趟银行。

B：算了吧，你看快下雨了。

② A：这事都怪我！

B：算了吧，别难过了，谁都有不小心的时候。

❷ 你真是跟自己过不去

"跟自己过不去"表示自己使自己处于困窘为难的境地。例如：

跟自己过不去 indicates that someone has put him/herself in a dilemma, e.g.

① 你年纪大了，太重的家务活儿就不要做了，别跟自己过不去了。

② 你弄错了，大家都没有怪你，你也不要再跟自己过不去了。

❸ 看到那么多漂亮的衣服，自己却穿不下

"穿不下"意思是衣服太小、太瘦，身材太高、太胖，所以不能穿。相反的表达是"穿得下"。例如：

穿不下 indicates that the piece of clothing is too small or tight to wear. It is opposite to 穿得下, e.g.

① 这是我前几年的衣服，现在胖了，穿不下了。

② 这是我女儿的衣服，我哪穿得下呢？

1. 听第一遍录音，判断正误　Listen to the dialogue for the first time and decide if the following statements are true or false. 13-3

（1）他们现在是在商场。（　）

（2）小于看的那种机器名字叫"瘦得快"。（　）

（3）小于半年前的那次减肥是用游泳的方法。（　）

（4）小于已经试过很多减肥的方法了，但是都没有效果。（ ）

（5）小于现在的体重比标准体重多十几斤。（ ）

（6）小于减肥的目的是为了健康。（ ）

（7）小张不赞成小于减肥。（ ）

2. 听第二遍录音，选择正确答案 Listen to the dialogue again and choose the correct answers. 13-4

（1）A. 效果很好
B. 当时有效果；不游泳了，体重又增加了
C. 没有效果
D. 没有坚持下来

（2）A. 游泳
B. 吃减肥药
C. 每天只吃水果、蔬菜
D. 喝减肥茶

（3）A. 太痛苦了
B. 没有效果
C. 有了更好的方法
D. 她不相信这种方法

（4）A. 为了健康一定要减肥
B. 胖瘦没有什么关系
C. 对什么减肥方法都不相信了
D. 有好的方法还想试一试

（5）A. 为了健康
B. 为了漂亮
C. 为了提高智商
D. 为了符合标准体重

（6）A. 智商比较高
B. 老了以后容易得高血压
C. 智商会受影响
D. 不太健康

（7）A. 觉得有一定的道理
B. 非常赞成
C. 不相信
D. 认为小张是在安慰她

（8）A. 减肥会影响智商
B. 智商不高
C. 不减肥会影响智商
D. 老了以后容易得高血压

3. 选择对下面各句话的正确理解 Choose the correct sentences based on your understanding.

（1）A. 你一看见这些减肥用品就累了
B. 你一看见这些减肥用品就想看看
C. 看减肥用品的人太多了，没办法走开
D. 你不喜欢这些减肥用品

（2）A. 别买了
B. 买一个吧
C. 快走吧
D. 这个算是比较贵的

（3）A. 跟着它去
B. 让它去吧
C. 随便吧
D. 快点儿减肥吧

（4）A. 自己为难自己
B. 我不让你过去
C. 你过不去
D. 我过不去

（5）A. 衣服太贵了
B. 衣服太难看了
C. 衣服太肥了，自己太瘦了
D. 衣服太瘦了，自己太胖了

（6）A. 因为年纪大了，所以会生病
B. 尽管年纪大了，但是如果不胖，也不会生病
C. 哪怕年纪大了，如果不胖的话，也不会生病
D. 如果年纪大了，即使不胖也会生病

（7）A. 应该是什么样的
B. 该胖就胖，该瘦就瘦
C. 应该怎么做就怎么做吧
D. 该怎么减肥就怎么减肥吧

4. 听第三遍录音，回答问题 Listen to the dialogue once more and answer the following questions. 13-5

（1）小于试过哪些减肥方法？

（2）半年前的那次减肥小于使用了什么方法？效果如何？

（3）小于现在对减肥的态度怎么样？

（4）小于减肥的目的是什么？

（5）小张对减肥是什么态度？

二、泛听练习 Extensive listening

短文（一） Passage 1 关于减肥 13-6

生词 New Words

1.	严重	yánzhòng	（形）	serious
2.	范围	fànwéi	（名）	scope
3.	过分	guò fèn	（形）	excessive
4.	强壮	qiángzhuàng	（形）	strong
5.	健美	jiànměi	（形）	strong and handsome

听录音，判断正误 Listen to the passage and decide if the following statements are true or false.

（1）现在肥胖问题已经成了社会问题。（ ）

（2）在英国，现在的肥胖人口是15年前的两倍。（ ）

（3）在美国，有7%的人是肥胖人口。（ ）

（4）在中国，肥胖人口又增加了7000万。（ ）

（5）在中国，中小学生中的肥胖人数比10年前增加了3倍。（ ）

（6）“胖”和“肥胖”的意思不一样。（ ）

（7）一个身高一米七的人，他的标准体重是70公斤。（ ）

（8）健康才是美，瘦不是美。（ ）

短文（二） Passage 2 减肥新方法 13-7

生词 New Words

1. 吻	wěn	（动）	to kiss
2. 凶	xiōng	（形）	fierce
3. 断	duàn	（动）	to break
4. 脖子	bózi	（名）	neck

听录音，回答问题 Listen to the passage and answer the following questions.

（1）这家公司的减肥方法是什么？

（2）这位先生第一次要减多少斤？他减掉了吗？为什么？

（3）他第二次要减多少？目的达到了吗？

（4）第三次他为什么一定要减 50 斤？

（5）第三次来帮助他减肥的是什么人？那个人对他说了什么？

Lesson 14

第十四课 你最好还是戒了吧

一、听力理解练习 Listening comprehension

一、听录音，选择正确答案 Listen and choose the correct answers. 14-1

1. A. 他哥比他高
   B. 他哥不比他高
   C. 他比他哥矮
   D. 他哥跟他一样高

2. A. 说着简单，做的时候却很难
   B. 说着简单，做的时候也不难
   C. 说的和做的不是一回事儿
   D. 说起来和做起来一样难

3. A. 老师把学生们吸引住了
   B. 学生们的表演把老师吸引住了
   C. 很多老师都参加了学生们的节目表演
   D. 学生们表演了一个汉语节目

4. A. 出了交通事故
   B. 从车上下来了
   C. 把车停住了
   D. 开车太不小心了

5. A. 小刘介绍小王和小李认识的
   B. 小李介绍小王和小刘认识的
   C. 小王介绍小李和小刘认识的
   D. 小张介绍小王和小刘认识的

6. A. 告诉爸爸今天是星期几
   B. 提醒爸爸今天要在家陪她玩儿
   C. 告诉爸爸星期六不要去买水果
   D. 问爸爸带她去哪儿玩儿

7. A. 不要看了
   B. 那两个人不好看
   C. 问女的见没见过路边的表演
   D. 他们在表演节目

8. A. 今天是 8 月 20 号
   B. 刘经理没有参加会议
   C. 小王忘了提醒刘经理了
   D. 刘经理不记得参加了会议

9. A. 她妈妈是小学老师
B. 她是小学老师
C. 她学习很认真
D. 她妈妈工作很认真

10. A. 在家等妈妈回来
B. 把桌子上的糖收起来
C. 不要吃糖
D. 吃饭以前要洗手

二、听对话，做练习　Listen to the following dialogue and do the exercises.

你最好还是戒了吧　14-2

生词　New Words

1.	告辞	gàocí	（动）	to leave, to say goodbye
2.	主意	zhúyi	（名）	idea
3.	打火机	dǎhuǒjī	（名）	lighter
4.	特意	tèyì	（副）	specially

重点、难点提示　Key and difficult point

见面说不上两句话就有人找他们

"说不上"表示达不到（某种数量或程度）。例如：

说不上 means "to not reach (a particular quantity or degree)", e.g.

① 这对夫妻常常是说不上三句话就吵。

② 我们俩只是见过几次面，说不上有多熟。

1. 听第一遍录音，判断正误　Listen to the dialogue for the first time and decide if the following statements are true or false.　14-3

（1）今天5月31号，是"世界无烟日"。　（　）

（2）男的抽烟抽了10多年了。　（　）

（3）男的是联系工作的时候开始抽烟的。（ ）

（4）抽烟对男的的身体没有什么影响。（ ）

（5）男的对戒烟的态度不太坚决。（ ）

2. 听第二遍录音，选择正确答案 Listen to the dialogue again and choose the correct answers. 14-4

（1）A. 老板们不太喜欢他
B. 他不好意思
C. 老板们只让他说两句话
D. 老板们没有很多时间跟他谈

（2）A. 陪老板一起抽烟
B. 请老板抽烟
C. 送给老板一盒烟
D. 不要不好意思

（3）A. 因为他喜欢抽烟
B. 因为不这样做就不太礼貌
C. 因为老板们都很喜欢抽烟
D. 因为这样可以让老板不马上走开，跟他谈话

（4）A. 25 块钱
B. 两块钱
C. 27 块钱
D. 23 块钱

（5）A. 点着了烟
B. 马上离开了
C. 跟他谈话的时间比较长
D. 很高兴

（6）A. 让老板一个人抽烟不礼貌，他要陪老板抽
B. 他很想抽
C. 不让老板看出他是特意请老板抽的
D. 老板请他抽的

（7）A. 受电影明星的影响
B. 联系工作的需要
C. 受家庭的影响
D. 受朋友的影响

（8）A. 比以前多了
B. 比以前少了
C. 跟以前差不多
D. 很少抽烟了

（9）A. 脸色不好，晚上睡不着觉
B. 晚上咳嗽，睡不着觉
C. 脸色不好，咳嗽
D. 脸色不好，比以前瘦了

（10）A. 身体适应不了
B. 戒不掉
C. 会生病
D. 不但戒不掉烟，又有了别的毛病

3. 选择对下面各句话的正确理解 Choose the correct sentences based on your understanding.

（1）A. 没说话
B. 说了两句话
C. 只说了几句话
D. 不能说话

（2）A. 他不好意思不抽这支烟就走
B. 他不好意思抽完这支烟再走
C. 他不好意思抽了这支烟还不走
D. 他没有抽完这支烟就不好意思走

（3）A. 满意
B. 觉得可笑
C. 遗憾
D. 生气

（4）A. 他真的不好意思马上离开
B. 他马上离开真的不好
C. 他真的不想马上离开
D. 他真的马上离开了

（5）A. 发生了一件事
B. 找到了工作
C. 办完了一件事
D. 他可以跟老板谈话了

（6）A. 从那以后我每天都带着烟
B. 从那以后我就不想抽烟了
C. 从那以后我就开始抽烟了
D. 从那以后我就开始戒烟了

（7）A. 一天抽不到一盒烟
B. 一天要抽一盒烟
C. 每天都要抽烟
D. 一天要抽一盒多的烟

（8）A. 你的脸色不好看
B. 你的脸上都是什么颜色
C. 你的脸上为什么有颜色
D. 你的脸色很好看

（9）A. 十年前跟现在不能比
B. 现在跟十年前不能比
C. 十年前不如现在
D. 现在跟十年前一样

（10）A. 不想戒就不能戒掉
B. 想戒掉就能戒掉
C. 想戒掉不是那么容易的
D. 我想戒但是戒不掉

（11）A. 你只有诚心诚意地戒，才能戒掉
B. 不管你是不是诚心诚意地戒，都能戒掉
C. 因为你是诚心诚意地戒，所以戒掉了
D. 你如果诚心诚意地戒，就能戒掉

（12）A. 走得很慢
B. 抽烟抽得很慢
C. 逐渐地戒烟
D. 来的时候不要着急

（13）A. 他还没准备
B. 那也有可能
C. 没有这种事
D. 一定会那样的

4. 听第三遍录音，用所给词语和句式回答问题 Listen to the dialogue once more and answer the following questions with the words, expressions or structures in the parentheses. 14-5

（1）十多年前，他开始找工作的时候遇到了什么问题？

（总是 说不上 只好）

（2）这时候朋友给他出了什么主意？ （在……以前 不好意思）

（3）他按照朋友说的做了以后，发生了什么情况？

（果然 办成 再也）

（4）男的现在身体不太好，女的是怎么说的？

（什么　怎么　不……吗）

（5）女的是怎么劝男的戒烟的？　（最好　……好吗）

5. 根据实际情况回答问题　Answer the following questions according to the real situation.

（1）你或者你的朋友抽烟吗？是怎么开始抽烟的？

（2）如果你的朋友抽烟抽得很厉害，你会怎么劝他戒烟呢？

二、泛听练习　Extensive listening

相声　Crosstalk　喝酒　14-6

生词　New Words

1.	醉	zuì	（动）	to get drunk
2.	轧	yà	（动）	to run over, to crush
3.	消防车	xiāofángchē		fire engine
4.	手电筒	shǒudiàntǒng	（名）	electric torch
5.	光柱	guāngzhù	（名）	light beam

听录音，回答问题　Listen to the crosstalk and answer the following questions.

（1）你觉得躺在马路上的那个人醉了没有？为什么？

（2）大家在一起喝酒，什么样的人是真的醉了？什么样的人是装醉？

（3）你觉得相声中最后的那两个人醉了没有？为什么？

短文 Passage 关于香烟 14-7

生词 New Words

1.	香烟	xiāngyān	（名）	cigarette
2.	消费量	xiāofèiliàng		(quantity of) consumption
3.	烟民	yānmín	（名）	smoker
4.	二手烟	èrshǒuyān	（名）	second-hand smoke

听录音，填数字 Listen to the passage and fill in the blanks with numbers.

（1）香烟传到中国已经________年了。

（2）中国的香烟消费量占世界消费总量的________。

（3）2015 年中国 15 岁以上的人吸烟人数比 2010 年增长了________万，达到________亿。

（4）2000 年全世界吸烟的人在人口中的比例是________，2016 年是________。

（5）中国和印度两国的吸烟人口占全世界吸烟人口的________。中国有超过________亿烟民，印度有________亿多。

（6）全球每年因吸烟导致的死亡人数高达________万。

Lesson 15

第十五课 怎样才能休息好

一、听力理解练习 Listening comprehension

一、听录音，选择正确答案 Listen and choose the correct answers. 15-1

1. A. 小刘觉得100块钱太便宜了
   B. 小刘把那张邮票送给了他
   C. 他不好意思跟小刘要那张邮票
   D. 他花100块钱买了那张邮票

2. A. 很少回家
   B. 不回家
   C. 经常回家
   D. 不知道怎么回家

3. A. 不太聪明，成绩也不好
   B. 不太聪明，成绩却很好
   C. 最聪明，但学习不好
   D. 很聪明，学习也不错

4. A. 她今天头疼
   B. 她工作太累了
   C. 来北京以前，她身体不太好
   D. 来北京以后，她身体不太好

5. A. 全不记得了
   B. 全都记得
   C. 不全记得了
   D. 都想不起来了

6. A. 小王经常让小李生气
   B. 小李经常让小王生气
   C. 小李和小王都爱生气
   D. 小王和小李关系不好

7. A. 不太了解
   B. 虽然很了解她，但是不经常见面
   C. 尽管经常见面，但是不太了解
   D. 见过李芳两次

8. A. 他不想说结婚的事
   B. 他还没结婚呢
   C. 小王还没结婚呢
   D. 我还没有女朋友呢

9. A. 小王新买了一辆自行车
B. 小王没骑过自行车
C. 小王的自行车还没骑过
D. 小王的自行车没骑过几次

10. A. 她听了天气预报就知道该穿什么衣服
B. 她每天不听天气预报，听穿衣预报
C. 听了天气预报也不知道该穿什么衣服
D. 预报说今天可以穿短裙

二、听对话，做练习　Listen to the following dialogue and do the exercises.

怎样才能休息好　15-2

生词　New Words

1.	噩梦	èmèng	（名）	nightmare
2.	安眠药	ānmiányào	（名）	sleeping pill
3.	浅睡眠	qiǎn shuìmián		light sleep
4.	现象	xiànxiàng	（名）	phenomenon
5.	调节	tiáojié	（动）	to adjust, to regulate
6.	下降	xiàjiàng	（动）	to slack up
7.	保准	bǎozhǔn	（副）	surely
8.	说到底	shuō dàodǐ		in the final analysis

重点、难点提示　Key and difficult point

说到底，你还是因为工作太辛苦了

“说到底”，插入语。表示归结到最根本的一点。例如：

说到底 is used as a parenthesis to mean “in the final analysis”, e.g.

① 小明这次没考好，一会儿说是题太难了，一会儿说是考试的时间太短。我看，说到底，就是因为他自己没有学好。

② 小王辞职，不是因为他不喜欢这个工作，也不是因为工资低，说到底，还是因为经理不把他放在眼里。

1. 听第一遍录音，判断正误　Listen to the dialogue for the first time and decide if the following statements are true or false. 15-3

（1）老张最近每天晚上都休息不好。（　）

（2）女的给老张想的办法，老张都试过了。（　）

（3）77% 的人有浅睡眠问题。（　）

（4）浅睡眠对身体的影响不如失眠的影响大。（　）

（5）对人来说，睡觉比吃饭、喝水更重要。（　）

（6）老张睡眠不好的原因是工作太辛苦了。（　）

2. 听第二遍录音，选择正确答案　Listen to the dialogue again and choose the correct answers. 15-4

（1）A. 以前试过，不行
B. 他听说过，觉得不行
C. 他想试一试，不知道行不行
D. 他试过了，觉得不错

（2）A. 不喜欢吃药
B. 吃了很长时间了
C. 偶尔会吃
D. 觉得安眠药对身体有影响，不想吃

（3）A. 睡着以后不容易醒
B. 有时候会做噩梦
C. 早上醒得很早
D. 偶尔能睡着

（4）A. 睡眠时间太短
B. 睡眠质量不好
C. 失眠
D. 睡不着觉

（5）A. 很累
B. 记忆力不好
C. 头疼
D. 精神紧张

（6）A. 5 天
B. 7 天
C. 20 天
D. 12 天

（7）A. 要经常锻炼
B. 洗澡的时候要用热水
C. 睡觉前喝热水
D. 睡觉前先去锻炼，然后再泡热水澡

（8）A. 很耽误时间，他不想试
B. 他想试一试，不过可能会耽误时间
C. 如果耽误时间，他就不想试了
D. 他试过了，很耽误时间

（9）A. 减少工作
B. 晚上不要工作到很晚
C. 让自己放松，保持好的心情
D. 坚持锻炼

3. 选择对下面各句话的正确理解 Choose the correct sentences based on your understanding.

（1）A. 很失望
B. 很难受
C. 很伤心
D. 很生气

（2）A. 很早以前就试过，没有效果
B. 早上试过了，没有效果
C. 刚才试过了，没有效果
D. 以前试过，有时候不行

（3）A. 眼睛很大
B. 眼睛一直睁得很大
C. 还没有睡着
D. 在看东西

（4）A. 尽管声音很小，我还是被吵醒了
B. 因为有声音，所以我就醒了
C. 如果声音很小，我就不会被吵醒
D. 只要有一点儿声音，我就醒了

（5）A. 要是这样长时间走下去，身体就会受影响
B. 如果这样长时间休息不好，身体就会受影响
C. 由于长时间休息不好，身体受到了影响
D. 哪怕时间不长，身体也会受影响

（6）A. 果然能睡个好觉
B. 也许能睡个好觉
C. 一定能睡个好觉
D. 难得睡个好觉

（7）A. 那样的话，有时候会到两三点钟
B. 那样的话，恐怕要到两三点钟
C. 那样的话，到不了两三点钟
D. 那样的话，得花两三个小时

（8）A. 确实
B. 肯定
C. 最后一个
D. 最根本的

4. 听第三遍录音，回答问题　Listen to the dialogue once more and answer the following questions. 15-5

（1）女的给老张想的第一个办法是什么？老张觉得怎么样？
（2）女的给老张想的第二个办法是什么？老张觉得怎么样？
（3）老张现在的睡眠情况怎么样？详细说一说。
（4）浅睡眠现象对人的身体有哪些不好的影响？
（5）为什么说睡觉比吃饭、喝水更重要？
（6）女的给老张想的第三个办法是什么？老张觉得怎么样？

二、泛听练习 Extensive listening

短文（一） Passage 1 说说“感冒” 15-6

生词 New Words

1.	喷嚏	pēntì	（名）	sneeze
2.	传播	chuánbō	（动）	to spread
3.	病毒	bìngdú	（名）	virus
4.	存活	cúnhuó	（动）	to survive
5.	传染	chuánrǎn	（动）	to infect, to be contagious
6.	揉	róu	（动）	to rub

下面这些关于感冒的说法对不对 Decide whether the following statements about colds are true or false.

（1）感冒是最常见的病。（ ）

（2）因为感冒很容易引起别的病，所以不能把感冒看成是小病。（ ）

（3）感冒都是由于寒冷造成的。（ ）

（4）感冒的时候打喷嚏最容易传染给别人了。（ ）

（5）在物体表面的感冒病毒可以存活 72 个小时。（ ）

短文（二） Passage 2 手机改变了我们的生活 15-7

生词 New Words

1.	视力	shìlì	（名）	eyesight

2. 追踪	zhuīzōng	（动）	to trace, to track
3. 沟通	gōutōng	（动）	to communicate

听录音，回答问题　Listen to the passage and answer the following questions.

（1）课文中谈到手机给我们带来了哪些便利？

（2）课文中谈到手机给我们带来了哪些问题？

（3）手机给你带来了哪些便利和问题？

Lesson 16

第十六课 该听谁的

一、听力理解练习 Listening comprehension

一、听录音，选择正确答案 Listen and choose the correct answers. 16-1

1. A. 她没有很深刻的体会
   B. 谁也没有很深刻的体会
   C. 她的体会最深刻
   D. 别人的体会更深刻

2. A. 他喜欢旅游
   B. 他还没去过大连
   C. 他可以见到大海
   D. 他可以在海里游泳

3. A. 孩子
   B. 妈妈
   C. 爸爸
   D. 大夫

4. A. 小刘一定要修他的电脑
   B. 只有小刘才能修好他的电脑
   C. 他不想请小刘帮他修电脑
   D. 他一定要帮小刘修电脑

5. A. 你去找小王，他可能会不让你进去
   B. 小王不会听你的话
   C. 小王可能听不懂你的话
   D. 别人不知道说什么

6. A. 今天的作业很容易
   B. 有一道容易的题他做错了
   C. 今天的作业很多
   D. 今天的作业他很快就做完了

7. A. 好在你提醒我，不然我会忘的
   B. 你一定要提醒我，要不我就忘了
   C. 谢谢你提醒我，不过我不会忘的
   D. 你没提醒我，所以我忘了

8. A. 在放车
B. 在看什么东西
C. 在找人
D. 在找车

9. A. 不要送到大华医院
B. 应该送到最好的医院
C. 应该送到大华医院
D. 大华医院不是最好的医院

10. A. 上海—广州—香港—昆明
B. 上海—香港—广州—昆明
C. 上海—昆明—广州
D. 上海—广州—昆明

二、听短文，做练习 Listen to the following passage and do the exercises.

该听谁的 16-2

生词 New Words

1.	驴	lǘ	（名）	donkey
2.	赶路	gǎn lù	（动）	to hurry on one's journey
3.	狠心	hěnxīn	（形）	cruel, heartless
4.	可怜	kělián	（形）	pitiful, poor
5.	绳子	shéngzi	（名）	rope
6.	捆	kǔn	（动）	to tie, to bundle up
7.	棍子	gùnzi	（名）	stick, rod

1. 听第一遍录音，把下面的话按故事发生的顺序排列起来 Listen to the passage for the first time and rearrange the following sentences based on the sequence of the story. 16-3

（　）路上碰见一个熟人

（　）爷孙俩拉着驴去赶集

（　）周围的人奇怪地看着他们

（　）遇到一个小伙子

（　）遇见一位老大娘

（　）爷爷和孙子抬着驴走

（　）遇见一位老大爷

（　）爷爷让孙子骑到驴的身上

（　）爷爷和孙子都骑到驴的身上

（　）爷爷骑到驴的身上，孙子自己走

2. 听第二遍录音，选择对下面各句话的正确理解

Listen to the passage again and choose the correct sentences based on your understanding. 16-4

（1）A. 走了很远
B. 走了不远
C. 不要走太远
D. 要走很远

（2）A. 很熟悉的人
B. 很熟练的人
C. 陌生人
D. 认识的人

（3）A. 走了好大一会儿
B. 走了一小会儿
C. 走了多大一会儿
D. 要走一会儿

（4）A. 只能看见自己
B. 只看自己，不看别人
C. 别人只能看见他
D. 只考虑自己

（5）A. 孙子
B. 爷爷
C. 爷爷和孙子
D. 那个小伙子

（6）A. 驴快把他们压死了
B. 他们快把驴压死了
C. 他们快被驴压死了
D. 驴很快就被他们压死了

（7）A. 赶快
B. 紧张
C. 着急
D. 突然

3. 听第三遍录音，用所给词语和句式回答问题 Listen to the passage once more and answer the following questions with the words, expressions or structures in the parentheses. 16-5

（1）他们在路上遇到的那个熟人说了什么？（不是……吗）

（2）那位老大娘说了什么？（太不……了　怎么能……呢）

（3）那位老大爷说了什么？（只有自己　怎么能……呢）

（4）那个小伙子说了什么（真没见过　快……了）

（5）听了那个小伙子的话以后，爷孙俩做了什么？（分别　抬）

4. 请你讲一讲这个故事，并说说你对这爷孙俩有什么看法 Retell the story in your own words. What do you think of this old man and his grandson?

二、泛听练习 Extensive listening

短文（一） Passage 1 一条裤子 16-6

生词 New Words

1. 寸	cùn	（量）	*a unit of length* (=1/30 *metre*)
2. 收拾	shōushi	（动）	to repair
3. 缝	féng	（动）	to sew
4. 裤衩儿	kùchǎr	（名）	underpants

听录音，回答问题 Listen to the passage and answer the following questions.

（1）阿虎买的裤子有什么毛病？

（2）妈妈开始时为什么不帮他收拾？

（3）妻子开始时为什么不帮他收拾？妹妹开始时为什么也不帮他收拾？

（4）妈妈后来为什么又帮他了？她是怎么想的？妻子呢？妹妹呢？

（5）阿虎的裤子最后变成什么了？为什么？

短文（二） Passage 2 左右为难 16-7

生词 New Words

1.	农民	nóngmín	（名）	farmer, peasant
2.	喂	wèi	（动）	to feed
3.	视察员	shìcháyuán		inspector
4.	海鲜	hǎixiān	（名）	seafood

听录音，回答问题 Listen to the passage and answer the following questions.

（1）这个农民被罚了几次？分别罚了多少钱？

（2）第一次他为什么被罚？第二次呢？

（3）当第三次有人问他用什么喂羊时，他是怎么回答的？

（4）听了这个故事，你有什么想法？

Lesson 17

第十七课
差异

一、听力理解练习 Listening comprehension

一、听录音，选择正确答案 Listen and choose the correct answers. 17-1

1. A. 两块
   B. 三块二
   C. 四块钱
   D. 五块钱

2. A. 小刘是篮球运动员
   B. 小刘的身高是一米九
   C. 小刘的身高在一米九以上
   D. 小刘的身高在一米九以下

3. A. 大家的进步都很大
   B. 大家可能进步很大，也可能很小
   C. 有的同学进步大，有的同学进步小
   D. 有的时候进步大，有的时候进步小

4. A. 老师没有让他们到学校去
   B. 老师让他们赶快到学校去
   C. 老师不可能让他们到学校去
   D. 他们让老师到学校去

5. A. 要早一点儿买好飞机票
   B. 要买早上的飞机票
   C. 要买早一点儿的飞机票
   D. 她早就买好飞机票了

6. A. 不知道怎么发脾气
   B. 向来对别人很好
   C. 经常发脾气
   D. 今天非常亲切温柔

7. A. 要学好汉语得花很长时间
   B. 学别的语言比学汉语更难
   C. 你为什么要学习外语
   D. 你为什么要学习汉语

8. A. 谈恋爱不会耽误学习
   B. 谈恋爱会耽误学习
   C. 小丽会比她的男朋友更努力
   D. 他们现在学习已经很努力了

9. A. 在家待着
B. 不知道去哪儿
C. 该出去逛逛
D. 天气好的时候再出去

10. A. 去哪儿找工作
B. 找什么样的工作
C. 找工作的时候要注意的问题
D. 毕业后工作的情况

二、听对话，做练习 Listen to the following dialogue and do the exercises.

差异 17-2

生词 New Words

1.	判断	pànduàn	（动）	to judge, to tell
2.	地形	dìxíng	（名）	topography, landform
3.	弯弯曲曲	wānwānqūqū		winding, zigzag
4.	方方正正	fāngfāngzhèngzhèng		square, four-square
5.	模糊	móhu	（形）	obscure, unclear, fuzzy

重点、难点提示 Key and difficult point

北方经常是晴天，太阳一天到晚都挂在天上

“一天到晚”表示从早上到晚上整天都做某事或处于某种状态，天天如此。例如：

一天到晚 indicates doing something or being in a particular state from morning till night every day, e.g.

① 她一天到晚都在学习。

② 最近他很忙，一天到晚在办公室工作。

1. 听第一遍录音，判断正误 Listen to the dialogue for the first time and decide if the following statements are true or false. 17-3

（1）女的不是北方人。（　）

（2）女的第一次来北京的时候分不清东西南北。（　）

（3）给别人指路的时候，南方人习惯用“东西南北”，北方人习惯用“前后左右”。（　）

（4）南方人和北方人在方向表达上的习惯差异跟天气和地形都有关系。（　）

（5）人们的一些习惯跟环境有关系。（　）

2. 听第二遍录音，选择正确答案 Listen to the dialogue again and choose the correct answers. 17-4

（1）A. 她习惯用“前后左右”
B. 前后左右根据自己的身体就可以判断出来
C. 北京常常阴天
D. 北京的街道都是方方正正的

（2）A. 北京经常阴天
B. 北京有很多山
C. 北京的街道是弯弯曲曲的
D. 东西南北要根据太阳的位置和周围的街道才能判断出来

（3）A. 南方经常阴天，北方晴天比较多
B. 南方多晴天，北方阴天比较多
C. 南方比较暖和，北方很冷
D. 北方经常刮风

（4）A. 南方有山，北方没有山
B. 南方城市里也有山，北方城市里一般没有山
C. 南方山比较少，北方山比较多
D. 南方的山很矮，北方的山很高

（5）A. 弯弯曲曲的
B. 方方正正的
C. 东西向或南北向
D. 东南向或西北向

（6）A. 弯弯曲曲的
B. 方方正正的
C. 东南向或西北向
D. 东北向或西南向

3. 选择对下面各句话的正确理解 Choose the correct sentences based on your understanding.

（1）A. 很害怕
B. 很紧张
C. 很吃惊
D. 很生气

（2）A. 早上见不到太阳
B. 整天阴天
C. 天气很好
D. 经常见不到太阳

（3）A. 一直到晚上
B. 从早上到晚上
C. 每天
D. 有一天晚上

4. 听第三遍录音，用所给词语和句式回答问题 Listen to the dialogue once more and answer the following questions with the words, expressions or structures in the parentheses. 17-5

（1）在表示方向的时候，南方人的习惯跟北方人有什么不同？
（东西南北　前后左右）

（2）女的第一次来北京时问路，那个人是怎么告诉她的？如果按南方人的习惯会怎么说？
（一直　拐）

（3）女的觉得“东西南北”和“前后左右”哪个比较清楚？为什么？
（根据　判断）

（4）在表示方向的时候，南方人的习惯跟北方人不一样，这是什么原因造成的？
（天气　地形　弯弯曲曲　方方正正）

二、泛听练习 Extensive listening

短文（一） Passage 1 东西南北话男人 17-6

生词 New Words

1.	乘客	chéngkè	（名）	passenger
2.	见闻	jiànwén	（名）	what one sees and hears, knowledge
3.	温柔	wēnróu	（形）	gentle, tender
4.	豪放	háofàng	（形）	bold and unconstrained
5.	友善	yǒushàn	（形）	friendly
6.	结实	jiēshi	（形）	strong, sturdy
7.	皮肤	pífū	（名）	skin
8.	慷慨	kāngkǎi	（形）	generous

听录音，把左右两栏中的相关内容用线连起来 Listen to the passage and use lines to connect the corresponding parts in the two columns.

北京的男人	○ 对人很有礼貌
	○ 很会做生意
上海的男人	○ 喜欢喝酒
	○ 很喜欢聊天儿
东北的男人	○ 身体结实、皮肤黑
	○ 对妻子非常温柔
广东的男人	○ 对女人很友善

短文（二） Passage 2 中国南北方的差异 17-7

生词 New Words

1. 内陆	nèilù	（名）	inland area
2. 临海	lín hǎi		near the sea
3. 屋顶	wūdǐng		roof
4. 斜	xié	（形）	inclined, slanting

听录音，把左右两栏中相关的内容用线连起来 Listen to the passage and use lines to connect the corresponding parts in the two columns.

	雨水多
	衣服的样式比较丰富
中国南方	屋顶一般是平的
	以面食为主
	气候干燥
	菜式多样，精致
中国北方	大多数的屋顶是斜的
	以米饭为主
	注重食物本来的味道

Lesson 18

第十八课 该怎么说

一、听力理解练习 Listening comprehension

一、听录音，选择正确答案 Listen and choose the correct answers. 18-1

1. A. 她有事儿要找小王
   B. 她觉得这样比较好
   C. 以后联系比较方便
   D. 小王找她有事儿

2. A. 去年
   B. 今年
   C. 明年
   D. 后年

3. A. 他去过很多次上海
   B. 他只去过一两次上海
   C. 他不是去过一次上海，而是两次
   D. 他没有去过上海

4. A. 一会儿点头，一会儿摇头
   B. 大家听不懂老王的话
   C. 大家听不见老王的话
   D. 有的人同意，有的人不同意

5. A. 以前很忙，现在更忙了
   B. 不用说现在也很忙
   C. 以前很忙，现在不太忙
   D. 以前不太忙，现在很忙

6. A. 你看见的这些只有一部分是小吃
   B. 这条街上只有一部分店是卖小吃的
   C. 这条街上除了这些以外，还有别的小吃
   D. 这条街上卖的只是北京的一部分小吃

7. A. 没给小李打电话
   B. 打了十分钟的电话
   C. 不会十分钟打三次电话
   D. 十分钟打了三次电话找小李

8. A. 人的心情总是在变化
   B. 环境变了，人的心情也会变化
   C. 随着心情的变化，环境也会变化
   D. 环境和人的心情都会变化

9. A. 人们喜欢这部电视剧的原因
   B. 她喜欢什么样的电视剧
   C. 这部电视剧为什么让人觉得亲切、自然
   D. 这部电视剧里的演员表演得很好

10. A. 不知道该跟妈妈要多少钱
    B. 不知道该怎么跟妈妈说
    C. 不好意思跟妈妈要钱
    D. 这个月的钱他花了一半了

二、听对话，做练习 Listen to the following dialogue and do the exercises.

该怎么说 18-2

生词 New Words

1.	禁忌	jìnjì	（名）	taboo
2.	晚辈	wǎnbèi	（名）	younger generation
3.	传说	chuánshuō	（名）	legend
4.	逃避	táobì	（动）	to escape, to avoid

专有名词 Proper Noun

包公	Bāo Gōng	Lord Bao, an official in the Song Dynasty

1. 听第一遍录音，判断正误 Listen to the dialogue for the first time and decide if the following statements are true or false. 18-3

（1）麦克的名字跟他爷爷的名字一样。（　）

（2）在中国，晚辈的名字不能跟长辈的名字一样。（　）

（3）中国人可以直接叫长辈的名字。（　）

（4）中国人觉得有的年龄不吉利，这一般跟历史传说有关系。（　）

（5）中国人觉得不吉利的几个年龄是45、74、83、100。（　）

（6）女孩子结婚可以说“添喜了”。（　）

2. 听第二遍录音，选择正确答案 Listen to the dialogue again and choose the correct answers. 18-4

（1）A. 把长辈的名字改一下
B. 把那件东西的名字改一下
C. 不说那件东西
D. 不用那件东西

（2）A. 写法不一样，但是发音一样没关系
B. 写法一样，但是发音不一样没关系
C. 写法和发音都不能一样
D. 写法和发音相同也没关系

（3）A. 包公是45岁的时候死的
B. 孔子是45岁的时候死的
C. 包公45岁的时候遇到过危险
D. 孟子是45岁的时候死的

（4）A. 孔子是73岁的时候死的
B. 孟子是73岁的时候死的
C. 包公是73岁的时候死的
D. 孔子73岁的时候遇到过危险

（5）A. 孔子是84岁的时候死的
B. 孟子是84岁的时候死的
C. 包公是84岁的时候死的
D. 孟子84岁的时候遇到过危险

（6）A. 在古代没有人能活到100岁
B. 中国人不喜欢100这个数字
C. 孔子是100岁的时候死的
D. 中国人认为100是寿命的极限

（7）A. 今年84岁
B. 今年85岁
C. 去年83岁
D. 明年84岁

（8）A. 出门了
B. 有了
C. 不在了
D. 成人了

3. 选择对下面各句话的正确理解　Choose the correct sentences based on your understanding.

（1）A. 不要这样
B. 要是不这样的话
C. 要是这样的话
D. 其实不是这样的

（2）A. 没有死
B. 差不多死了
C. 死了
D. 快死了

（3）A. 一般人怎么才能逃避呢
B. 一般人能不能逃避呢
C. 一般人逃避不了
D. 一般人可以逃避

4. 听第三遍录音，回答问题　Listen to the dialogue once more and answer the following questions. 18-5

（1）麦克的名字和他爷爷的一样，中国人会怎么看？在中国，晚辈和长辈的名字应该怎样？

（2）中国人为什么会认为45、73、84、100这几个年龄不吉利？

（3）如果你今年45岁，按中国人的习惯，你会怎么说？

（4）对女孩子结婚、生孩子或人死了，中国人一般会怎么说？

二、泛听练习 Extensive listening

短文（一） Passage 1 再吃一碗 18-6

生词 New Words

1. 忌讳	jìhuì	（名）	taboo
2. 撑	chēng	（动）	to fill to the point of bursting

听录音，回答问题 Listen to the passage and answer the following questions.

（1）老奶奶为什么一连吃了五碗饭？

（2）老奶奶最后说了什么？你觉得吉利不吉利？

短文（二） Passage 2 不吉利的话 18-7

生词 New Words

1. 亲戚	qīnqi	（名）	relative
2. 不耐烦	bú nàifán		impatient

听录音，回答问题 Listen to the passage and answer the following questions.

（1）这一天，爸爸带这个孩子去做什么？

（2）临去以前，爸爸对孩子说了什么话？

（3）这一天，这个孩子说不吉利的话了吗？

Lesson 19

第十九课
起名字

一、听力理解练习 Listening comprehension

一、听录音，选择正确答案 Listen and choose the correct answers. 19-1

1. A. 他想学习，但是总是记不住
   B. 年轻的时候应该多学习
   C. 他虽然不年轻了，但是还应该学习
   D. 他不想老了以后再学习

2. A. 一道
   B. 四道
   C. 五道
   D. 一道也没有做完

3. A. 不是你，是我们早就到了
   B. 如果我们是你的话，早就到了
   C. 就是因为你，我们现在还没到
   D. 如果没有你，我们就到不了

4. A. 不用带那么多东西
   B. 不要买那么多东西
   C. 不用带那么多钱
   D. 带的钱太少了

5. A. 让小华看看妈妈正忙什么呢
   B. 他来看看妈妈正忙什么呢
   C. 小华没看见妈妈在做什么
   D. 妈妈正忙着呢，他来帮小华

6. A. 明天不是你做手术，不要紧张
   B. 你做过手术，不要紧张
   C. 明天又是你做手术，不过不要紧张
   D. 你没做过手术，真的很紧张

7. A. 去别的公司了
B. 非离开原来的公司不可
C. 不喜欢那份工作
D. 换了一份更好的工作

8. A. 他学习没有别人吃力
B. 别人学习比他更吃力
C. 他是班上学习最吃力的
D. 他学习不太努力

9. A. 他没办法，别人请他喝
B. 天气太热了
C. 他生病了
D. 他喜欢喝啤酒

10. A. 去问别人该怎么办
B. 不告诉丈夫
C. 不回家
D. 跟丈夫说说

二、听对话，做练习　Listen to the following dialogue and do the exercises.

起名字　19-2

生词　New Words

1.	规律	guīlǜ	（名）	law, rule, regularity
2.	尽力	jìn lì	（动）	to try one's best
3.	协调	xiétiáo	（形）	coordinated, harmonious
4.	笔画	bǐhuà	（名）	stroke (of a character)
5.	同名	tóngmíng	（动）	to have the same name or title

1. 听第一遍录音，判断正误　Listen to the dialogue for the first time and decide if the following statements are true or false.　19-3

（1）中国人非常重视给孩子起名字。（　）

（2）因为每个人的看法不一样，所以起名字也没有什么规律。（　）

（3）中国人的名字一般都是两个字，一个字的名字非常少。（　）

（4）一些大姓比较容易出现同名同姓的情况。（　）

2. 听第二遍录音，选择正确答案 Listen to the dialogue again and choose the correct answers. 19-4

（1）A. 念起来很好听
B. 带来好的运气
C. 有很多同名
D. 将来孩子就能成功

（2）A. 父母希望他身体健康
B. 没有节奏感
C. 很吉利
D. 写起来不太方便

（3）A. 父母希望他身体健康
B. 没有节奏感
C. 很吉利
D. 写起来不太方便

（4）A. 名字中都用同声调的汉字
B. 名字中尽量不用同声调的汉字
C. 用意思好的汉字
D. 用写起来方便的汉字

（5）A. 尽量用笔画少的字
B. 名字中的字有的笔画多一点儿，有的少一点儿
C. 不能用笔画多的字
D. 不能用笔画少的字

（6）A. 王、李、张、刘、陈
B. 张、王、李、赵、周
C. 张、黄、李、赵、刘
D. 张、王、赵、刘、孙

（7）A. 现在用一个字做名字的人越来越多了
B. 只有一些大姓才会出现同名同姓的情况
C. 现在人们起名字一般用两个字
D. 中国人起名字不能用三个字

3. 听第三遍录音，填空 Listen to the dialogue once more and fill in the blanks. 19-5

（1）做父母的认为，给孩子起一个好的名字会给他带来________，________影响他的一生。

（2）________，如果名字中的几个字都是一个声调的话，________就不好听了。

（3）就是说，好的名字要________吉利、________好听、________方便，对不对？

4. 简单回答下列问题　Briefly answer the following questions.

（1）中国人起名字的时候，一般有什么规律？

（2）现在为什么会有这么多同名同姓的现象？

（3）说说你知道的中国人的名字，它们有没有什么特别的意义？

二、泛听练习　Extensive listening

短文（一）　Passage 1　笔名、艺名和网名　19-6

听录音，回答问题　Listen to the passage and answer the following questions.

（1）笔名是什么时候使用的？作家茅盾为什么起这个笔名？

（2）艺名是什么人用的？成龙、刘德华、费玉清这几个艺名好在哪儿？

（3）网名是在哪儿使用的？跟笔名、艺名相比，网名有哪些特点？

（4）你的网名是什么？为什么起这个网名？有什么含义？

短文（二）　Passage 2　商品的起名和译名　19-7

生词　New Words

1.	销售	xiāoshòu	（动）	to sell
2.	反感	fǎngǎn	（名）	averse, disgusted with
3.	企业	qǐyè	（名）	enterprise
4.	产品	chǎnpǐn	（名）	product

听录音，回答问题 Listen to the passage and answer the following questions.

（1）这段话的主要意思是什么？

（2）"Goldlion"直接翻译成汉语的话是"金狮"，为什么中国人不喜欢？

（3）"士必利"和"雪碧"是同一种饮料吗？

（4）说话人认为中国不少企业在给自己的产品起名字时有什么问题？

Lesson 20

第二十课
换工作

一、听力理解练习 Listening comprehension

一、听录音，选择正确答案 Listen and choose the correct answers. 20-1

1. A. 如果我们配合得好，就一定能打赢
   B. 如果我们想打赢，就要注意配合
   C. 因为我们配合得好，所以打赢了
   D. 一定要依靠大家的配合

2. A. 两年
   B. 三年
   C. 五年
   D. 七年

3. A. 带上雨伞吧
   B. 不要把衣服淋湿了
   C. 多穿点儿衣服吧
   D. 注意别感冒了

4. A. 只有10分钟了，你还不着急
   B. 只有10分钟了，真让人着急
   C. 还有10分钟，你着急也没有用
   D. 还有10分钟，不用着急

5. A. 唯一的孩子
   B. 独立的孩子
   C. 孤独的孩子
   D. 独特的孩子

6. A. 小王这次考试遇到了麻烦
   B. 这次考试的问题太难了
   C. 小王觉得考得还可以
   D. 考试前小王没有复习好

7. A. 这种房子在哪儿租得到
   B. 他不知道能不能租得起
   C. 他的房子租金三千多块
   D. 城里的房子他租不起

8. A. 让小王再唱一遍
   B. 让小王再唱一首
   C. 再来一个人跟小王一起唱
   D. 以后再搞一次晚会

9. A. 这个工作对你很合适
   B. 你辞了职，再找一个合适的工作
   C. 你辞了职，就找不到工作了
   D. 这个工作对你真的不合适

10. A. 很高兴的话
    B. 安慰经理的话
    C. 支持经理的话
    D. 不好的消息

二、听短文，做练习 Listen to the following passage and do the exercises.

换工作 20-2

生词 New Words

1.	县城	xiànchéng	（名）	county seat
2.	出息	chūxi	（名）	good prospects
3.	高考	gāokǎo	（名）	college entrance exam
4.	以	yǐ	（介）	as, with
5.	县	xiàn	（名）	county
6.	合	hé	（动）	to close
7.	高级	gāojí	（形）	senior, high-ranking
8.	将近	jiāngjìn	（副）	almost, close to, near(ly)
9.	议论	yìlùn	（动）	to talk about, to discuss

重点、难点提示　Key and difficult points

❶ 以全县第一名的成绩考上了北京的一所名牌大学

"以"，介词。表示凭借，用，拿。例如：

The preposition 以 means "to use/with (a certain means)", e.g.

① 北京队以 5：2 赢了上海队。

② 她以 100 分的成绩取得了全班第一。

❷ 反正现在的很多事他都想不明白了

"反正"强调在任何情况下都不改变结论或结果。前一小句中常有"无论""不管"或表示正反两种情况的词语。多用在主语前。例如：

反正 is often used before the subject to emphasize that a particular conclusion or result will not change in any case. 无论 or 不管 often appears in the former clause, e.g.

① 不管贵还是便宜，反正我不买。

② 无论你怎么说，反正我不相信。

1. 听第一遍录音，判断正误　Listen to the passage for the first time and decide if the following statements are true or false. 20-3

(1) 张大爷生活在农村，从来没去过县城。　(　)

(2) 张大爷的儿子前年考上了大学。　(　)

(3) 小张考大学的时候成绩是全县第一名。　(　)

(4) 小张考上了北京大学。　(　)

(5) 小张在大学学习了七年。　(　)

(6) 小张一共换了三次工作。　(　)

2. 听第二遍录音，选择正确答案 Listen to the passage again and choose the correct answers. 20-4

（1）A. 生活很安静
B. 有将近三个月假期
C. 工资很高
D. 能当老师

（2）A. 他被学校炒了鱿鱼
B. 在学校工作没有成就感
C. 在学校工作工资太少了
D. 他不喜欢当老师

（3）A. 是副经理
B. 工资不太高
C. 有成就感
D. 常常给张大爷寄钱

（4）A. 很高兴
B. 不高兴
C. 很失望
D. 不太满意

（5）A. 很羡慕
B. 不羡慕
C. 怀疑他是被学校炒了鱿鱼
D. 很高兴

（6）A. 大公司工资很低
B. 他被大公司炒了鱿鱼
C. 在大公司不被重视，没有成就感
D. 在大公司工作很辛苦

（7）A. 是小职员
B. 是副经理
C. 工资比较高
D. 工作很辛苦

（8）A. 很高兴
B. 很生气
C. 不理解
D. 很羡慕

（9）A. 很失望
B. 不理解
C. 很高兴
D. 怀疑他被大公司炒了鱿鱼

（10）A. 被重视
B. 挣钱多
C. 在大公司工作
D. 工作不要太辛苦

（11）A. 挣钱多
B. 在大公司工作
C. 当经理
D. 工作不要太辛苦

3. 选择对下面各句话的正确理解　Choose the correct sentences based on your understanding.

（1）A. 都在笑
B. 很吃惊
C. 很奇怪
D. 嘴不舒服

（2）A. 他很可怜
B. 他的工资很少
C. 那些同学很可怜
D. 同学们都可怜他

（3）A. 村里人不羡慕
B. 村里人很羡慕
C. 村里人有点儿羡慕
D. 村里人更羡慕他了

（4）A. 眼睛看不见了
B. 找不到了
C. 做了不好的事
D. 生病了

（5）A. 挣钱多了就没有成就感
B. 挣钱多了不会有成就感
C. 挣钱多了就有成就感吗
D. 挣钱多了就应该有成就感

4. 听第三遍录音，回答问题　Listen to the passage once more and answer the following questions. 20-5

（1）小张换过哪几次工作？
（2）说一说他做第一份工作时的情况。他为什么换了工作？
（3）说一说他做第二份工作时的情况。他后来为什么又换了工作？
（4）说一说他做第三份工作时的情况。
（5）对于“成就感”，小张和张大爷有什么不同的理解？

二、泛听练习 Extensive listening

短文（一） Passage 1 大学生求职的途径 20-6

生词 New Words

1.	就业	jiù yè	（动）	to be employed, to get a job
2.	资源	zīyuán	（名）	resource(s)
3.	浏览	liúlǎn	（动）	to browse

听录音，回答问题 Listen to the passage and answer the following questions.

录音中介绍了大学生求职的几种途径？分别是什么途径？

短文（二） Passage 2 面试 20-7

生词 New Words

1.	仪容	yíróng	（名）	looks, appearance
2.	仪表	yíbiǎo	（名）	looks, (a person’s) bearing
3.	胆怯	dǎnqiè	（形）	timid, shy
4.	洪亮	hóngliàng	（形）	(of sounds) loud and clear

听录音，回答问题 Listen to the passage and answer the following questions.

（1）面试前应该做好哪些准备？

（2）面试的过程中应该注意什么？

小测试（二）

说明：请把答案写在答卷上。（总分100分）

一、听录音，选择正确答案（每题2分，共42分）

1. A. 父亲很爱他
   B. 他很爱他的父亲
   C. 父亲不太爱他
   D. 父亲说过很爱他

2. A. 不喜欢在房间里学习
   B. 他的朋友经常给他打电话
   C. 同屋打电话影响他学习
   D. 他不喜欢跟朋友打电话聊天儿

3. A. 不要勉强他
   B. 必须让小明自己背
   C. 不一定要勉强他
   D. 为什么要勉强他

4. A. 山田和同屋的汉语都很好
   B. 山田和同屋不知道怎么交流
   C. 山田和同屋可以用汉语交谈
   D. 山田和同屋不怎么交流

5. A. 请了两三天假
   B. 请了好几天假
   C. 经常请假
   D. 生病请假了

6. A. 很无奈
   B. 很烦恼
   C. 很痛苦
   D. 很生气

7. A. 六点
   B. 七点
   C. 八点
   D. 十点

8. A. 北京人都能听懂，外国人听不懂
   B. 北京人听不懂，外国人更不懂了
   C. 北京人、外国人都应该能听懂
   D. 北京人都听不懂

9. A. 新书在图书馆很难借到
B. 图书馆没有新书
C. 图书馆的新书不会借给你
D. 在图书馆很难看到新书

10. A. 这台电视机修起来很容易
B. 这台电视机修起来很难
C. 他试试看
D. 他要试一试才知道是不是容易修

11. A. 太难了
B. 不一定能避免
C. 是一定不能避免的
D. 是不容易避免的

12. A. 好在我还没吃过这种药
B. 这种药我吃过很多次了
C. 忘了吃过几次了
D. 这种药我只吃过几次

13. A. 考试时间太短
B. 题太难
C. 平时没有努力学习
D. 考试时太紧张了

14. A. 不知道怎么跟中国人来往
B. 不常跟中国人来往
C. 不跟中国人来往
D. 跟中国人来往的方式不对

15. A. 他跟老王接触过很多次
B. 他跟老王接触过一两次
C. 他跟老王不是接触过一次，而是两次
D. 他没跟老王接触过

16. A. 老师是在表扬你
B. 老师不是批评你
C. 老师是在批评你
D. 老师会批评你吗

17. A. 买布做裙子比较好
B. 直接买裙子比较好
C. 身材不好，只好买布做裙子
D. 身材不好，不要穿裙子

18. A. 他不敢去跟小李说
B. 小李要是不同意，他不敢告诉经理
C. 他不能保证小李一定会同意
D. 他一定会说服小李

19. A. 介绍他们如何保护环境
B. 介绍他们那儿的环境
C. 介绍他们那儿人们保护环境的意识
D. 环境的变化与环保意识的加强

20.（1）A. 说出事情的原因
B. 找出别人的错误
C. 借别人的东西
D. 为自己做错的事找理由

（2）A. 做错了事应该找一个借口
B. 做错了事怎样找借口
C. 做错了事不应该找借口
D. 合适的借口有哪些

二、听短文《吃完再说》，完成试题（共 29 分）

1. 听第一遍录音，判断正误（每题 1 分，共 3 分）

（1）中秋节以前，张三买了四个月饼。（ ）

（2）张三家有他、妻子、两个孩子四口人。（ ）

（3）张三一共吃了四个月饼。（ ）

2. 听第二遍录音，选择正确答案（每题 2 分，共 8 分）

（1）A. 家里人每个人吃一个月饼
B. 家里只有一个人有月饼
C. 家里正好有一个人
D. 家里四口人只有一个月饼

（2）A. 他肚子疼
B. 他还是饿
C. 他把肚子拍响了
D. 他有点儿拉肚子

（3）A. 那个月饼他吃了五口
B. 那个月饼他吃得很慢
C. 他很快就把那个月饼吃了
D. 他勉强把那个月饼吃了

（4）A. 妻子吃的月饼比他吃的多
B. 他吃的月饼比妻子吃的多
C. 妻子吃的月饼可能比他吃的多
D. 不能确定他和妻子谁吃的月饼多

3. 听第三遍录音，回答问题（每题 3 分，共 18 分）

（1）张三吃给爸爸的那块月饼时心里是怎么想的？

（2）张三吃给儿子的那块月饼时心里是怎么想的？

（3）张三吃给妻子的那块月饼时为什么找不到理由了？

（4）他最后想出了一个什么办法？你觉得这个办法怎么样？

（5）当他把月饼扔到地上的时候，月饼怎么样了？

（6）妻子的那块月饼他吃了没有？他是怎么说的？

三、听短文《两个画家》，完成试题（共29分）

1. 听第一遍录音，判断正误（每题1分，共5分）

（1）张三和李四都是很有名的画家。（ ）

（2）对别人的议论，张三和李四的态度不一样。（ ）

（3）他们约定每个人画一束玫瑰花，看谁画得像。（ ）

（4）李四画的是一束玫瑰花和一只小蜜蜂。（ ）

（5）比赛的结果是张三的水平比李四高。（ ）

2. 听第二遍录音，选择正确答案（每题2分，共8分）

（1）A. 他们想画什么就画什么
B. 他们画的东西都很像
C. 人们让他们画什么，他们就画什么
D. 人们说他们俩的画儿很像

（2）A. 张三的水平比李四低
B. 张三的水平比李四高
C. 张三不想跟李四相比
D. 张三跟李四没有比过

（3）A. 笑了
B. 看见了一朵花
C. 心里很高兴
D. 心里不太高兴

（4）A. 他的画儿在白布的下面
B. 他的画儿画在一块白布上
C. 白布的上边放着他的画
D. 那块白布是他画的

3. 听第三遍录音，回答问题（每题 4 分，共 16 分）

（1）三天前他们是怎么约定的？

（2）李四画的玫瑰花像不像？为什么？

（3）张三画的是什么？他画得像不像？为什么？

（4）你觉得张三和李四谁的水平更高一些？为什么？

Lesson 21

第二十一课

话说过年

一、听力理解练习 Listening comprehension

一、听录音，选择正确答案 Listen and choose the correct answers. 21-1

1. A. 经理
   B. 刘秘书
   C. 小李
   D. 小张

2. A. 他来不及告诉妈妈了
   B. 现在告诉妈妈还来得及
   C. 他已经告诉妈妈了
   D. 刚才一直没时间告诉妈妈

3. A. 什么事都要靠自己
   B. 有时候可以靠别人
   C. 可以靠你的父母
   D. 靠自己不如靠别人

4. A. 已经跑得越来越慢了
   B. 一会儿会越跑越慢
   C. 一会儿他会下来的
   D. 他跑得不快

5. A. 去医院看老刘
   B. 去老刘家看老刘
   C. 看看老刘是不是出院了
   D. 回自己家看看

6. A. 小李可能会去
   B. 小李可能不去
   C. 小李肯定会去
   D. 小李肯定不去

7. A. 还没开走
   B. 正在开走
   C. 刚刚开走
   D. 早就开走了

8. A. 怪小李不应该现在来
   B. 怪小李没礼貌
   C. 怪自己没请小李坐
   D. 怪小明没礼貌

9. A. 老师应该多批评学生
B. 应该鼓励学生，不应该批评
C. 有时候要鼓励学生，有时候也要批评
D. 老师不应该总是鼓励学生

10. A. 邻居家的孩子很吵
B. 楼上的小鸟很脏
C. 他不喜欢小鸟
D. 楼上的小鸟很吵

二、听对话，做练习 Listen to the following dialogue and do the exercises.

话说过年 21-2

生词 New Words

1.	腊月	làyuè	（名）	the twelfth month of the lunar year
2.	年夜饭	niányèfàn	（名）	family reunion dinner on Chinese New Year's Eve
3.	拜年	bài nián	（动）	to wish somebody a Happy New Year
4.	压岁钱	yāsuìqián	（名）	pocket money given to children during Chinese New Year
5.	初	chū		first
6.	正月	zhēngyuè	（名）	the first month of the lunar year
7.	放	fàng	（动）	to set off
8.	鞭炮	biānpào	（名）	firecracker(s)
9.	家常便饭	jiācháng-biànfàn		simple meal, homely food

重点、难点提示 Key and difficult points

❶ 麦克：这样不是可以节省时间吗？

老师：这倒也是。

“这倒也是”意思是同意对方的看法，而且这个看法一般是说话的人原来没有想到的。例如：

这倒也是 means to agree with the other party on a certain idea which the speaker has not thought of before, e.g.

①A：虽然老师不来参加这个晚会有点儿遗憾，但是她不来我们不是可以更随便一点儿了吗？

B：这倒也是。

②A：骑车去虽然慢一点儿，但是可以锻炼身体啊！

B：这倒也是。

❷ 麦克：平时吃的、穿的就很好了，所以春节的时候吃什么、穿什么也就不觉得有什么特别的了。

老师：就是啊。

“就是啊”意思是肯定对方的意见。例如：

就是啊 is to affirm the other party’s opinion, e.g.

①A：再过几天就是小王的生日了，我们要给她准备生日礼物吧？

B：就是啊，不知道她喜欢什么。

②A：明天八点的飞机，我们应该早点儿出发。

B：就是啊，出发太晚的话，万一遇上堵车就麻烦了。

1. 听第一遍录音，判断正误 Listen to the dialogue for the first time and decide if the following statements are true or false. 21-3

（1）今年春节是1月25号。　（　）

（2）他们1月20号放寒假。　（　）

（3）这些年人们都觉得以前春节过得有点儿平淡。（　）

（4）现在过春节跟以前不太一样。（　）

（5）麦克寒假要回国。（　）

（6）麦克除夕要去老师家。（　）

2. 听第二遍录音，选择正确答案 Listen to the dialogue again and choose the correct answers. 21-4

（1）A. 一个多星期
B. 半个月左右
C. 三个星期
D. 30 天

（2）A. 打扫房间
B. 买过年用的东西
C. 给朋友准备礼物
D. 买新衣服

（3）A. 春节前一个星期
B. 腊月三十中午 12 点以前
C. 腊月三十晚上 12 点以前
D. 正月初一

（4）A. 腊月三十晚上吃的饭
B. 春节期间吃的饭
C. 春节期间每天的晚饭
D. 全家人在一起吃的饭

（5）A. 正月初一
B. 正月初五
C. 春节前一个多星期
D. 腊月三十晚上 12 点

（6）A. 给孩子买新衣服
B. 也给孩子拜年
C. 给孩子放鞭炮
D. 给孩子“压岁钱”

（7）A. 大年三十
B. 正月初一这一天
C. 从正月初一到初五
D. 从正月初一到十五

（8）A. 五天
B. 二十多天
C. 十五天
D. 一个多月

（9）A. 正月十五
B. 正月初一的早上到晚上
C. 腊月三十的早上到晚上
D. 腊月三十的晚上到正月初一的早上

（10）A. 热闹了
B. 平淡了
C. 有趣了
D. 复杂了

（11）A. 春节的气氛
B. 拜年的方式
C. 春节前的准备
D. 吃的、穿的东西

（12）A. 写信
B. 打电话
C. 送花
D. 发微信

（13）A. 会浪费很多时间
B. 可以节省时间
C. 会花很多钱
D. 会浪费很多钱

3. 选择对下面各句话的正确理解　Choose the correct sentences based on your understanding.

（1）A. 你说得对，不能节省时间
B. 你说得对，可以节省时间
C. 你说得不对，可以节省时间
D. 你说得不对，不能节省时间

（2）A. 过年不吃有鱼有肉的菜和饺子了
B. 平时不吃有鱼有肉的菜和饺子
C. 平时也吃有鱼有肉的菜和饺子
D. 过年的时候才吃有鱼有肉的菜和饺子

（3）A. 过年时也没有新衣服穿
B. 过年时也没穿新衣服
C. 过年时不穿新衣服
D. 过年时穿新衣服也不觉得新鲜

4. 听第三遍录音，回答问题　Listen to the dialogue once more and answer the following questions.　21-5

（1）春节前人们要准备什么？

（2）春节期间，最重要的一天是哪一天？这一天要做什么？

（3）什么叫“年夜饭”？什么叫“压岁钱”？

（4）这些年春节的时候气氛有什么变化？为什么？

（5）现在拜年的方式有什么变化？

（6）人们为什么觉得春节的时候吃饺子、穿新衣服不新鲜了？

二、泛听练习　Extensive listening

短文（一）　Passage 1　春联的来历　21-6

生词　New Words

1.	春联	chūnlián	（名）	Spring Festival couplet
2.	上联	shànglián	（名）	the first line of a couplet on a scroll
3.	下联	xiàlián	（名）	the second line of a couplet on a scroll
4.	横批	héngpī	（名）	the horizontal scroll

听录音，回答问题　Listen to the passage and answer the following questions.

（1）春联有哪几部分？

（2）贴春联的时候应该怎么贴？

（3）念春联的时候应该怎么念？

（4）春联最开始叫什么？什么时候才开始叫“春联”的？

短文（二） Passage 2 偷春联 21-7

生词 New Words

1.	留	liú	（动）	to hold back, to keep
2.	心眼儿	xīnyǎnr	（名）	cleverness, wit, intelligence

听录音，回答问题 Listen to the passage and answer the following questions.

（1）书法家写的第一副春联为什么被偷走了？

（2）书法家写的第二副春联怎么样了？

（3）他贴在门上的第三副春联，别人为什么没偷？

（4）第二天早上，书法家做了什么？

Lesson 22

第二十二课 企鹅的婚恋

一、听力理解练习 Listening comprehension

一、听录音，选择正确答案 Listen and choose the correct answers. 22-1

1. A. 今天的作业他没有做
   B. 他不知道该怎么做作业
   C. 一个小时不可能做完作业
   D. 今天的作业他一个小时没有做完

2. A. 有一个没来
   B. 一个也没来
   C. 来了一个
   D. 都来了

3. A. 她对给孩子念书感兴趣
   B. 她要让孩子对书感兴趣
   C. 孩子对念书感兴趣
   D. 她读的内容孩子都懂

4. A. 看了一遍
   B. 看了两遍
   C. 看了很多遍
   D. 看了一遍，还想再看一遍

5. A. 老师没有解释
   B. 老师解释得不清楚
   C. 老师解释得很清楚
   D. 老师解释了，不过他还不明白

6. A. 他现在不如以前自由了
   B. 他现在比以前更自由了
   C. 以前没有现在自由
   D. 他不想结婚

7. A. 他的病好了
   B. 病情不再发展了
   C. 病情越来越严重了
   D. 他的病治不好了

8. A. 没有什么舍不得的
   B. 真有点儿舍不得
   C. 她什么都舍不得
   D. 她什么都舍得

9. A. 刚入学的大学生
B. 快参加工作的大学生
C. 刚参加工作的公司职员
D. 刚换了工作的公司职员

10. A. 不能回家
B. 不能上火车
C. 每个人都有座位
D. 有些人没有座位

二、听短文，做练习 Listen to the following passage and do the exercises.

企鹅的婚恋 22-2

生词 New Words

1.	企鹅	qǐ'é	（名）	penguin
2.	雄	xióng	（形）	male
3.	雌	cí	（形）	female
4.	形状	xíngzhuàng	（名）	shape
5.	叼	diāo	（动）	to hold in the mouth
6.	窝	wō	（名）	nest, lair
7.	翅膀	chìbǎng	（名）	wing
8.	忠诚	zhōngchéng	（形）	loyal
9.	产卵	chǎn luǎn		to lay eggs

专有名词 Proper Noun

南极洲	Nánjí Zhōu	Antarctica

1. 听第一遍录音，判断正误 Listen to the passage for the first time and decide if the following statements are true or false. 22-3

（1）企鹅是人们最喜欢的动物。 （ ）

（2）雄企鹅找到它喜欢的雌企鹅以后，就会到水里找一块石头送给它。（　）

（3）雌企鹅如果也喜欢那只雄企鹅，它就会把那块石头叼到自己的窝里。（　）

（4）雄企鹅找到的石头，有时候会被别的雄企鹅偷走。（　）

（5）最大的一种企鹅体重能有20公斤。（　）

（6）雌企鹅把卵产下以后，就用肚子把它包住，一直到小企鹅出来。（　）

（7）从雌企鹅产下卵到小企鹅出生，几乎要用两个月的时间。（　）

（8）小企鹅出生以前，雄企鹅一直不吃东西。（　）

2. 听第二遍录音，选择正确答案 Listen to the passage again and choose the correct answers. 22-4

（1）A. 它是南极洲唯一的动物
B. 它的样子很可爱
C. 它的恋爱很有意思
D. 它的数量很少

（2）A. 游泳
B. 去找雌企鹅
C. 去找一块石头
D. 去找吃的东西

（3）A. 它自己喜欢的
B. 将来的妻子会喜欢的
C. 颜色很漂亮的
D. 它认为是最大的

（4）A. 形状和大小
B. 大小和颜色
C. 颜色和形状
D. 重量和形状

（5）A. 雌企鹅的脚边
B. 雌企鹅的肚子下边
C. 雌企鹅的窝里
D. 岸上

（6）A. 拍翅膀
B. 拍雄企鹅的翅膀
C. 把石头叼走
D. 把雄企鹅赶走

（7）A. 雄企鹅把石头放下休息的时候
B. 雄企鹅刚游回来的时候
C. 雄企鹅把石头放在雌企鹅脚边的时候
D. 雌企鹅把石头放在窝里以后

（8）A. 把雄企鹅赶走
B. 送给它一块石头
C. 离开它
D. 陪着它

（9）A. 一直不吃东西
B. 把卵放在自己的脚边
C. 把卵放在雄企鹅的脚边
D. 每天都到水里为雄企鹅找吃的

3. 选择对下面各句话的正确理解 Choose the correct sentences based on your understanding.

（1）A. 游几公里
B. 游十公里
C. 游十几公里
D. 游几十公里

（2）A. 雄企鹅自己
B. 它喜欢的雌企鹅
C. 别的雌企鹅
D. 别的雄企鹅

（3）A. 很多只
B. 四只
C. 两只
D. 一只

（4）A. 企鹅夫妻互相不想离开
B. 任何一只企鹅都不想离开别的企鹅
C. 企鹅夫妻俩不想离开别的企鹅
D. 有一只企鹅要离开别的企鹅

4. 听第三遍录音，回答问题 Listen to the passage once more and answer the following questions. 22-5

（1）雄企鹅怎样向雌企鹅表达自己的感情？

（2）雌企鹅接受雄企鹅时会有什么表现？不接受的时候呢？

（3）在企鹅的世界里，有时会发生什么样的偷窃现象？

（4）为什么说企鹅之间的爱情是忠诚的？

（5）企鹅夫妻怎样照顾它们的卵？

二、泛听练习　Extensive listening

短文（一）　Passage 1　假如猎豹参加奥运会　22-6

生词　New Words

1.	猎豹	lièbào	（名）	cheetah
2.	允许	yǔnxǔ	（动）	to allow, to permit
3.	项目	xiàngmù	（名）	(competition) item
4.	冠军	guànjūn	（名）	champion
5.	哺乳动物	bǔrǔ dòngwù		mammal
6.	奔跑	bēnpǎo	（动）	to run in a great hurry
7.	构造	gòuzào	（名）	structure, construction
8.	灵活	línghuó	（形）	flexible, agile
9.	精确	jīngquè	（形）	accurate
10.	测试	cèshì	（动）	to test

专有名词　Proper Noun

奥林匹克运动会	Àolínpǐkè Yùndònghuì	the Olympic Games

听录音，填表（录音中没有的内容可以不填） Listen to the passage and fill in the form (Leave it blank where the information is not given).

参赛者	项目				
	400 米	800 米	1500 米	5000 米	速度最快可以达到（公里 / 小时）
猎豹					
人					

短文（二） Passage 2 鸟 22-7

生词 New Words

1. 学会 xuéhuì （名） society, association
2. 猎杀 lièshā to hunt and kill

听录音，找出短文中没有提到的内容 Listen to the passage and tick what's not mentioned in the passage.

（1）北京鸟类学会成立的时间 （ ）

（2）广东的"鸟节"在哪一天 （ ）

（3）为什么说鸟是人类的朋友 （ ）

（4）哪些鸟会唱歌 （ ）

（5）世界上已经知道的鸟的种类 （ ）

（6）中国拥有的鸟的种类 （ ）

（7）鸟的数量减少的原因 （ ）

（8）怎样保护鸟类 （ ）

Lesson 23

第二十三课
话说广告

一、听力理解练习 Listening comprehension

一、听录音，选择正确答案 Listen and choose the correct answers. 23-1

1. A. 很好
   B. 跟想象的差不多
   C. 想象的很好，其实不好
   D. 想象的很差，其实还可以

2. A. 她们班学生很少
   B. 她们班女生比较多
   C. 她们班只有女生
   D. 她们班男生太多了

3. A. 你不要自己下去
   B. 你一定会坚持不了的
   C. 你一定要再坚持一下
   D. 你不能再继续这样了

4. A. 还有很多时间
   B. 还有一点儿时间
   C. 没有时间了
   D. 已经快十点了

5. A. 打工可以，但是也要学习
   B. 你不想考大学的话可以去打工
   C. 不能去打工
   D. 考上大学以后再去打工

6. A. 一定要去看京剧
   B. 年纪不是很大
   C. 她年轻的时候常看京剧
   D. 年纪大了，不能去看京剧了

7. A. 介绍一种广告
   B. 介绍一部电影
   C. 介绍一部电视剧
   D. 介绍一种酒

8. A. 有的广告拍得不太好
   B. 有的商品的广告说得不太好
   C. 有些商品质量不太好
   D. 有些商品的广告说得很好，但质量不好

9. A. 他本来很喜欢中文
B. 他在中文系学习过
C. 他是中文系毕业的
D. 他在经济系学习的时候也学过中文

10. A. 像一个知识分子
B. 跟他小说里的人一样
C. 不像一个知识分子
D. 穿着西装，打着领带，戴着眼镜

二、听对话，做练习 Listen to the following dialogue and do the exercises.

话说广告 23-2

生词 New Words

1.	过	guò	（动）	to pass
2.	赞助	zànzhù	（动）	to sponsor
3.	忍受	rěnshòu	（动）	to tolerate, to endure, to stand
4.	不见得	bújiàndé	（副）	not necessarily
5.	消费者	xiāofèizhě		consumer

重点、难点提示 Key and difficult points

❶ 这电视里的广告，没完没了啊

“没完没了”表示不停地做某事，没有休止，让人厌烦或不可理解。例如：

没完没了 means doing something repeatedly and endlessly, which is annoying or incomprehensible, e.g.

① 这孩子不知道是什么原因，一到晚上就没完没了地哭。

② 你每天没完没了地工作，一定要多注意身体呀。

❷ 不过话说回来，广告拍得好，并不见得商品就好

“话说回来”，插入语。表示说完一方面的事实或道理以后，再说另一

方面的事实或道理。可以对后一小句的表达起到舒缓语气的作用。例如：

话说回来 is a parenthesis to give the facts or reasons on the other side after finishing those on one side. It softens the tone of the clause following it, e.g.

你父母出钱让你来这儿学钢琴，你不好好儿学习，怎么对得起他们呢？不过话说回来，你不喜欢学钢琴，你的父母为什么一定要让你学呢？

"不见得"，意思是"不一定"，表示一种主观的估计，语气比较委婉。例如：

不见得 means "不一定 (not necessarily)". It suggests a subjective and mild estimation, e.g.

① 天气预报说今天有雨，我看不见得会下。

② 他虽然个子比较矮，但是不见得力气就小。

1. 听第一遍录音，判断正误　Listen to the dialogue for the first time and decide if the following statements are true or false. 23-3

（1）他们说话的时候是 7 点 50 分。　（　）

（2）男的在等着看足球比赛。　（　）

（3）男的什么广告都不喜欢看。　（　）

（4）女的认为中国的广告还不算太多。　（　）

（5）女的认为广告都会欺骗消费者。　（　）

（6）女的认为好的产品需要有好的广告。　（　）

2. 听第二遍录音，选择正确答案　Listen to the dialogue again and choose the correct answers. 23-4

（1）A. 7：50
B. 7：40
C. 7：30
D. 7：10

（2）A. 街上的广告
B. 杂志上的广告
C. 短信上的广告
D. 火车上的广告

（3）A. 火车上播广告
B. 吃饭时间电视上播广告
C. 电视上足球比赛前的广告
D. 在精彩的电视节目中间插播广告

（4）A. 火车上广播里的广告
B. 吃饭时间电视上那些药品的广告
C. 精彩的电视节目中间插播的广告
D. 电视上足球比赛前的广告

（5）A. 火车上广播里的广告
B. 吃饭时间电视上那些药品的广告
C. 精彩的电视节目中间插播的广告
D. 电视上足球比赛前的广告

（6）A. 拍得好的广告不多
B. 广告多是好事
C. 中国的广告不算太多
D. 四十多年前经济状况不好，所以没有广告

（7）A. 差广告太多了
B. 广告拍得好不能说明商品就好
C. 有时候广告也会影响企业的效益
D. 拍得好、水平高的广告可以看看

3. 选择对下面各句话的正确理解 Choose the correct sentences based on your understanding.

（1）A. 没完了
B. 太没意思了
C. 没了
D. 完了

（2）A. 要是不看这些广告，就不能看球赛
B. 要是没有这些企业的赞助，就看不到这场球赛
C. 要是没有看这些企业的赞助，就看不到球赛
D. 先看广告，再看足球比赛

（3）A. 让你躲开可是你躲不开
B. 让你非躲开不可
C. 让你连躲都躲不开
D. 让你想躲开

（4）A. 让人吃不下去
B. 让人吃了却下不去
C. 让人怎么吃呢
D. 不知道怎么吃

（5）A. 所以
B. 同时
C. 反而
D. 另一方面

（6）A. 不可能
B. 不一定
C. 不应该
D. 不能够

（7）A. 对，这不是欺骗消费者
B. 不对，这就是欺骗消费者
C. 你说得不对
D. 你说得也对

4. 听第三遍录音，指出下面两段话中哪些不是丈夫或妻子的观点
Listen to the dialogue once more and tell which of the following are not the husband/wife's viewpoints. 23-5

丈夫认为:（1）现在的广告太多了。（　）
（2）他最不喜欢在精彩的电视节目中间插进广告。（　）
（3）跟其他国家比起来，中国的广告不太多。（　）
（4）拍得好的广告太少了。（　）
（5）不好的商品广告会影响到企业的效益。（　）

妻子认为:（1）现在到处都是广告。（　）
（2）她不喜欢吃饭的时候电视上播药品的广告。（　）
（3）广告多了，说明经济发展了。（　）
（4）广告拍得好不一定商品就好。（　）

二、泛听练习 Extensive listening

短文 Passage 广告的妙用 23-6

生词 New Words

1.	登报	dēng bào		to publish in the newspaper
2.	寻找	xúnzhǎo	（动）	to look for
3.	丢失	diūshī	（动）	to lose
4.	学问	xuéwen	（名）	learning, knowledge
5.	字条	zìtiáo	（名）	note

听录音，回答问题 Listen to the passage and answer the following questions.

（1）他的那把伞是什么时候丢的？在哪儿丢的？

（2）他为什么要把那把伞找回来？

（3）他第一次登广告花了多少钱？

（4）他的第一个广告是怎么写的？结果怎么样？

（5）第二个广告是怎么写的？结果呢？

公益广告 Public Service Announcements 23-7

听录音，回答问题 Listen to the passage and answer the following question.

这四个广告的主要内容是什么？

Lesson 24

第二十四课 电脑的用途

一、听力理解练习 Listening comprehension

一、听录音，选择正确答案 Listen and choose the correct answers. 24-1

1. A. 教的方法一样
   B. 对学生的态度一样
   C. 爱好一样
   D. 年龄一样

2. A. 小丽只得了一个100分
   B. 我们班只有小丽得了100分
   C. 只有我们班有人得100分
   D. 小丽只得过一次100分

3. A. 这件事一定不是小王做的
   B. 小王坚决不做这样的事
   C. 小王决定不做这件事
   D. 小王决心做好这件事

4. A. 可以参加演讲比赛
   B. 可以参加节目表演
   C. 你应该学习
   D. 可以多参加这些活动

5. A. 他喜欢跟王教授讨论问题
   B. 他也不喜欢听王教授的课
   C. 他比较喜欢听王教授的课
   D. 有些观点他也不同意，但是还是应该去听课

6. A. 小王很可靠
   B. 他和小王住在一起
   C. 他现在有了困难
   D. 小王现在有了困难

7. A. 所有的事都要让妻子决定
   B. 所有的事都要让丈夫决定
   C. 丈夫和妻子要互相商量
   D. 经常发生一些大事

8. A. 参加工作了
   B. 已经大学毕业了
   C. 快大学毕业了
   D. 在上大学

9. A. 每天回家都很晚
B. 最近整天不回家
C. 有一天晚上没有回家
D. 每天到晚上才能回家

10. A. 有的招聘启事上要求博士毕业
B. 招聘启事上有 50 多个职位
C. 他现在不是很有信心
D. 他现在也很有信心

二、听短文，做练习 Listen to the following passage and do the exercises.

电脑的用途 24-2

生词 New Words

1.	用途	yòngtú	（名）	use, purpose
2.	普遍	pǔbiàn	（形）	popular
3.	写作	xiězuò	（动）	to write
4.	肺癌	fèi'ái		lung cancer
5.	固执	gùzhi	（形）	stubborn
6.	键盘	jiànpán	（名）	keyboard
7.	过	guò	（副）	too, excessively
8.	歪七扭八	wāiqī-niǔbā		shapeless and twisted

1. 听第一遍录音，判断正误 Listen to the passage for the first time and decide if the following statements are true or false. 24-3

（1）他是一位作家，妻子是一位大夫。（ ）
（2）一个偶然的原因使他开始使用电脑。（ ）
（3）有一天，一位朋友打电话来，说他得了癌症。（ ）
（4）那位朋友打电话来劝他戒烟。（ ）
（5）他吸烟已经有很长时间了。（ ）
（6）玩儿电脑以后，他吸烟比过去少多了。（ ）

2. 听第二遍录音，选择正确答案 Listen to the passage again and choose the correct answers. 24-4

（1）A. 他不喜欢用电脑
B. 他的拼音学得不太好
C. 他没有电脑
D. 使用电脑会影响他抽烟

（2）A. 吸烟已经成了他的习惯
B. 他不认为吸烟对身体有害
C. 他不想戒烟
D. 他是一个很固执的人

（3）A. 朋友告诉他的办法不好
B. 他的朋友很固执
C. 大夫都不能解决他的问题
D. 他不想戒烟

（4）A. 不要再写小说了
B. 玩儿电脑
C. 精神放松放松
D. 出去玩儿玩儿

（5）A. 他喜欢用电脑
B. 他家里正好有一台电脑
C. 朋友说“玩儿”电脑，他喜欢玩儿
D. 他正想戒烟

（6）A. 朋友送他的
B. 妻子给他买的
C. 他自己买的
D. 儿子送他的

（7）A. 他开始写小说了
B. 一玩儿电脑，他就忘了吸烟
C. 他对吸烟没有兴趣了
D. 键盘占去了两只手，没办法吸烟

（8）A. 他会用电脑了
B. 他对电脑入迷了
C. 他吸烟少了
D. 电脑“写”的字很好看

3. 选择对下面各句话的正确理解 Choose the correct sentences based on your understanding.

（1）A. 我已经 42 岁了
B. 香烟已经有 42 年的历史了
C. 我已经吸了 42 年的烟了
D. 我从 42 岁开始吸烟

（2）A. 他太喜欢吸烟了
B. 他吸烟吸得太多了
C. 他可以两支烟一起吸
D. 他经常连着吸两支烟

（3）A. 妻子每天总是不停地说话
B. 妻子告诉过我许多事
C. 妻子很喜欢聊天儿
D. 妻子劝我戒烟劝过很多次

（4）A. 你写的小说很多了
B. 你写的小说已经够了
C. 你写的小说我已经看够了
D. 现在的小说太多了

（5）A. 竟然不再离开它了
B. 竟然再也不能离开它了
C. 竟然没有再离开过它
D. 竟然没有离开过它

（6）A. 我以前很快乐
B. 我感到很不快乐
C. 我从来没感到快乐过
D. 我从来没有这么快乐过

（7）A. 他的朋友
B. 他的妻子
C. 他自己
D. 他的儿子

4. 听第三遍录音，回答问题 Listen to the passage once more and answer the following questions. 24-5

（1）请你说一说他当初吸烟的情况。

（2）他当初为什么不认为朋友可以解决他的吸烟问题？

（3）朋友让他用玩儿电脑的方法来减少吸烟时是怎么说的？

（4）当他用电脑“写”出第一个作品时，他很快乐，为什么？

二、泛听练习 Extensive listening

短文（一） Passage 1 5G来了 24-6

生词 New Words

1.	通信业	tōngxìnyè		communication industry
2.	虚拟	xūnǐ	（动）	to be virtual

3. 万物	wànwù	（名）	everything, all things on earth
4. 远程	yuǎnchéng	（形）	remote, long-distance
5. 诊断	zhěnduàn	（动）	to diagnose
6. 驾驶	jiàshǐ	（动）	to drive
7. 养老	yǎng lǎo	（动）	to provide for the aged

听录音，找出短文中提到的内容　Listen to the passage and tick what's mentioned in the passage.

（1）可以利用 5G 技术进入虚拟教室，跟老师和同学一起学习。（　）

（2）5G 技术可以让我们身临其境地参与视频会议。（　）

（3）在 5G 的支持下，还可以通过 VR 技术进行人脸识别。（　）

（4）5G 技术可以帮助医生远程为病人做手术。（　）

（5）利用 5G 技术会出现很多智能家居服务。（　）

（6）有了 5G 技术，出租车司机这个职业也许会消失。（　）

（7）利用 5G 技术和智能机器人可以为老年人提供更优质的养老服务。（　）

（8）5G 创新应用会有很多，比如带有实时语言翻译功能的 5G 耳机等。（　）

短文（二）Passage 2　5G 技术下的虚拟学校　24-7

生词　New Word

围墙	wéiqiáng	（名）	wall

听录音，找出短文中没有提到的内容 Listen to the passage and tick what's not mentioned in the passage.

（1）这所虚拟学校的名字。（　）

（2）上虚拟学校需要5G网络。（　）

（3）在虚拟学校怎样请老师回答问题。（　）

（4）在虚拟学校老师可以带领学生进行文化体验。（　）

（5）在虚拟学校，你可以跟同学和老师交流思想。（　）

（6）有的虚拟学校还可以发毕业证书。（　）

Lesson 25

第二十五课 环境保护

一、听力理解练习 Listening comprehension

一、听录音，选择正确答案 Listen and choose the correct answers. 25-1

1. A. 胖得跑下楼都跑不动了
   B. 很胖，很害怕跑步
   C. 要是再胖的话就跑不动了
   D. 现在已经跑不动了

2. A. 今天又在下雨
   B. 今天天气不错
   C. 今天不能出去玩儿
   D. 这段时间天气都很好

3. A. 不太贵，味道也不好
   B. 不太贵，但是味道很好
   C. 价钱很贵，味道很好
   D. 价钱很贵，味道不好

4. A. 他们只看见了一辆出租车
   B. 他们看见一辆出租车开过来了
   C. 只有她看见了出租车，小王没看见
   D. 当时学校门口只有一辆出租车

5. A. 她当时太激动了
   B. 她当时没有说话
   C. 她当时激动得忘了要说什么
   D. 她当时激动得不能说话了

6. A. 他会尽力写出来
   B. 他一定能写出来
   C. 他已经写出来了
   D. 他以后会努力的

7. A. 小王学习好，不是因为他聪明
   B. 聪明的人就是学习好
   C. 小王学习好，除了聪明以外还有别的原因
   D. 小王不但聪明，而且学习好

8. A. 不知道要不要打针
   B. 一定要住院
   C. 不知道要不要住院
   D. 他不需要住院

9. A. 女的电脑水平比较高
   B. 女的没有工作经验
   C. 女的很符合他们的招聘要求
   D. 女的没有被录取

10. A. 一遍
    B. 两遍
    C. 三遍
    D. 六遍

二、听短文，做练习 Listen to the following passage and do the exercises.

环境保护 25-2

生词 New Words

1.	民众	mínzhòng	（名）	the people, the public
2.	政府	zhèngfǔ	（名）	government
3.	饮用水	yǐnyòngshuǐ	（名）	drinking water
4.	认可	rènkě	（动）	to accept, to recognize
5.	受访者	shòufǎngzhě		interviewee
6.	治理	zhìlǐ	（动）	to rule, to govern
7.	中央	zhōngyāng	（名）	central (government)
8.	持	chí	（动）	to hold, to have
9.	地方	dìfāng	（名）	local (government)
10.	力度	lìdù	（名）	strength, intensity
11.	贡献	gòngxiàn	（名）	contribution
12.	捐款	juān kuǎn	（动）	to donate (money)
13.	义工	yìgōng	（名）	volunteer
14.	政策	zhèngcè	（名）	policy
15.	预期	yùqī	（动）	to expect, to anticipate

16. 引导	yǐndǎo	（动）	to lead, to guide
17. 转化	zhuǎnhuà	（动）	to transform, to convert

重点、难点提示　Key and difficult points

1. ……不难看出，近年来政府在环境治理方面的表现得到了民众的充分认可

"不难看出"意思是"可以很容易地知道"。例如：

"不难看出" means "to know easily", e.g.

① 您的孩子写了一篇作文，题目是《我的妈妈》，从作文中不难看出，孩子跟您的感情是很深的。

② 通过对两次考试成绩的比较，不难看出，我们班大部分同学的汉语水平都提高了。

2. ……，而 39.1% 的受访者则认为现阶段垃圾分类的效果"不太理想"甚至"很不理想"

"而……则……"多用于书面语中，与前一句子中的内容形成对比。例如：

"而……则……" is mostly used in written Chinese to form a contrast with the information in the previous sentence, e.g.

① 此时中国的北方已经进入深秋，天气十分寒冷，而在南方则依然是风和日暖，阳光灿烂。

② 大部人都赞同这个方案，而刘老师则持不同意见。

1. 听第一遍录音，判断正误　Listen to the passage for the first time and decide if the following statements are true or false. 25-3

（1）近日，北京交通大学发布了《中国城市居民环保意识调查》报告。（　）

（2）他们对中国35个主要城市的3805位居民进行了调查。（ ）

（3）这个调查主要有四个方面的内容。（ ）

（4）民众对食品安全的认可度明显高于对饮用水安全的认可度。（ ）

（5）民众对政府在环境治理方面的表现充分认可。（ ）

（6）超过半数的受访者对环境问题有一定的关注。（ ）

（7）当前垃圾分类的政策效果与民众预期仍有一定的差距。（ ）

2. 听第二遍录音，选择正确答案 Listen to the passage again and choose the correct answers. 25-4

（1）A. 33.2%的受访者认为环境污染对自身健康造成了少量伤害

B. 33.2%的受访者认为环境污染对自身健康造成了明显影响

C. 48.5%的受访者认为环境污染会对自己的身体健康造成少量伤害

D. 45.8%的受访者认为环境污染会对自己的身体健康造成明显影响

（2）A. 一半

B. 超过80%

C. 73.2%

D. 82.7%

（3）A. 还可以

B. 不太理想

C. 很不理想

D. 充分认可

（4）A. 超过90%的受访者表示“愿意”或“非常愿意”进行垃圾分类

B. 当前垃圾分类的政策效果与民众预期一致

C. 近40%的受访者认为垃圾分类的效果“还可以”

D. 超过一半的受访者认为现阶段垃圾分类的效果“不太理想”甚至“很不理想”

（5）A. 继续做好环保知识的普及工作

B. 对垃圾分类还要做好宣传工作

C. 引导公众参与环境治理

D. 培养民众的环保意识

3. 听后填出百分比　Listen and fill in the blanks with percentages.

（1）调查报告显示，在饮用水与食品安全方面，认为这两者“比较安全”的受访者比例分别是________和________。

（2）对于环境污染对健康的影响，认为环境污染对自身健康造成明显影响的受访者为________，有________的受访者认为环境污染会对自己的身体健康造成少量伤害。

（3）数据显示，对中央政府的环保工作持信任态度的调查对象有________；而对地方政府持信任态度的受访者有________。

（4）超过________的受访者表达了要为环保做贡献的意愿，其中，________的受访者愿意为环保捐款，________的受访者愿意为环保做义工。

（5）________的受访者表示“愿意”或“非常愿意”进行垃圾分类，但相比之下，当前垃圾分类的政策效果与民众的预期仍有一定的差距，________的受访者认为垃圾分类的效果“还可以”，而________的受访者则认为现阶段垃圾分类的效果“不太理想”甚至“很不理想”。

4. 听第三遍录音，回答问题　Listen to the passage once more and answer the following questions.　25-5

（1）这次调查主要有几个方面的问题？分别是什么？

（2）请你总结一下每个方面的调查结果。

二、泛听练习 Extensive listening

短文（一） Passage 1 垃圾分类 25-6

生词 New Words

1.	可回收	kěhuíshōu		recyclable
2.	湿	shī	（形）	wet
3.	干	gān	（形）	dry
4.	废弃物	fèiqìwù		rubbish, waste
5.	危害	wēihài	（动）	to damage
6.	腐烂	fǔlàn	（动）	to rot, to decay

听录音，把左右两栏中的相关内容用线连起来 Listen to the passage and match the corresponding information in the two columns.

	酒瓶
可回收垃圾	旧书
	餐巾纸
有害垃圾	大骨头
	湿纸巾
湿垃圾	废电池
	旧手机
	一次性杯子
干垃圾	过期食品
	废药品
	剩饭剩菜

短文（二） Passage 2　中国概况　25-7

生词 New Words

1.	概况	gàikuàng	（名）	general situation, survey
2.	邻国	línguó		neighbouring country
3.	均匀	jūnyún	（形）	even, well-distributed
4.	密度	mìdù	（名）	density
5.	沿海	yánhǎi	（名）	coastal areas

听录音，找出短文中没有提到的内容　Listen to the passage and tick what's not mentioned in the passage.

（1）中国的位置和陆地面积　（　）

（2）中国有哪些邻国　（　）

（3）中国的季节特点　（　）

（4）中国东西、南北的距离　（　）

（5）中国人口的数量　（　）

（6）中国人口的分布　（　）

（7）中国有哪些民族　（　）

（8）中国的地形特点和资源　（　）

Lesson 26

第二十六课
人靠衣装

一、听力理解练习 Listening comprehension

一、听录音，选择正确答案 Listen and choose the correct answers. 26-1

1. A. 她觉得小李的脸色不太好
   B. 小李说她脸色看起来不太好
   C. 她跟小李说自己的脸色看起来不太好
   D. 小李说自己的脸色不太好

2. A. 老师不会认错
   B. 朋友们不会认错
   C. 朋友们和老师都会认错
   D. 朋友们经常认错，老师不会

3. A. 他们互相不认识
   B. 他们今天忘了打招呼
   C. 他们俩有矛盾了
   D. 刚才打招呼了

4. A. 去还是不去，她要跟朋友商量一下
   B. 她要跟朋友商量一下去哪儿
   C. 去不去旅行、去哪儿旅行都要跟朋友商量
   D. 她还没决定去不去旅行

5. A. 画得不像
   B. 画得非常像
   C. 帽子画得不太像
   D. 除了帽子以外，别的地方也很像

6. A. 小明学习书法的态度不对
   B. 小明对爸爸的态度不对
   C. 小明书法学得不好
   D. 问小明有什么问题

7. A. 不是王教授写的
B. 他不知道怎么样
C. 水平不高
D. 很好

8. A. 王老师埋怨我了
B. 我安慰王老师了
C. 王老师觉得我对不起他
D. 王老师没有责怪我

9. A. 有你这样的女儿是我的骄傲和自豪
B. 我作为一个女儿感到骄傲和自豪
C. 我为你的女儿感到骄傲和自豪
D. 我这样的女孩儿会感到骄傲和自豪

10. A. 山田是来中国旅游的
B. 北京有名的地方山田都去过了
C. 中国的名胜古迹山田都去过了
D. 山田打算明年到别的国家去玩儿

二、听短文，做练习　Listen to the following passage and do the exercises.

人靠衣装　26-2

生词　New Words

1.	包装	bāozhuāng	（动）	to pack, to glorify
2.	工作服	gōngzuòfú	（名）	work clothes, work outfit
3.	休闲服	xiūxiánfú	（名）	casual wear
4.	刻意	kèyì	（副）	deliberately
5.	超过	chāoguò	（动）	to exceed
6.	值钱	zhíqián	（形）	valuable
7.	降价	jiàng jià	（动）	to reduce the price
8.	咽	yàn	（动）	to swallow

重点、难点提示 Key and difficult point

话到嘴边儿，又咽了回去

这句话的意思是，有话想说，但是又没有说出来。

This sentence means that what one wanted to say is left unsaid.

1. 听第一遍录音，判断正误 Listen to the passage for the first time and decide if the following statements are true or false. 26-3

（1）那天小周在公共汽车站没有认出他的妻子。（ ）

（2）小周那天在公共汽车站身体不舒服。（ ）

（3）小周以前不太注意打扮自己。（ ）

（4）小周要包装自己，所以他买了一身西服，还理了理发。（ ）

（5）小周为了打扮自己花了1000多块钱。（ ）

2. 听第二遍录音，选择正确答案 Listen to the passage again and choose the correct answers. 26-4

（1）A. 妻子没认出他来
B. 妻子没看见他
C. 妻子急着去上班
D. 妻子心里不舒服

（2）A. 妻子不爱他
B. 他那天穿得太普通了
C. 妻子那天很生气
D. 妻子讨厌他

（3）A. 妻子让他包装一下自己
B. 他喜欢包装自己
C. 同事们都很注意包装自己
D. 妻子的态度使他想包装一下自己

（4）A. 那身衣服很漂亮
B. 那身衣服很贵
C. 没见他穿过这身衣服
D. 他穿的工作服很漂亮

（5）A. 一定很贵
B. 样式不好
C. 一定很便宜
D. 是新发的工作服

（6）A. 是降价的
B. 1000 块钱
C. 100 块钱
D. 60 块钱

（7）A. 他怕同事不相信
B. 他不喜欢吹牛
C. 他也不知道多少钱
D. 他不好意思说

（8）A. 问他怎么又买了一身衣服
B. 以为是工作服
C. 问他为什么又发了一身工作服
D. 问他为什么打扮得这么漂亮

（9）A. 想解释一下，但最后没有解释
B. 根本不想解释
C. 解释了一下
D. 不知道该怎样解释

（10）A. 很得意
B. 很累
C. 很奇怪
D. 很有意思

3. 选择对下面各句话的正确理解 Choose the correct sentences based on your understanding.

（1）A. 很好奇
B. 很生气
C. 很吃惊
D. 很冷静

（2）A. 这身衣服不是工作服
B. 这身衣服多少钱
C. 他想包装自己
D. 这身衣服漂亮不漂亮

4. 听第三遍录音，回答问题 Listen to the passage once more and answer the following questions. 26-5

（1）那天在公共汽车站发生了什么事？
（2）在车站，妻子为什么没有跟小周说话？

（3）妻子对小周穿工作服的态度对小周有什么影响？

（4）小周怎样包装自己的？

（5）对小周的那身休闲服，同事们怎么说？

（6）小周为什么没有告诉同事们他那身衣服的实际价钱？

（7）小周的姐姐以为他的衣服是工作服，小周为什么没有解释？

（8）小周最后对“包装”是什么态度？

二、泛听练习 Extensive listening

短文（一） Passage 1 26-6

生词 New Words

1.	交往	jiāowǎng	（动）	to associate (with), to contact
2.	便装	biànzhuāng	（名）	casual wear
3.	权威	quánwēi	（名）	authority
4.	彬彬有礼	bīnbīn-yǒulǐ		refined and courteous
5.	邋遢	lāta	（形）	sloppy, slovenly
6.	流浪汉	liúlànghàn		vagrant, tramp

听录音，回答问题 Listen to the passage and answer the following questions.

（1）你觉得下面哪句话做这段文章的题目比较合适？

A. 服装与人的行为

B. 服装怎样影响别人

C. 服装与人们的交往

（2）服装在人们的交往中有什么作用？

（3）那位警察和足球运动员说他们穿上不同的服装会有什么不同？

（4）在那个实验中，当那个人穿着西服时，接近他的人都怎么样？当他穿着邋遢的服装时，接近他的人又怎么样？

短文（二） Passage 2 到底多少钱 26-7

听录音，回答问题 Listen to the passage and answer the following questions.

（1）他为什么去装饰市场？

（2）这是一个什么样的装饰市场？

（3）他一开始是什么打扮？

（4）他开始问的几家商店，那个花瓶多少钱？后来呢？你觉得这是为什么？

Lesson 27

第二十七课
中国菜

一、听力理解练习 Listening comprehension

一、听录音，选择正确答案 Listen and choose the correct answers. 27-1

1. A. 尽管父亲年纪大了，但是身体还是很健康
   B. 因为父亲年纪大了，所以身体也不太健康
   C. 即使父亲年纪大了，身体也还会很健康
   D. 父亲年纪不算大，不过身体不太健康了

2. A. 四次
   B. 五次
   C. 六次
   D. 七次

3. A. 这场雨下了三天三夜了
   B. 这场雨下得不太多
   C. 这场雨可能会下三天三夜
   D. 即使下三天三夜的雨也不多

4. A. 他请小王帮他找一个地方
   B. 小王会尽可能帮助他
   C. 他会尽可能帮助小王
   D. 他请小王一定帮忙

5. A. 很忌妒他的同学
   B. 有的同学忌妒他
   C. 有的老师不喜欢他
   D. 有的老师他不喜欢

6. A. 附近没有其他饭馆儿
   B. 附近的饭馆儿都很好
   C. 这家饭馆儿饭菜的味道非常好
   D. 这家饭馆儿饭菜的味道不太好

7. A. 考试的时候不要第一个交卷
   B. 考试的时候一定要第一个交卷
   C. 考试的时候一定要记住我说的话
   D. 考试的时候一定要第一个做完

8. A. 埋怨他
   B. 鼓励他
   C. 嘱咐他
   D. 安慰他

9. A. 这段时间小王晚上总是开车
   B. 小王早上要尽量多睡一会儿
   C. 小王最近睡觉比较多
   D. 小王已经起床了

10. A. 男的有好衣服舍不得穿
    B. 男的每天都穿很好的衣服
    C. 女的舍不得给男的买好衣服
    D. 男的舍不得买好衣服

二、听对话，做练习 Listen to the following dialogue and do the exercises.

中国菜 27-2

生词 New Words

1.	麻	má	（形）	producing a burning sensation in the tongue
2.	鲁菜	lǔcài	（名）	Shandong cuisine
3.	归	guī		to return
4.	巢	cháo	（名）	nest
5.	蚂蚁	mǎyǐ	（名）	ant
6.	蛇	shé	（名）	snake
7.	鸭掌	yāzhǎng		duck's web

重点、难点提示 Key and difficult points

❶ 这还不简单

反问句，意思是这件事很简单。也可以说"这还不容易！""这还不好说！"。例如：

"这还不简单！" is a rhetorical question equivalent to "这还不容易！" or "这还不好说！", meaning something is easy to do, e.g.

① 西红柿炒鸡蛋，这还不容易啊！（这很容易。）

② 帮你报个名，这还不好说啊！（这好说。）

❷ 哪天你到我家里去，我教你

"哪"，虚指，表示不确定的一个。例如：

哪 is used as an indefinite reference, indicating an uncertain one, e.g.

① 哪天有时间来我家玩儿啊！

② 你需要哪本书就拿走吧。

1. 听第一遍录音，判断正误 Listen to the dialogue for the first time and decide if the following statements are true or false.

27-3

（1）对话中的两个人是师生关系。（　）

（2）男的一直喜欢吃中国菜。（　）

（3）世界上差不多每个大城市都有中国餐馆。（　）

（4）男的喜欢吃川菜。（　）

（5）男的还没有吃过北京烤鸭。（　）

（6）广东人吃的东西很广。（　）

2. 听第二遍录音，选择正确答案 Listen to the dialogue again and choose the correct answers.

27-4

（1）A. 冬天很好吃

B. 它的特点是麻辣

C. 吃的时候会觉得很热

D. 冬天吃很舒服

（2）A. 最早的烤鸭店是在北京开的
B. 最早的烤鸭店是在山东开的
C. 北京最早的烤鸭店不是北京人开的
D. 北京的烤鸭店都是山东人开的

（3）A. 北方人很喜欢山东菜
B. 北京有很多鲁菜馆
C. 山东菜也叫“鲁菜”
D. 北京的大饭馆都是鲁菜馆

（4）A. 在广东吃东西
B. 广东菜很好吃
C. 广东菜很贵
D. 广东人会做菜

（5）A. 广东
B. 山东
C. 四川
D. 北京

（6）A. 蛇肉
B. 蚂蚁
C. 蛇皮
D. 鸭掌

（7）A. 蛇的肉
B. 龙的皮
C. 蛇的皮
D. 鸭子的皮

3. 选择对下面各句话的正确理解 Choose the correct sentences based on your understanding.

（1）A. 不仅
B. 不总是
C. 不但不
D. 不会

（2）A. 这很不简单
B. 这太简单了
C. 这简单不简单
D. 这有点儿简单

（3）A. 你哪天到我家里去
B. 如果在我家的话，我就可以教你
C. 你到我家里去的时候，我教你
D. 请你去我家吧，我教你

4. 听第三遍录音，回答问题 Listen to the dialogue once more and answer the following questions. 27-5

（1）中国菜讲究的“色、香、味、形”分别是什么意思？

（2）川菜有什么特点？

（3）关于北京烤鸭，你知道什么？

（4）广东菜有什么特点？请你介绍两道广东菜。

二、泛听练习 Extensive listening

短文（一） Passage 1 四季的饮食 27-6

生词 New Words

1.	品种	pǐnzhǒng	（名）	variety
2.	肥肉	féi ròu		fat meat
3.	辛辣	xīnlà	（形）	pungent, hot
4.	食欲	shíyù	（名）	appetite
5.	平衡	pínghéng	（形）	balanced

听录音，把左右两栏的相关内容用线连起来 Listen to the passage and match the corresponding parts in the two columns.

春天	○ 没有食欲
	○ 食物最丰富
夏天	○ 可以喝一些酒
	○ 少喝酒
秋天	○ 多吃绿色蔬菜
	○ 多吃一些凉菜
冬天	○ 可以吃一些辛辣的食物
	○ 饮食要清淡

短文（二） Passage 2　饺子 27-7

生词　New Words

1. 馄饨	húntun	（名）	wonton
2. 扁食	biǎnshi	（名）	old name for *jiaozi*
3. 交替	jiāotì	（动）	to alternate
4. 长生果	chángshēngguǒ	（名）	another name for peanuts
5. 长寿	chángshòu	（形）	living a long life

1. 听第一遍录音，判断正误　Listen to the passage for the first time and decide if the following statements are true or false. 27-8

（1）春节的时候中国人都要吃饺子。（　）

（2）中国的饺子已经有1000多年的历史了。（　）

（3）饺子作为春节的传统食品已经有两三百年了。（　）

（4）春节吃饺子还有"全家团圆""全年吉利"的意思。（　）

（5）春节的时候，如果你吃到一个有硬币的饺子，意思是你会健康长寿。（　）

2. 听第二遍录音，选择正确答案　Listen to the passage again and choose the correct answers. 27-9

（1）A. 完全不一样
B. 做法、形状都一样
C. 做法一样，形状差不多
D. 做法差不多，形状一样

（2）A. 家里日常吃的饭
B. 很方便的饭
C. 很便宜的饭
D. 家里非常好吃的饭

（3）A. 饺子→馄饨→扁食
B. 饺子→扁食→馄饨
C. 扁食→馄饨→饺子
D. 馄饨→扁食→饺子

Lesson 28

第二十八课 买房还是租房

一、听力理解练习 Listening comprehension

一、听录音，选择正确答案 Listen and choose the correct answers. 28-1

1. A. 这本书内容太多了
   B. 我要用一个星期的时间
   C. 我没有时间看
   D. 看了一个星期也没看完

2. A. 麦克的汉语说得好不好
   B. 麦克的妈妈是中国人
   C. 麦克为什么会说汉语
   D. 麦克会说汉语

3. A. 小孩儿的衣服比大人的便宜一点儿
   B. 大人的衣服都比小孩儿的便宜一点儿
   C. 小孩儿的裤子两百来块钱
   D. 小孩儿的裤子 120 元

4. A. 增加到了一千多块
   B. 比上个月多一千多块
   C. 比上个月少一千多块
   D. 有一千多块

5. A. 很容易
   B. 不容易
   C. 不知道容易不容易
   D. 不是最容易的

6. A. 只有钢琴演奏这个节目好
   B. 钢琴演奏得不好，其他的节目好
   C. 今天的节目都很好
   D. 他不太喜欢钢琴演奏这个节目

7. A. 六点半
   B. 七点
   C. 七点半
   D. 八点半

8. A. 这件羽绒服质量不好
   B. 这件羽绒服应该降价
   C. 这件羽绒服太贵了
   D. 现在不是穿羽绒服的季节

9. A. 她觉得不应该怀疑
   B. 一点儿也不怀疑
   C. 有一点儿怀疑
   D. 非常怀疑

10. A. 人们常常不懂得珍惜已经拥有的东西
    B. 拥有的东西常常会失去
    C. 失去的东西应该找回来
    D. 对做过的事不应该感到后悔

二、听对话，做练习 Listen to the following dialogue and do the exercises.

买房还是租房 28-2

生词 New Words

1.	省心	shěng xīn	（动）	to save worries
2.	房东	fángdōng	（名）	house owner, landlord/lady
3.	省得	shěngde	（连）	so as to avoid
4.	踏实	tāshi	（形）	free from anxiety
5.	优惠	yōuhuì	（形）	preferential, favourable

1. 听第一遍录音，判断正误 Listen to the dialogue for the first time and decide if the following statements are true or false. 28-3

（1）小刘早就结婚了，但是一直没有房子。（　）

（2）小刘正为房子的事发愁呢。（　）

（3）小刘想租房子，可是她爱人想买房子。（　）

（4）小刘跟她的爱人最后决定买房子。（　）

（5）小刘周围的朋友都是买的房子。（　）

2. 听第二遍录音，把左右两栏中的相关内容用线连起来
Listen to the dialogue again and match the corresponding parts in the two columns. 28-4

	○ 心情会比较稳定
租房子	○ 省心
	○ 东西坏了得自己找人来修
	○ 时间长了会很无聊
买房子	○ 可以调节心情
	○ 可能会很累

3. 听第三遍录音，填空 Listen to the dialogue once more and fill in the blanks. 28-5

（1）还是租房子好，租房子的话，就可以经常搬家。经常搬家好啊！可以帮你调节心情。比如你__________，就可以__________安静的地方租一间房子，住上几个月；你现在__________，__________，那你又可以换一处__________；想住新房子了，那就可以去找新房子。买房子的话恐怕就没有这个好处了。

（2）女：你说买房的话，是一次性付款好呢，还是分期付款好？

男：分期付款好，这样__________。

女：可是一次性付款有优惠呢！

男：那就一次性付款，__________，__________怎么办呢？

4. 根据录音内容回答问题 Answer the following questions according to the dialogue.

（1）“好好先生”是什么意思？

（2）说一说小刘为什么说老王是“好好先生”。

二、泛听练习 Extensive listening

对话 Dialogue 你喜欢这个城市吗 28-6

生词 New Words

1.	关注	guānzhù	（动）	to pay close attention to
2.	蚊子	wénzi	（名）	mosquito
3.	否认	fǒurèn	（动）	to deny
4.	俱	jù	（副）	all
5.	保健	bǎojiàn	（动）	health care
6.	赛跑	sàipǎo	（动）	to run a race

听录音，回答问题 Listen to the dialogue and answer the following questions.

（1）他们俩谁比较喜欢这个城市？谁不太喜欢？

（2）请你说一说他们喜欢和不喜欢这个城市的理由。

短文 Passage 北京的胡同 28-7

生词 New Words

1.	窄	zhǎi	（形）	narrow
2.	大致	dàzhì	（形）	general, rough
3.	英雄	yīngxióng	（名）	hero
4.	市场	shìchǎng	（名）	market
5.	喇叭	lǎba	（名）	horn

听录音，判断正误 Listen to the passage and decide if the following statements are true or false.

（1）北京的胡同很多。（ ）

（2）北京最短的胡同只有30米左右。（ ）

（3）北京最窄的胡同，胖一点儿的人过不去。（ ）

（4）胡同的名字不能用普通人的名字命名。（ ）

（5）叫“花市”的胡同以前一定是卖画的地方。（ ）

（6）裤子胡同是根据胡同的形状命名的。（ ）

（7）小喇叭胡同是根据商品的名字命名的。（ ）

Lesson 29

第二十九课 你想买车吗

一、听力理解练习 Listening comprehension

一、听录音，选择正确答案 Listen and choose the correct answers. 29-1

1. A. 他们是朋友
   B. 李华不算是他最好的朋友
   C. 他们不是朋友
   D. 他不了解李华

2. A. 小李
   B. 小王
   C. 说话的人
   D. 别的人

3. A. 小王今天太认真了
   B. 小王今天太不认真了
   C. 小王从来都不认真
   D. 小王从来都很认真

4. A. 中国足球的水平不比其他国家差
   B. 中国人不喜欢足球
   C. 中国人也很喜欢足球
   D. 中国人不如其他国家的人喜欢足球

5. A. 只看了动画片，没看别的
   B. 忘了看动画片了
   C. 因为做作业，没有看动画片
   D. 因为看动画片，忘了做作业

6. A. 女的以前说过小李会辞职
   B. 女的以前说过小李是博士
   C. 女的觉得小李不可能辞职
   D. 小李去了一家小公司

7. A. 他不知道转播是在 12 点以前还是以后
   B. 无论是什么时间转播，他都要看
   C. 他得看一看转播时间
   D. 他不知道转播时间

8. A. 男的把丢的雨伞找回来了
   B. 男的今天又丢了雨伞
   C. 男的今天出去的时候带的不是这把雨伞
   D. 男的拿的那把雨伞不是他的

9. A. 小王喜欢足球的程度
B. 小王为什么喜欢足球
C. 小王每天的生活情况
D. 小王每天都要看足球比赛

10. A. 老王
B. 老王家的人
C. 医院的大夫
D. 别的人

二、听对话，做练习 Listen to the following dialogue and do the exercises.

你想买车吗 29-2

生词 New Words

1.	工薪阶层	gōngxīn jiēcéng		wage earners, working class
2.	攒	zǎn	（动）	to save (money)
3.	汽油	qìyóu	（名）	gas
4.	宁愿	nìngyuàn	（副）	would rather

重点、难点提示 Key and difficult points

❶ 现在一辆车十几万、几十万，对我们工薪阶层来说，少说也得攒几年的钱才够啊

“少说”表示对事物某方面的数量做最低限度的估计。例如：

少说 indicates an estimation of the minimal quantity, e.g.

① 我看他的年纪，少说也有四十岁了。

② 我给他发了少说也有五条短信了，可他一直没给我回复。

❷ 有了钱，我宁愿去买房子，也不买汽车

“宁愿……，也不……”表示在比较利害得失以后做出自己认为损害较轻的一种选择。例如：

“宁愿……，也不……” means to make a less harmful choice after comparing the gains and losses, e.g.

① 车上太挤了，我宁愿走着去，也不坐车。

② 他宁愿租一辈子的房子，也不想买房。

1. 听第一遍录音，判断正误　Listen to the dialogue for the first time and decide if the following statements are true or false. 29-3

（1）小宋的车是去年春节买的。（　）

（2）小宋觉得这个城市太小了。（　）

（3）小宋有一家自己的公司。（　）

（4）第二个人觉得汽车对他来说太贵了。（　）

（5）第三个人不想买汽车。（　）

（6）第四个人希望大家都不要买汽车。（　）

2. 听第二遍录音，选择正确答案　Listen to the dialogue again and choose the correct answers. 29-4

（1）A. 每天的活动范围大了
B. 每天的活动范围有方圆几公里
C. 经常想出去玩儿
D. 经常出去玩儿

（2）A. 他想开一家公司
B. 他有钱，但是不想买车
C. 他想攒几年钱再买车
D. 他是工薪阶层

（3）A. 没有钱
B. 买汽车没有什么好处
C. 汽车太贵了
D. 他要攒钱买房子

（4）A. 就买汽车
B. 不买房子
C. 就买房子
D. 会经常打车

（5）A. 要有车库
B. 要上保险
C. 担心汽车质量不好，经常坏
D. 花钱养车

（6）A. 道路发展得很好
B. 道路发展得不好
C. 堵车会越来越严重
D. 堵车不一定会越来越严重

（7）A. 家庭用车会越来越多
B. 城市的公共交通发展得很快
C. 赞成大家少开车
D. 堵车一定会越来越严重

3. 选择对下面各句话的正确理解 Choose the correct sentences based on your understanding.

（1）A. 他很喜欢骑自行车
B. 骑自行车每天都要骑几公里
C. 骑自行车每天的活动范围很大
D. 骑自行车每天的活动范围很小

（2）A. 很少说话
B. 最少
C. 我少说几句话
D. 我不想说

（3）A. 买车有很多好处
B. 不买车有道理
C. 买车、不买车都有自己的原因
D. 买不买车要好好儿考虑

4. 听第三遍录音，回答问题 Listen to the dialogue once more and answer the following questions. 29-5

（1）小宋买车以后觉得有什么变化？为什么会有这种变化？

（2）第二个人想不想买车？为什么？

（3）第三个人想不想买车？为什么？

（4）第四个人对买车是什么看法？

二、泛听练习 Extensive listening

短文（一） Passage1 电动汽车和燃油汽车 29-6

生词 New Words

1. 电动	diàndòng	（形）	electric
2. 燃油	rányóu	（名）	fuel (oil)
3. 造价	zǎojià	（名）	cost (of constructing something)
4. 里程	lǐchéng	（名）	mileage
5. 长途	chángtú	（形）	long-distance
6. 充电站	chōngdiànzhàn		charging station

听录音，对比并勾选出以下每个方面有优势的汽车种类 Listen to the passage, compare the two types of cars, and tick their respective merits.

	购车价格	行驶里程	环保	行驶费用	充电或加油的方便程度	舒适性	维修费用
电动汽车							
燃油汽车							

短文（二） Passage 2 出租车管理 29-7

生词 New Words

1. 提示器	tíshìqì		prompting device
2. 喷色	pēn sè		to spray the paint of a colour
3. 实行	shíxíng	（动）	to implement, to carry out
4. 灰色	huīsè	（名）	grey

听录音，判断正误 Listen to the passage and decide if the following statements are true or false.

（1）为了使司机及时了解道路交通情况，安装了语音提示器。（　）

（2）对司机统一服装有 98% 的人赞成。（　）

（3）对安装语音提示器和交通信息接收器，大家都不赞成。（　）

（4）这次为出租车统一喷的颜色是，上半部分是灰色，下半部分是黄色。（　）

（5）人们不喜欢这次为出租车统一喷的颜色，因为那两种颜色不协调。（　）

Lesson 30

第三十课 请跟我来

一、听力理解练习 Listening comprehension

一、听录音，选择正确答案 Listen and choose the correct answers. 30-1

1. A. 吃完早饭以后有点儿不舒服
   B. 没吃早饭
   C. 早饭吃得很少
   D. 早饭吃得太多了

2. A. 小明忘了妈妈说的话
   B. 妈妈忘了告诉小明了
   C. 小明把房间收拾干净了
   D. 妈妈把房间收拾干净了

3. A. 三个小时
   B. 两个小时
   C. 一个半小时
   D. 一个小时

4. A. 有一座楼房很漂亮
   B. 有两座楼房很漂亮
   C. 每座楼房都很漂亮
   D. 越来越漂亮

5. A. 因为考试成绩
   B. 不是因为考试成绩
   C. 可能是因为考试成绩
   D. 不知道是不是因为考试成绩

6. A. 你已经知道了
   B. 我们准备的时候你就知道了
   C. 我也不知道
   D. 我们表演的时候你就知道了

7. A. 她不知道怎么去
   B. 电影票太少了
   C. 电影票正好一人一张
   D. 他们需要10张电影票

8. A. 年龄
   B. 职业
   C. 性别
   D. 收入

9. A. 没跟女孩子打过交道
   B. 不喜欢跟女孩子打交道
   C. 今天也没有打扮一下
   D. 不太喜欢打扮

10. A. 坐公共汽车
   B. 骑电动自行车
   C. 骑自行车
   D. 打车

二、听短文，做练习 Listen to the following passage and do the exercises.

请跟我来 30-2

生词 New Words

1.	专门	zhuānmén	（副）	with the special intention of
2.	侧	cè	（名）	side
3.	依次	yīcì	（副）	in proper order, successively
4.	直达	zhídá	（动）	to go directly to
5.	修缮	xiūshàn	（动）	to repair, to renovate
6.	老字号	lǎozìhao	（名）	old and famous shop or enterprise
7.	店铺	diànpù	（名）	shop, store
8.	聚集	jùjí	（动）	to gather
9.	众多	zhòngduō	（形）	many
10.	繁华	fánhuá	（形）	thriving, prosperous, bustling
11.	闹市区	nàoshìqū		downtown area

专有名词 Proper Nouns

1.	西单	Xīdān	Xidan, a major traditional commercial area in Beijing

2. 长安街	Cháng'ān Jiē	Chang'an Avenue, a major thoroughfare in Beijing
3. 君太百货	Jūntài Bǎihuò	Juntai Department Store
4. 大悦城	Dàyuè Chéng	Joy City, a popular mall
5. 中友百货	Zhōngyǒu Bǎihuò	Zhongyou Department Store
6. 西单商场	Xīdān Shāngchǎng	Xidan Department Store
7. 前门大街	Qián Mén Dàjiē	Qianmen Street
8. 大栅栏	Dàzhàlan (Dàshílànr)	Dashilan Street
9. 王府井大街	Wángfǔjǐng Dàjiē	Wangfujing Street
10. 东方新天地	Dōngfāng Xīn Tiāndì	the Malls at Oriental Plaza
11. 新东安市场	Xīn Dōng'ān Shìchǎng	New Dong'an Market
12. 北京市百货大楼	Běijīng Shì Bǎihuò Dàlóu	Beijing Department Store
13. 中国美术馆	Zhōngguó Měishùguǎn	National Art Museum of China

1. 听第一遍录音，画图并标出位置 Listen to the passage for the first time. Draw a map and mark the locations of the following places. 30-3

（1）画出录音里介绍的路线图。

（2）标出下列地方的位置：

A. 西单北大街　　B. 前门大街　　C. 王府井大街

2. 听第二遍录音，判断正误 Listen to the passage again and decide if the following statements are true or false. 30-4

（1）录音里介绍的这条路线走的路少，逛的地方多。（ ）

（2）坐地铁可以去西单，在西单路下车就可以。（ ）

（3）北京图书大厦是中国最大的书店。（　）
（4）西单北大街是北京最热闹的商业街。（　）
（5）前门大街在 2007 到 2008 年进行过修缮。（　）
（6）王府井大街是北京最古老、最著名、最有特点的古老街市。（　）
（7）在前门大街上有很多北京的老字号。（　）

3. 听第三遍录音，选择正确答案 Listen to the passage once more and choose the correct answers. 30-5

（1）A. 22 路、4 路、50 路
B. 22 路、52 路、800 路
C. 102 路、109 路、808 路
D. 52 路、102 路、608 路

（2）A. 大悦城
B. 西单商场
C. 中友大厦
D. 君太百货

（3）A. 大悦城
B. 西单商场
C. 中友大厦
D. 君太百货

（4）A. 22 路
B. 20 路
C. 120 路
D. 200 路

（5）A. 西单北大街
B. 王府井大街
C. 大栅栏
D. 前门大街

（6）A. 300 米
B. 600 米
C. 1660 米
D. 660 米

（7）A. 20 路
B. 120 路
C. 22 路
D. 200 路

（8）A. 西单商场
B. 大悦城
C. 新东安市场
D. 北京市百货大楼

（9）A. 王府井大街的东侧

B. 王府井大街的西侧

C. 王府井大街的北边

D. 王府井大街的南边

4. 根据录音内容回答问题　Answer the following questions according to the passage.

（1）在西单北大街可以去哪些地方？每个地方都有什么特点？

（2）在前门大街可以做什么？

（3）在王府井大街可以去哪些地方？它们分别在什么位置？

二、泛听练习　Extensive listening

短文（一）　Passage 1　世界遗产　30-6

生词　New Words

1.	皇家	huángjiā	（名）	imperial family
2.	宫殿	gōngdiàn	（名）	palace
3.	精华	jīnghuá	（名）	quintessence, cream
4.	军事	jūnshì	（名）	military affairs
5.	防御	fángyù	（动）	to defend
6.	工程	gōngchéng	（名）	project, (building) works
7.	园林	yuánlín	（名）	garden(s)
8.	跨度	kuàdù	（名）	span

专有名词 Proper Nouns

1. 周口店北京人遗址	Zhōukǒudiàn Běijīngrén Yízhǐ	Peking Man Site at Zhoukoudian
2. 明清皇家陵寝	Míng-Qīng Huángjiā Língqǐn	Imperial Tombs of the Ming and Qing Dynasties
3. 大运河	Dà Yùnhé	Beijing-Hangzhou Grand Canal, the oldest and longest man-made canal in the world

听录音，判断正误 Listen to the passage and decide if the following statements are true or false.

（1）到2019年7月，中国已有55项世界文化和自然遗产列入《世界遗产名录》。（ ）

（2）北京拥有7项世界遗产，是世界遗产项目数最多的城市。（ ）

（3）故宫是世界上最大的祭天建筑群。（ ）

（4）颐和园1998年被列入世界文化遗产，是中国清朝时期的皇家园林。（ ）

（5）大运河是世界上建造时间最早的人工运河。（ ）

短文（二） Passage 2 北京世界公园 30-7

生词 New Words

1. 精品	jīngpǐn	（名）	quality goods
2. 微缩	wēisuō	（动）	miniature
3. 景观	jǐngguān	（名）	landscape
4. 入口	rùkǒu	（名）	entrance

5. 民俗	mínsú	（名）	folk custom
6. 游行	yóuxíng	（动）	to parade
7. 团体	tuántǐ	（名）	group

听录音，判断正误 Listen to the passage and decide if the following statements are true or false.

（1）北京世界公园是北京最大的公园。（ ）

（2）园内有 100 多个国家的著名景物。（ ）

（3）进门以后往右拐可以看到意大利的名胜。（ ）

（4）坐 995 路或 976 路可以从市区到北京世界公园。（ ）

（5）北京世界公园的门票学生票比成人票便宜 40 块钱。（ ）

（6）1 米以下的孩子可以免费。（ ）

（7）团体在 50 个人以上可以优惠 5%。（ ）

（8）公园每天都有歌舞表演。（ ）

小测试（三）

说明：请把答案写在答卷上。（总分 100 分）

一、听录音，选择正确答案（每题 2 分，共 40 分）

1. A. 最多有 100 年的历史
   B. 最少有 100 年的历史
   C. 是 90 年以前建的
   D. 是 19 年以前建的

2. A. 小王可能来
   B. 小李一定会来
   C. 老张一定不来
   D. 老刘肯定会来

3. A. 他想让老师记下来
   B. 他想记住老师说的话
   C. 他想让老师说得快一点儿
   D. 他想让老师说得慢一点儿

4. A. 安全
   B. 舒服
   C. 便宜
   D. 可以看看风景

5. A. 头发都白了
   B. 46 岁了，但是像 64 岁
   C. 64 岁了，但是像 46 岁
   D. 长得很帅

6. A. 她年轻时没去旅游，现在很后悔
   B. 她想去旅游，但是去不了
   C. 她现在还年轻
   D. 她年轻时去很多地方旅游过

7. A. 我看不见他
   B. 我不想见他
   C. 我觉得不一定
   D. 我觉得他说得对

8. A. 80 名
   B. 100 名
   C. 200 名
   D. 500 名

9. A. 150 多万
B. 200 万
C. 300 万
D. 600 多万

10. A. 他想抓紧时间学习
B. 听着录音容易睡觉
C. 那盘录音的效果很好
D. 这样学习效果好

11. A. 烦恼的时候该怎么做
B. 着急生气的坏处
C. 跟朋友聊天儿的好处
D. 劝男的去做一些自己感兴趣的事

12. A. 质量不如一些名牌产品
B. 价格比名牌产品贵
C. 非常重视包装
D. 质量不比一些名牌差

13. A. 出了一点儿问题，所以没有成功
B. 不能说是失败
C. 跟上次一样，失败了
D. 不会失败

14. A. 他不会让父母像以前那样辛苦
B. 他父母像以前一样辛苦
C. 他父母现在不像以前那样辛苦了
D. 他现在工作非常辛苦

15. A. 两个人
B. 15 个人
C. 30 个人
D. 30 多个人

16. A. 小李给老王提的意见是对的
B. 小李刚才对老王不太客气
C. 她不知道老王的意见对不对
D. 老王不应该生气

17. A. 广告好的商品质量也会比较好
B. 做了广告的商品价钱一定很高
C. 广告好的商品质量不一定好
D. 任何商品都需要做广告

18. A. 这家店只有七岁的儿童可以进去
B. 七岁的儿童必须有大人陪着才能进去
C. 大人必须有七岁的儿童陪着才能进去
D. 这家店生意不太好

19. A. 练书法是他锻炼身体的一种方法
B. 他对运动很感兴趣
C. 他学习书法没有坚持下来
D. 他练书法已经 50 年了

20. A. 一头牛在吃草
B. 只有一头牛
C. 只有一片草地
D. 什么也没有

二、听短文，完成试题（共 38 分）

1. 听第一遍录音，判断正误（每题 2 分，共 8 分）

（1）这篇文章主要谈的是关于男女平等的问题。（ ）
（2）作者早就注意到广告中男人和女人所做事情的不同。（ ）
（3）作者认为男人不做家务没有什么不对。（ ）
（4）在女儿的意识中，男人在家里不做家务是理所当然的。（ ）

2. 听第二遍录音，选择正确答案（每题 2 分，共 6 分）

（1）A. 做饭、洗衣服、擦地、整理房间
B. 潇洒地开车
C. 坐在沙发上看电视
D. 吃饭

（2）A. 做饭、洗衣服、擦地、整理房间
B. 潇洒地开车
C. 坐在沙发上看电视
D. 坐在饭桌旁休息

（3）A. 妈妈在洗衣服，女儿在玩儿，爸爸在看报纸

B. 妈妈在做饭，女儿在玩儿，爸爸在看电视

C. 妈妈在洗衣服，女儿在玩儿，爸爸在看电视

D. 妈妈在擦地，女儿在玩儿，爸爸在看电视

3. 听第三遍录音，回答问题［第（1）题4分，第（2）~（5）题每题5分，共24分］

（1）女儿为什么说“还是男的好，不用做家务”？

（2）文章中有这样一段话，女的问男的：“你最近脸色不太好，你妻子是怎么搞的？”男的回答：“唉，她最近工作忙，没有顾得上照顾我。”从这段对话中，你可以了解到什么情况？

（3）文章中有这样一段话，男的问女的：“你今天出来参加聚会，你先生和孩子的晚饭怎么办？”女的回答：“我出来之前都给他们做好了。”从这段对话中，你可以知道什么？

（4）对上面的两段话你会觉得有什么地方不对吗？为什么？

（5）你能为这篇文章加一个题目吗？

三、听短文《茶》，完成试题（共22分）

1. 听第一遍录音，判断正误（每题2分，共12分）

（1）在中国人的生活中，茶是很重要的。（　）

（2）中国人是从公元8世纪开始喝茶的。（　）

（3）在中国，茶叶都生长在南方。（　）

（4）不同的地方出产的茶叶具有不同的特色。（　）

（5）茶叶一年四季都可以采摘。（　）

（6）生活在不同地区的人们喜欢喝的茶也不一样。（　）

2. 听第二遍录音，选择正确答案（每题2分，共10分）

（1）A. 一天不喝茶都不行
B. 喝茶不可以喝一天
C. 不能每天都喝茶
D. 不能每天都不喝茶

（2）A. 茶树的种类不一样
B. 每个地方的人喜欢的味道不一样
C. 每个地方气候、土壤不一样
D. 采摘的季节不一样

（3）A. 茶树的种类不一样
B. 加工的方法不一样
C. 采摘的季节不一样
D. 茶的味道不同

（4）A. 非洲
B. 美国
C. 日本
D. 欧洲

（5）A. 非洲
B. 欧洲
C. 日本
D. 美国

词汇表 Vocabulary

A

安眠药	ānmiányào	（名）	（15）

B

拜年	bài nián	（动）	（21）
包装	bāozhuāng	（动）	（26）
饱	bǎo	（形）	（12）
保健	bǎojiàn	（动）	（28）
保姆	bǎomǔ	（名）	（2）
保准	bǎozhǔn	（副）	（15）
奔跑	bēnpǎo	（动）	（22）
笔画	bǐhuà	（名）	（19）
鞭炮	biānpào	（名）	（21）
扁食	biǎnshi	（名）	（27）
便装	biànzhuāng	（名）	（26）
彬彬有礼	bīnbīn-yǒulǐ		（26）
病毒	bìngdú	（名）	（15）
脖子	bózi	（名）	（13）
博士	bóshì	（名）	（6）
哺乳动物	bǔrǔ dòngwù		（22）
不见得	bújiàndé	（副）	（23）
不耐烦	bú nàifán		（18）
不得不	bùdébù		（11）

C

侧	cè	（名）	（30）
测试	cèshì	（动）	（22）
茶馆	cháguǎn	（名）	（10）
产卵	chǎn luǎn		（22）
产品	chǎnpǐn	（名）	（19）
长生果	chángshēngguǒ	（名）	（27）
长寿	chángshòu	（形）	（27）
长途	chángtú	（形）	（29）
钞票	chāopiào	（名）	（5）
超过	chāoguò	（动）	（26）
巢	cháo	（名）	（27）
沉没	chénmò	（动）	（10）
撑	chēng	（动）	（18）
成熟	chéngshú	（形）	（6）
乘客	chéngkè	（名）	（17）
盛	chéng	（动）	（1）
持	chí	（动）	（25）
翅膀	chìbǎng	（名）	（22）
充电	chōng diàn	（动）	（12）
充电站	chōngdiànzhàn		（29）
出息	chūxi	（名）	（20）
初	chū		（21）
穿着	chuānzhuó	（名）	（5）

传播	chuánbō	（动）	（15）
传染	chuánrǎn	（动）	（15）
传说	chuánshuō	（名）	（18）
春联	chūnlián	（名）	（21）
雌	cí	（形）	（22）
促进	cùjìn	（动）	（11）
村子	cūnzi	（名）	（2）
存活	cúnhuó	（动）	（15）
寸	cùn	（量）	（16）

D

打呼噜	dǎ hūlu		（6）
打火机	dǎhuǒjī	（名）	（14）
打扰	dǎrǎo	（动）	（12）
大多数	dàduōshù	（名）	（9）
大致	dàzhì	（形）	（28）
单身	dānshēn	（动）	（6）
单眼皮	dānyǎnpí	（名）	（6）
单元	dānyuán	（名）	（2）
胆怯	dǎnqiè	（形）	（20）
登报	dēng bào		（23）
地方	dìfāng	（名）	（25）
地形	dìxíng	（名）	（17）
点歌	diǎn gē		（4）
电动	diàndòng	（形）	（29）

店铺	diànpù	（名）	（30）
叼	diāo	（动）	（22）
调查	diàochá	（动）	（9）
丁克	dīngkè	（形）	（8）
丢失	diūshī	（动）	（23）
独特	dútè	（形）	（4）
端	duān		（3）
端	duān	（动）	（11）
断	duàn	（动）	（13）
对门儿	duìménr	（名）	（2）
炖	dùn	（动）	（11）

E

噩梦	èmèng	（名）	（15）
儿媳妇	érxífu	（名）	（7）
二手烟	èrshǒuyān	（名）	（14）

F

翻动	fāndòng	（动）	（3）
烦人	fánrén	（形）	（7）
繁华	fánhuá	（形）	（30）
反而	fǎn'ér	（副）	（8）
反感	fǎngǎn	（名）	（19）
范围	fànwéi	（名）	（13）
方方正正	fāngfāngzhèngzhèng		（17）
方式	fāngshì	（名）	（4）

防御	fángyù	（动）	（30）
房东	fángdōng	（名）	（28）
放	fàng	（动）	（21）
放松	fàngsōng	（动）	（12）
肥胖	féipàng	（形）	（13）
肥肉	féi ròu		（27）
废弃物	fèiqìwù		（25）
肺癌	fèi'ái		（24）
分期付款	fēnqī fù kuǎn		（11）
缝	féng	（动）	（16）
否认	fǒurèn	（动）	（28）
腐烂	fǔlàn	（动）	（25）

G

改掉	gǎidiào		（9）
概况	gàikuàng	（名）	（25）
干	gān	（形）	（25）
赶路	gǎn lù	（动）	（16）
高级	gāojí	（形）	（20）
高考	gāokǎo	（名）	（20）
高雅	gāoyǎ	（形）	（4）
稿费	gǎofèi	（名）	（7）
告辞	gàocí	（动）	（14）
根本	gēnběn	（副）	（2）
工程	gōngchéng	（名）	（30）

工薪阶层	gōngxīn jiēcéng		（29）
工作服	gōngzuòfú	（名）	（26）
宫殿	gōngdiàn	（名）	（30）
共同	gòngtóng	（形）	（6）
贡献	gòngxiàn	（名）	（25）
勾	gōu	（动）	（3）
沟通	gōutōng	（动）	（15）
构造	gòuzào	（名）	（22）
固执	gùzhi	（形）	（24）
关注	guānzhù	（动）	（28）
管	guǎn	（动）	（10）
冠军	guànjūn	（名）	（22）
光柱	guāngzhù	（名）	（14）
归	guī		（27）
规律	guīlǜ	（名）	（19）
柜台	guìtái	（名）	（8）
贵族	guìzú	（名）	（8）
棍子	gùnzi	（名）	（16）
过	guò	（动）	（23）
过	guò	（副）	（24）
过分	guò fèn	（形）	（13）
过问	guòwèn	（动）	（2）

H

海难	hǎinàn	（名）	（10）

海鲜	hǎixiān	（名）	（16）
害怕	hàipà	（动）	（6）
豪放	háofàng	（形）	（17）
好在	hǎozài	（副）	（5）
合	hé	（动）	（20）
何苦	hékǔ	（副）	（13）
何况	hékuàng	（连）	（8）
狠心	hěnxīn	（形）	（16）
横批	héngpī	（名）	（21）
红包	hóngbāo	（名）	（4）
洪亮	hóngliàng	（形）	（20）
猴子	hóuzi	（名）	（12）
划算	huásuàn	（形）	（11）
患	huàn	（动）	（10）
皇家	huángjiā	（名）	（30）
灰色	huīsè	（名）	（29）
恢复	huīfù	（动）	（10）
烩	huì	（动）	（11）
婚姻	hūnyīn	（名）	（6）
馄饨	húntun	（名）	（27）

J

机器	jīqì	（名）	（13）
基本	jīběn	（形）	（1）
极限	jíxiàn	（名）	（10）

急	jí	（形）	（1）
忌讳	jìhuì	（名）	（18）
季节性	jìjiéxìng		（11）
既……又……	jì…yòu…		（4）
既然	jìrán	（连）	（4）
加	jiā	（动）	（1）
家常便饭	jiācháng-biànfàn		（21）
驾驶	jiàshǐ	（动）	（24）
煎	jiān	（动）	（11）
减少	jiǎnshǎo	（动）	（7）
见闻	jiànwén	（名）	（17）
健美	jiànměi	（形）	（13）
键盘	jiànpán	（名）	（24）
将近	jiāngjìn	（副）	（20）
降价	jiàng jià	（动）	（26）
交替	jiāotì	（动）	（27）
交往	jiāowǎng	（动）	（26）
郊游	jiāoyóu	（动）	（6）
结实	jiēshi	（形）	（17）
街道	jiēdào	（名）	（3）
节省	jiéshěng	（动）	（5）
尽	jǐn	（动）	（1）
尽力	jìn lì	（动）	（19）
禁忌	jìnjì	（名）	（18）

精华	jīnghuá	（名）	（30）
精品	jīngpǐn	（名）	（30）
精确	jīngquè	（形）	（22）
景观	jǐngguān	（名）	（30）
警惕	jǐngtì	（动）	（5）
救生艇	jiùshēngtǐng	（名）	（10）
就业	jiù yè	（动）	（20）
居民	jūmín	（名）	（9）
举手	jǔ shǒu		（5）
拒绝	jùjué	（动）	（11）
俱	jù	（副）	（28）
剧烈	jùliè	（形）	（10）
聚	jù	（动）	（4）
聚集	jùjí	（动）	（30）
捐款	juān kuǎn	（动）	（25）
角色	juésè	（名）	（9）
绝症	juézhèng	（名）	（10）
军事	jūnshì	（名）	（30）
均匀	jūnyún	（形）	（25）

K

慷慨	kāngkǎi	（形）	（17）
靠	kào	（动）	（2）
可	kě	（副）	（2）
可回收	kěhuíshōu		（25）

可怜	kělián	（形）	（16）
刻意	kèyì	（副）	（26）
课堂	kètáng	（名）	（5）
裤衩儿	kùchǎr	（名）	（16）
夸张	kuāzhāng	（形）	（7）
跨度	kuàdù	（名）	（30）
捆	kǔn	（动）	（16）

L

垃圾食品	lājī shípǐn		（8）
邋遢	lāta	（形）	（26）
喇叭	lǎba	（名）	（28）
腊月	làyuè	（名）	（21）
唠叨	láodao	（动）	（7）
老伴儿	lǎobànr	（名）	（2）
老字号	lǎozìhao	（名）	（30）
礼节	lǐjié	（名）	（1）
礼貌	lǐmào	（形）	（1）
里程	lǐchéng	（名）	（29）
力度	lìdù	（名）	（25）
例外	lìwài	（动）	（5）
栗子	lìzi	（名）	（12）
猎豹	lièbào	（名）	（22）
猎杀	lièshā		（22）
邻国	línguó		（25）

临海	lín hǎi		（17）
灵活	línghuó	（形）	（22）
浏览	liúlǎn	（动）	（20）
留	liú	（动）	（3）
留	liú	（动）	（21）
流浪汉	liúlànghàn		（26）
鲁菜	lǔcài	（名）	（27）
驴	lǘ	（名）	（16）

M

麻	má	（形）	（27）
蚂蚁	mǎyǐ	（名）	（27）
貌合神离	màohé-shénlí		（6）
密度	mìdù	（名）	（25）
民俗	mínsú	（名）	（30）
民众	mínzhòng	（名）	（25）
名牌	míngpái	（名）	（9）
明显	míngxiǎn	（形）	（10）
模糊	móhu	（形）	（17）
拇指	mǔzhǐ	（名）	（3）
暮	mù		（12）

N

难道	nándào	（副）	（8）
难得	nándé	（形）	（1）
脑部	nǎobù		（12）

脑子	nǎozi	（名）	（5）
闹市区	nàoshìqū		（30）
内陆	nèilù	（名）	（17）
年夜饭	niányèfàn	（名）	（21）
捏	niē	（动）	（3）
宁愿	nìngyuàn	（副）	（29）
农民	nóngmín	（名）	（16）
女装	nǚzhuāng	（名）	（13）

P

判断	pànduàn	（动）	（17）
培训班	péixùnbān		（12）
喷色	pēn sè		（29）
喷嚏	pēntì	（名）	（15）
皮肤	pífū	（名）	（17）
品种	pǐnzhǒng	（名）	（27）
平房	píngfáng	（名）	（2）
平衡	pínghéng	（形）	（27）
普遍	pǔbiàn	（形）	（24）

Q

企鹅	qǐ'é	（名）	（22）
企业	qǐyè	（名）	（19）
气味	qìwèi	（名）	（2）
汽油	qìyóu	（名）	（29）
千差万别	qiānchā-wànbié		（12）

浅睡眠	qiǎn shuìmián		（15）
强项	qiángxiàng	（名）	（9）
强壮	qiángzhuàng	（形）	（13）
亲密	qīnmì	（形）	（2）
亲戚	qīnqi	（名）	（18）
倾家荡产	qīngjiā-dàngchǎn		（6）
情人节	Qíngrén Jié	（名）	（8）
区	qū	（名）	（3）
区别	qūbié	（名）	（13）
权威	quánwēi	（名）	（26）
缺点	quēdiǎn	（名）	（7）

R

燃油	rányóu	（名）	（29）
人家	rénjia	（代）	（4）
忍受	rěnshòu	（动）	（23）
认可	rènkě	（动）	（25）
任务	rènwu	（名）	（8）
揉	róu	（动）	（15）
入口	rùkǒu	（名）	（30）

S

赛跑	sàipǎo	（动）	（28）
上火	shàng huǒ	（动）	（8）
上联	shànglián	（名）	（21）
上市	shàng shì	（动）	（11）

稍微	shāowēi	（副）	（13）
蛇	shé	（名）	（27）
社交	shèjiāo	（名）	（4）
甚至	shènzhì	（连）	（1）
生硬	shēngyìng	（形）	（1）
绳子	shéngzi	（名）	（16）
省得	shěngde	（连）	（28）
省心	shěng xīn	（动）	（28）
湿	shī	（形）	（25）
实际	shíjì	（形）	（3）
实行	shíxíng	（动）	（29）
食物	shíwù	（名）	（12）
食欲	shíyù	（名）	（27）
食指	shízhǐ	（名）	（3）
市场	shìchǎng	（名）	（28）
视察员	shìcháyuán		（16）
视力	shìlì	（名）	（15）
收拾	shōushi	（动）	（16）
手电筒	shǒudiàntǒng	（名）	（14）
手掌	shǒuzhǎng	（名）	（3）
寿命	shòumìng	（名）	（7）
受访者	shòufǎngzhě		（25）
蔬菜	shūcài	（名）	（13）
数学	shùxué	（名）	（9）

顺序	shùnxù	（名）	（3）
说到底	shuō dàodǐ		（15）
艘	sōu	（量）	（10）

T

踏实	tāshi	（形）	（28）
逃避	táobì	（动）	（18）
特意	tèyì	（副）	（14）
提前	tíqián	（动）	（4）
提前消费	tíqián xiāofèi		（11）
提示器	tíshìqì		（29）
调节	tiáojié	（动）	（15）
通信	tōng xìn	（动）	（3）
通信业	tōngxìnyè		（24）
同名	tóngmíng	（动）	（19）
团体	tuántǐ	（名）	（30）
推迟	tuīchí	（动）	（9）

W

歪七扭八	wāiqī-niǔbā		（24）
弯弯曲曲	wānwānqūqū		（17）
完整	wánzhěng	（形）	（12）
晚辈	wǎnbèi	（名）	（18）
万物	wànwù	（名）	（24）
万一	wànyī	（连）	（10）
危害	wēihài	（动）	（25）

微缩	wēisuō	（动）	（30）
围墙	wéiqiáng	（名）	（24）
位置	wèizhì	（名）	（3）
胃部	wèibù		（12）
喂	wèi	（动）	（16）
温柔	wēnróu	（形）	（17）
文静	wénjìng	（形）	（6）
蚊子	wénzi	（名）	（28）
吻	wěn	（动）	（13）
稳重	wěnzhòng	（形）	（6）
窝	wō	（名）	（22）
卧铺	wòpù	（名）	（5）
握手	wò shǒu	（动）	（1）
屋顶	wūdǐng		（17）
无所谓	wúsuǒwèi	（动）	（6）
物质	wùzhì	（名）	（6）

X

下降	xiàjiàng	（动）	（15）
下联	xiàlián	（名）	（21）
嫌	xián	（动）	（6）
县	xiàn	（名）	（20）
县城	xiànchéng	（名）	（20）
现象	xiànxiàng	（名）	（15）
相反	xiāngfǎn	（形）	（3）

相似	xiāngsì	(形)	(6)
香烟	xiāngyān	(名)	(14)
项目	xiàngmù	(名)	(22)
消防车	xiāofángchē		(14)
消费量	xiāofèiliàng		(14)
消费者	xiāofèizhě		(23)
销售	xiāoshòu	(动)	(19)
小气	xiǎoqi	(形)	(11)
小指	xiǎozhǐ	(名)	(3)
笑话	xiàohua	(动)	(5)
效率	xiàolǜ	(名)	(12)
协调	xiétiáo	(形)	(19)
斜	xié	(形)	(17)
写作	xiězuò	(动)	(24)
心甘情愿	xīngān-qíngyuàn		(6)
心跳	xīn tiào	(动)	(10)
心眼儿	xīnyǎnr	(名)	(21)
心意	xīnyì	(名)	(4)
辛辣	xīnlà	(形)	(27)
信任	xìnrèn	(动)	(5)
形状	xíngzhuàng	(名)	(22)
凶	xiōng	(形)	(13)
雄	xióng	(形)	(22)
休闲服	xiūxiánfú	(名)	(26)

修缮	xiūshàn	（动）	（30）
虚拟	xūnǐ	（动）	（24）
酗酒	xùjiǔ	（动）	（6）
学会	xuéhuì	（名）	（22）
学问	xuéwen	（名）	（23）
血液	xuèyè	（名）	（12）
寻找	xúnzhǎo	（动）	（23）

Y

压岁钱	yāsuìqián	（名）	（21）
鸭掌	yāzhǎng		（27）
牙科	yákē		（7）
轧	yà	（动）	（14）
咽	yàn	（动）	（26）
烟民	yānmín	（名）	（14）
严重	yánzhòng	（形）	（13）
沿海	yánhǎi	（名）	（25）
颜值	yánzhí	（名）	（6）
养老	yǎng lǎo	（动）	（24）
依次	yīcì	（副）	（30）
依靠	yīkào	（动）	（6）
仪表	yíbiǎo	（名）	（20）
仪容	yíróng	（名）	（20）
以	yǐ	（介）	（20）
义工	yìgōng	（名）	（25）

议论	yìlùn	（动）	（20）
引导	yǐndǎo	（动）	（25）
饮用水	yǐnyòngshuǐ	（名）	（25）
隐私	yǐnsī	（名）	（2）
英雄	yīngxióng	（名）	（28）
用品	yòngpǐn	（名）	（13）
用途	yòngtú	（名）	（24）
优惠	yōuhuì	（形）	（28）
幽默感	yōumògǎn		（6）
游轮	yóulún	（名）	（10）
游行	yóuxíng	（动）	（30）
友善	yǒushàn	（形）	（17）
雨衣	yǔyī	（名）	（10）
语文	yǔwén	（名）	（9）
预期	yùqī	（动）	（25）
园林	yuánlín	（名）	（30）
远程	yuǎnchéng	（形）	（24）
允许	yǔnxǔ	（动）	（22）
熨	yùn	（动）	（6）

Z

砸	zá	（动）	（9）
攒	zǎn	（动）	（29）
赞助	zànzhù	（动）	（23）
脏	zāng	（形）	（10）

造价	zǎojià	（名）	（29）
择偶	zé'ǒu	（动）	（6）
窄	zhǎi	（形）	（28）
张	zhāng	（动）	（11）
张嘴	zhāng zuǐ	（动）	（2）
招待	zhāodài	（动）	（1）
朝	zhāo		（12）
真心	zhēnxīn	（名）	（4）
诊断	zhěnduàn	（动）	（24）
诊所	zhěnsuǒ	（名）	（7）
睁	zhēng	（动）	（11）
正月	zhēngyuè	（名）	（21）
政策	zhèngcè	（名）	（25）
政府	zhèngfǔ	（名）	（25）
直达	zhídá	（动）	（30）
值钱	zhíqián	（形）	（26）
职位	zhíwèi	（名）	（1）
治理	zhìlǐ	（动）	（25）
智商	zhìshāng	（名）	（13）
中央	zhōngyāng	（名）	（25）
中指	zhōngzhǐ	（名）	（3）
中专	zhōngzhuān	（名）	（12）
忠诚	zhōngchéng	（形）	（22）
中毒	zhòng dú	（动）	（5）

众多	zhòngduō	（形）	（30）
主意	zhúyi	（名）	（14）
主人	zhǔrén	（名）	（1）
注意力	zhùyìlì		（12）
专门	zhuānmén	（副）	（30）
专心	zhuānxīn	（形）	（5）
转化	zhuǎnhuà	（动）	（25）
追踪	zhuīzōng	（动）	（15）
准确	zhǔnquè	（形）	（7）
资源	zīyuán	（名）	（20）
字条	zìtiáo	（名）	（23）
总结	zǒngjié	（动）	（12）
醉	zuì	（动）	（14）
作文	zuòwén	（名）	（9）

专有名词 Proper Nouns

W

王府井大街	Wángfǔjǐng Dàjiē	(30)

X

西单	Xīdān	(30)
西单商场	Xīdān Shāngchǎng	(30)
新东安市场	Xīn Dōng'ān Shìchǎng	(30)

Z

郑州	Zhèngzhōu	(5)
中国美术馆	Zhōngguó Měishùguǎn	(30)
中友百货	Zhōngyǒu Bǎihuò	(30)
周口店北京人遗址	Zhōukǒudiàn Běijīngrén Yízhǐ	(30)

对外汉语本科系列教材

语言技能类　一年级教材

汉语听力教程 第3版

HANYU TINGLI JIAOCHENG

第三册

杨雪梅　编著

学习参考

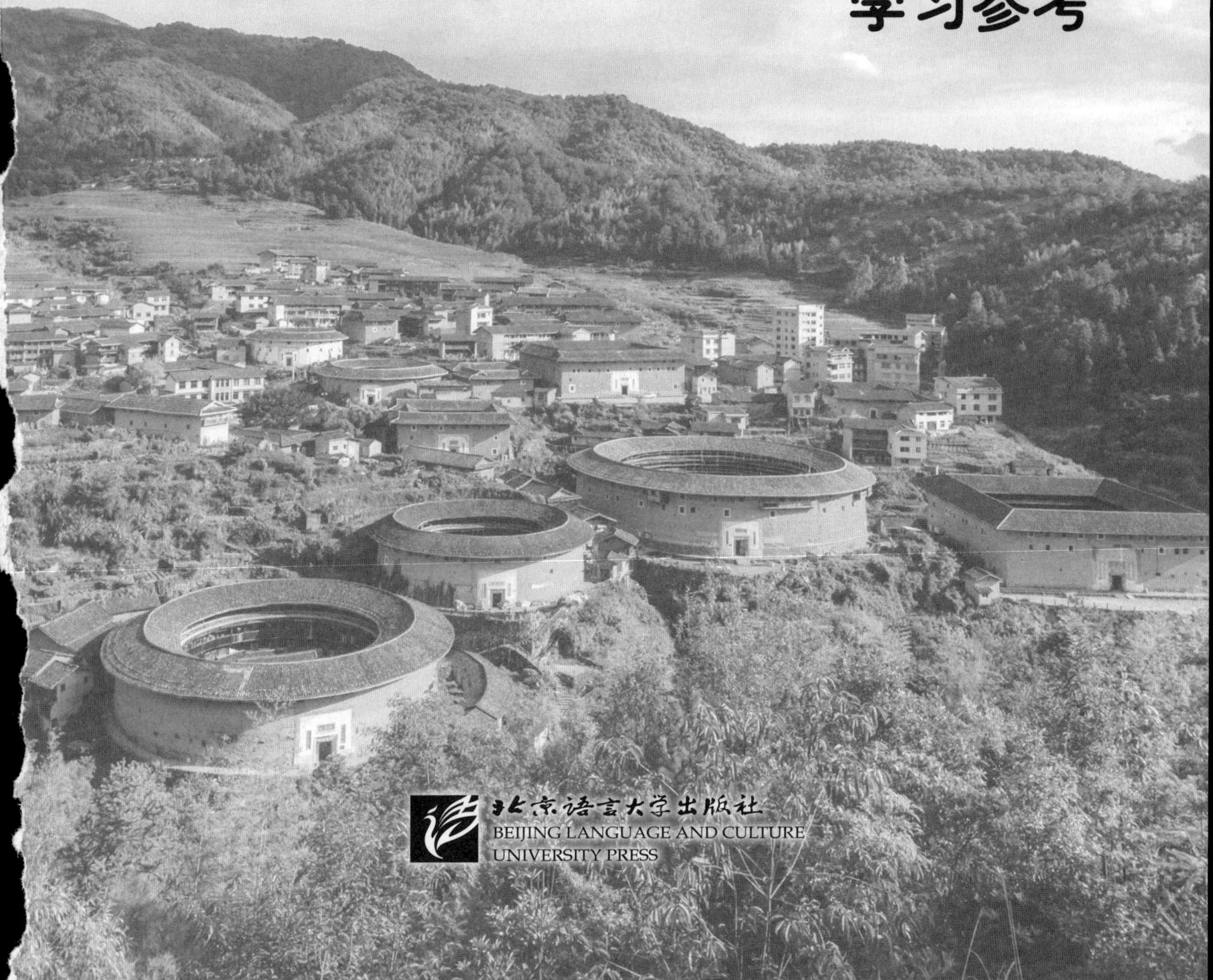

北京语言大学出版社
BEIJING LANGUAGE AND CULTURE UNIVERSITY PRESS

目　录

Lesson 1

第一课 迎来送往

一、听力理解练习 Listening comprehension

一、听录音，选择正确答案

1. 女：哟，果然下雨了，天气预报还挺准的。

   男：可不是嘛！

   问：天气预报大概是怎么说的？ ［D］

2. 男：小王，有事儿联系啊！再见！

   女：好的，小李。再见！

   问：小李是什么意思？ ［B］

3. 男：小王，今天的火车票卖完了，咱们只好买明天的了。

   女：那好吧。

   问：他们原来的打算是什么？ ［A］

4. 女：我看着孩子躺在医院的床上，心里有说不出的难受。

   男：你不要太难过了，孩子会好起来的。

   问：女的是什么意思？ ［C］

5. 女：小李，你要出国了也不告诉我！还想瞒着我啊？

   男：小王，我没想瞒着你，只是想过几天再告诉你。

   问：小王是什么意思？ ［A］

6. 女：这个孩子怎么了？怎么身上有血呀？

   男：他跑着跑着一下子摔倒了。

   问：男的是什么意思？ ［B］

7. 男：小李，小张说他又不想去看电影了，你是不是已经买了票了？
女：是啊！早知道小张不去，我就不给他买票了。
问：从对话中我们可以知道什么？ ［D］

8. 女：最近总是见不到小王，他在忙什么呢？
男：他现在忙着联系工作呢。
问：男的是什么意思？ ［B］

9. 女：哎，小刘，你刚才是去找老王了吗？
男：是啊。小李，刚才我把咱们的意见告诉老王了，他果然不太同意，看来你对他还是挺了解的。
问：从对话中我们可以知道什么？ ［C］

10. 女：小刚这孩子小时候多好呀！现在怎么变成了这样？
男：他今天这种结果多半是因为父母的教育方法造成的。
问：从对话中我们可以知道什么？ ［D］

二、听对话，做练习

迎来送往

人际交往中，常常会有些迎来送往，这时候我们怎么做才会比较得体呢？听听对话中是怎么说的吧。

学生：老师，我有一个问题。您刚才说中国人见面的时候问候别人，除了可以说“你好！”以外，更多的时候是看到别人做什么就问什么。比如看到别人去上课，就可以说“上课去啊？”；看到朋友去食堂，就可以说“吃饭去啊？”。那么，送客人的时候，是不是除了“再见！”，也有别的说法呢？好像只说一句“再见！”，有点儿生硬。

老师：有啊。中国人送客人的时候，有一些基本的礼节。首先，要等客人先站起来，主人才可以站起来，不然，好像急着让客人走似的，同时还要客气一下："再坐一会儿吧，着什么急呢？"，"你难得来一趟，别说走就走啊！"，等等。如果正是吃饭的时间，还要邀请客人一起吃饭，吃了饭再走。要是客人一定要走，那么主人一般把客人送出门口，而且不能马上关上门；不然的话，好像主人不欢迎这位客人。中国人一般是把客人送到尽可能远的地方，送到楼下，直到外边的马路上；如果是重要的客人，甚至会送到车站。告别的时候还要说"慢走，有时间再来玩儿"，等等。

学生：我以前真没注意过这些。

老师：当然，如果是跟你年纪差不多或者比你年轻的朋友，就比较随便一些。你可以只说"我不送了啊，有时间再来玩儿"。

学生：如果我是客人，该说些什么呢？

老师：你说"不用送了""别客气"都可以。

学生：噢，那我以后就知道怎么做了。谢谢老师。

老师：不用谢。

1. 听第一遍录音，判断正误

（1）√ （2）× （3）× （4）√ （5）× （6）×

2. 听第二遍录音，选择正确答案

（1）男的问了什么问题？ ［A］

（2）跟朋友见面的时候，看到朋友要去上班，除了可以说"你好！"以外，还可以说什么？ ［C］

（3）送客人的时候该说什么话，男的知道吗？ ［B］

（4）当客人要走时，主人应该怎样做？ ［D］

（5）“你难得来一趟，别说走就走啊！”这句话什么时候说？ [C]

（6）如果下午6点左右有客人来，中国人一般会怎么做？ [B]

（7）主人把客人送出门后，一般不马上关上门，不然的话会让人觉得怎么样？ [A]

（8）中国人送客人的时候，一般会把客人送到哪儿？ [D]

（9）如果客人是和主人年龄差不多的朋友，主人送客人的时候会怎么样？ [B]

（10）主人送客人的时候，客人可以怎么说？ [C]

3. 听第三遍录音，选择填空

（1）急着 （2）欢迎 （3）直到 （4）重要 （5）随便

4. 模仿对话中提到的方法，练习怎样送客

二、泛听练习 Extensive listening

短文（一）

待客

如果家里来了客人，怎么招待客人呢？招待客人的时候都有什么礼节呢？

中国人一般首先要请客人喝茶。给客人倒茶的时候，不能把茶杯倒满，倒大半杯就可以了。给客人送茶的时候，要一只手端着杯子，一只手扶着杯底，不能用一只手抓着杯口，那样是不想让客人喝的意思。另外还要注意，不要不停地给客人加茶，因为这样做的意思是觉得客人在这儿的时间太长了，应该走了。跟客人聊天儿的时候，也不要总是看表，这也是让客人走的意思。

如果留客人在家里吃饭，可能会喝酒。给客人倒酒的时候，一定要倒得很满才行，"满杯酒，半杯茶"嘛。而给客人盛饭的时候，就不要盛得太满，如果太满，表示不想让客人吃第二碗。要是有鱼，那么鱼头要对着客人，表示尊敬。还有，主人不能很快吃完，让客人一个人在那儿吃，而要陪着客人，主人应该是最后一个吃完的。

根据短文内容，判断下面的做法是否正确

（1）×　（2）×　（3）√　（4）×　（5）√　（6）×　（7）√

短文（二）

握　手

朋友见面，总要握手表示友好。但是握手也有一定的学问。在一般情况下，应该等女士、年龄大的人或职位高的人先伸出手，男士、年龄小的或职位低的人才能伸出手。家里客人来的时候，主人应该先伸出手表示欢迎；而客人走的时候，应该等客人先伸出手，否则有想让客人赶快离开的意思。

跟别人握手，应该摘掉手套，不然很不礼貌。男士与女士握手时应该轻轻地握，这样是表示尊敬。一般情况下，如果不是老朋友见面，最好不要用两只手去握对方的一只手。

跟人握手的时候，一定不要用左手。还有，一定不要跟两个人同时握手。

根据短文内容，判断下面的做法是否正确

（1）√　（2）√　（3）×　（4）×　（5）√

（6）√　（7）×　（8）×　（9）√

Lesson 2

第二课
左邻右舍

一、听力理解练习 Listening comprehension

一、听录音，选择正确答案

1. 男：你怎么老咳嗽啊？是不是感冒了？

   女：谁感冒了？你看你抽得这屋子里都是烟。

   问：下面哪句话是对的？ [B]

2. 女：经理，小王说的没错，这个方法确实不好。

   男：那我们就换一种方法试试。

   问：女的是什么意思？ [A]

3. 男：王阿姨，您的身体比我妈可好多了！

   女：要不是我每天坚持锻炼，身体能有这么好吗？让你妈也每天出来锻炼锻炼！

   问：关于王阿姨，下面哪句话是对的？ [D]

4. 女：小王，你帮了我这么大忙，我真不知道说什么才好！

   男：不用这么客气。

   问：女的是什么心情？ [B]

5. 男：小李，你父亲的病现在怎么样了？

   女：住了三个月的医院，又吃了半年的药，现在慢慢好起来了。

   问：从对话中我们可以知道什么？ [C]

6. 女：小王，你知道吗？钢琴家郎朗最近要在北京和上海分别举行两场音乐会。

男：是吗？那我们赶快去买票吧。

问：钢琴家郎朗最近要举行几场音乐会？　[B]

7. 女：老王，昨天跟你的老同学见面怎么样？还能认出来吧？

男：当然，我跟这个老同学快二十年没见面了，但他几乎没多大变化。

问：老王觉得他这个老同学怎么样？　[B]

8. 女：小李，小王是不是比你高一点儿呀？

男：我和小王身高差不了多少，不过他瘦一些，所以看起来比我高。

问：下面哪句话是对的？　[D]

9. 男：今天上班我又迟到了。

女：如今的交通也太拥挤了，骑自行车半个小时的路，开车能走一个小时，所以说，以后我有了钱也不买汽车。

问：女的是什么意思？　[A]

10. 刚才看见小红在看信，我问她："妈妈给你来信了？"她没说话。我问是不是她同学的，她还是不说话。我又问："是不是'他'的呀？"小红的脸一下子红了。

问：这封信可能是谁给小红的？　[D]

二、听对话，做练习

左邻右舍

一个月前，老周一家从原来的胡同搬到了现在的楼房。本来这是一件值得高兴的事儿，可是老周的妻子却由此生出了很多烦恼。请听录音。

女：搬到这儿一个多月了，总觉得有点儿不习惯，好像少了点儿什么。

男：我知道，你爱热闹。以前住四合院的时候，一个院子里住着好几家人，大家一天不知道见多少次面，对别人家的事儿比对自己家的事儿还清楚呢。下了班，大家聊聊天儿，说说自己遇到的新鲜事儿，觉得在一起很轻松。现在住楼房呢，虽然邻居也不比以前少，咱们这个单元里就有二十来户，可是每家的门都关着，别说聊天儿了，就连邻居的面也很少见，所以你就觉得不习惯了，对不对？

女：还是你了解我。从前住四合院的时候，总想着什么时候能住上楼房，面积可以大一点儿。现在住上楼房了，又觉得以前住平房的日子挺好的。那时候跟邻居关系多好啊！谁家有点儿事儿，不用张嘴，大家就过来帮忙，"远亲不如近邻"嘛。以前张大爷、李大妈他们可没少帮咱们看孩子、买菜什么的。以后恐怕没有这么好的邻居啦！

男：以前的邻居确实不错。不过我有时候想，可能那种关系也太亲密了，都没有一点儿隐私。住楼房也没什么不好。我觉得最好的邻居不是那种总是来关心帮助你的人，而是那种平时不过问你的事儿，你需要帮助的时候才热心帮助你的人。

1. 听第一遍录音，判断正误

（1）√　（2）√　（3）×　（4）×　（5）√

2. 听第二遍录音，把左右两栏中的相关内容用线连起来

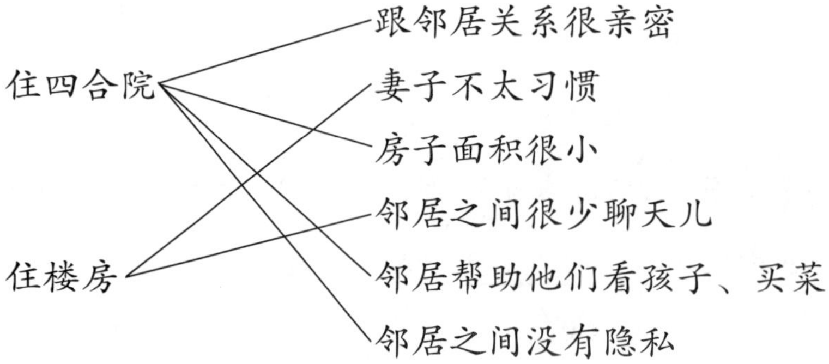

3. 选择对下面各句话的正确理解

（1）“一天不知道见多少次面。”这句话是什么意思？ ［C］

（2）“对别人家的事儿比对自己家的事儿还清楚呢。”这句话是什么意思？ ［A］

（3）“现在住楼房呢，虽然邻居也不比以前少……”这句话是什么意思？ ［D］

（4）“别说聊天儿了，就连邻居的面也很少见。”这句话是什么意思？ ［B］

（5）“从前住四合院的时候，总想着什么时候能住上楼房，面积可以大一点儿。”从这句话中我们可以知道什么？ ［B］

（6）“谁家有点儿事儿，不用张嘴，大家就过来帮忙。”这句话是什么意思？ ［D］

（7）“以前张大爷、李大妈他们可没少帮咱们看孩子、买菜什么的。”这句话是什么意思？ ［C］

（8）“以后恐怕没有这么好的邻居啦！”这句话是什么意思？ ［A］

（9）“我觉得最好的邻居不是那种总是来关心帮助你的人，而是那种平时不过问你的事儿，你需要帮助的时候才热心帮助你的人。”根据这句话，我们可以知道，最好的邻居是什么样的？ ［D］

4. 听第三遍录音，回答问题

（1）住四合院有什么好处？有什么不好的地方？

（2）住楼房有什么好处？有什么不好的地方？

（3）你喜欢住平房还是住楼房？为什么？

二、泛听练习 Extensive listening

短文（一）

我的几家邻居

我对门儿的这家邻居姓李，一家三口。丈夫做什么工作不太清楚，每天都是开着一辆红色的小汽车，很早就出门，晚上总是 11 点以后才回家，很神秘的样子。妻子是大夫，她家门口总是有一种气味，就像医院里经常闻到的那种。儿子小名叫涛涛，大概有八九岁的样子，每次见到人都很有礼貌地叫声“叔叔好”“阿姨好”，很招人喜爱。

楼下那家住着母女二人。母亲姓齐，离婚后自己带着女儿生活。女儿在上幼儿园，每天都打扮得漂漂亮亮的，蹦蹦跳跳，无忧无虑、天真无邪的样子。而母亲脸色不好，一看就知道是因为营养不好，身上穿的也总是那两件旧衣服。

楼上住的是一位老人，姓季。据说是很有名的大学教授。以前有一套很大的房子，但自从老伴儿死了以后，老教授说什么也不住在那套房子里了，就换到了现在这套小了很多的房子里。老教授很少下楼，除了有一个小保姆每天定时给他做做家务以外，差不多听不到楼上有什么声音。

根据录音，把三个栏目中的相关内容用线连起来

对门儿
楼下
楼上

季家
齐家
李家

孩子对人很有礼貌
家里很安静
母亲身体好像不太健康
妻子在医院工作
孩子打扮得很漂亮
丈夫每天早出晚归
爱人去世了

短文（二）

他们的家

听下面三段录音，判断正误

1. 我的家在农村，那儿风景美极了。我们家后边不远就是一座山，山上种着很多树，整个山都是绿色的。我们家的东边有一条小河，河的对面是另外一个村子，那个村子里有一所小学，我小时候就在那儿上学。

2. 我是来北京打工的。租了一间不到十平米的房子，租金还算便宜，因为周围的环境不好。房子在一个饭馆的后边，而且跟饭馆的厨房挨着，那边做饭的声音，我听得清清楚楚。一直到晚上十二点以后才能稍微安静一点儿，我也就只能每天十二点以后休息。白天也不敢多睡，七点多我就得去上班啊。而且，饭馆前边就是马路，白天汽车的声音吵得我根本不能睡觉。

3. 我姓钱，在这个四合院里住了二十多年了。我住的是北边的三个房间。我跟妻子还有儿子住在一起。东边房里原来住的是老王一家，两年前，老王到国外跟大儿子一起生活了，现在房子是王家的二儿子住着。西边的房子是老刘的，前几年，老刘在别的地方买了楼房，这儿的房子就出租了，现在是小李一家住着。南边的房子是老马家，也是三个房间。一年多以前，房子后边新修了一条马路，他们就把靠东边的两个房间改成了一个小商店，老两口挤在西边的一间房子里。

1.（1）×　（2）√　（3）√　（4）×

2.（1）√　（2）√　（3）×　（4）×

3.（1）×　（2）√　（3）×　（4）×　（5）×

Lesson 3

第三课
跟中国不一样

一、听力理解练习 Listening comprehension

一、听录音，选择正确答案

1. 女：来北京好几个月了，北京的名胜古迹我还一个也没去过呢。

   男：那我明天就带你去玩儿。

   问：女的是什么意思？ [C]

2. 女：刚才我推开办公室的门一看，满屋子都是人。

   男：他们好像在开会吧。

   问：女的是什么意思？ [A]

3. 女：今天小王还会不会来呀？

   男：已经这么晚了，他怕是不来了。

   问：句子中的“怕”是什么意思？ [D]

4. 男：小王，你的这位大学同学现在怎么样？

   女：我也不太清楚。大学毕业以后，我就再也没见过他。

   问：女的的意思是，她大学毕业以后怎么样？ [C]

5. 男：小王，小李对我们这个决定是不是不太满意呀？

   女：他哪能不满意呢？他高兴着呢！

   问：女的是什么意思？ [B]

6. 女：这件事儿你打个电话告诉小王不就行了吗？

   男：打电话不好，想来想去，我还是亲自去一趟吧。

   问：从对话中我们可以知道什么？ [D]

7. 女：哎，师傅，同样的衣服，怎么你这儿比旁边那家商店贵这么多啊？

男：小姐，他们店里那是什么东西啊？

问：男的是什么意思？ [A]

8. 男：师傅，到北京大学还有几站啊？

女：北京大学？您坐错了，这是去动物园方向的。您下一站下车吧，到马路对面去坐车。

问：他们现在大概在哪儿？ [C]

9. 女：小王，现在是大学四年级了吧？赶快找工作吧，临毕业的时候再找工作可就来不及了。

男：是，我想下个星期就开始找工作。

问：女的是什么意思？ [B]

10. 男：小王，咱们去喝杯咖啡怎么样？

女：不行，不行。到了晚上，别说咖啡了，就是茶，我也不能喝了。

问：小王是什么意思？ [C]

二、听对话，做练习

跟中国不一样

你来中国多长时间了？在这段时间里有没有发现中国跟你们国家有什么不同？你听，乔治就发现了很多不同的地方。

乔治：小李，我来中国这么长时间了，发现中国跟我们英国有很多地方不同。

小李：你说说看。

乔治：就说名字吧，你们的名字是姓在前，名在后，跟我们国家正相反。

小李：对。中国人总是按从大到小的顺序说。比如日期，我们是先说年，然后是月、日；介绍自己的时候，常常先说自己是哪个单位或哪个学校的，然后再说自己的名字；还有，写通信地址的时候，顺序也是先写国家、城市、区、街道、房号，最后才是名字。

乔治：对，这跟我们国家也不一样。不过送信的时候，我觉得还是中国人通信地址的写法更方便。

小李：对，我也是这么认为的。

乔治：还有，中国人的年龄我觉得很难猜。有一次，看到一个中国人，我觉得他也就是三十多岁，可是他说他的儿子都已经结婚了。这样的话，他应该是五十岁左右。

小李：你知道吗？中国人也觉得外国人的年龄很难猜呢。常常是外国人把中国人的年龄猜小了，而中国人呢，常常把外国人的年龄猜大了。我想这可能跟胡子有关系。

乔治：这有什么关系呢？

小李：除了老人，一般的中国男人很少留胡子；西方人呢，年轻人留胡子的不少。这样一来，外国人就会觉得中国人比他们的实际年龄小，中国人觉得外国人要比他们的实际年龄大。

乔治：这样说来，可能也有这方面的原因。

1. 听第一遍录音，判断正误

（1）×　（2）×　（3）√　（4）√　（5）×　（6）√　（7）√

2. 听第二遍录音，选择正确答案

（1）如果一个中国人和一个英国人的名字分别是林达和乔治·布朗，他们的姓分别是什么？ ［B］

（2）中国人写通信地址的顺序是什么？ ［A］

（3）对话中没有谈到两个国家的哪一点不同？ [D]

（4）一个五十岁左右的中国人，英国人可能会以为他的年龄是多少？ [C]

（5）一个五十岁左右的英国人，中国人可能会以为他的年龄是多少？ [D]

3. 听第三遍录音，按中国人的习惯说一说

（1）今天的日期

（2）自我介绍

（3）你现在的通信地址

4. 根据录音内容说一说：中国和英国有哪些不同？中国跟你们国家呢？

二、泛听练习 Extensive listening

短文（一）

安排座位的学问

不知道你注意到没有，请客人吃饭的时候，对座位的安排，中国和西方有很大的不同。

中国人习惯用圆桌，请朋友来家里吃饭的时候，男女主人一般坐在一起。最重要的位置是正门对面的座位，当然给最重要的客人坐，重要的女客人坐在她丈夫的右边。而在西方国家一般用长方桌，男主人和女主人分别坐在桌子的两端。最重要的位置是男主人右边的座位和女主人右边的座位，最重要的男客人坐在女主人右边的座位，最重要的女客人坐在男主人的右边。

总之，中国夫妇一般坐在一起，西方国家却是把夫妇分开；西方

国家尽量不让两名男子或两名女子坐在一起，中国人却尽量让男的坐在一起，女的坐在一起。

听录音，判断正误

（1）√ （2）× （3）√ （4）× （5）× （6）×

短文（二）

手的语言

人们在谈话的时候，常常会有各种各样的身体动作，如脸上的表情、眼睛的动作、肩膀的动作、胳膊及手的动作等等，尤其是手的动作最多，而且也最生动。如果你仔细观察一下中国人谈话时手的动作，也许会发现和你们有很多不同。

首先，中国人表示数字从0到10的方法，特别是6到10的方法，也许有些特别，中国人完全可以用一只手表示出来。如中国人一般伸出拇指和小指，表示"6"；把拇指、食指和中指捏在一起，表示"7"；"8"的表示方法是伸出拇指和食指，好像汉字"八"的写法；"9"是把食指勾起来；"10"，或者是握紧拳头，或者是伸开五个手指，然后翻动一次手掌。

再比如，中国人招呼别人过来的时候，是手掌向下朝自己的方向挥动；表示自己的时候是用食指指着自己的鼻子；提醒别人注意看的时候，是先指指自己的眼睛，然后指指要注意的东西；别人给自己倒茶倒酒的时候呢，中国人习惯用手掌侧放在杯子的一侧，有时还用食指和中指在桌子上轻轻地敲几下，表示感谢，等等。所有这些，是不是和你们国家有所不同呢？

你来做一做：下边的情况用手怎么表示？

（1）用一只手表示数字 6 到 10。

（2）让别人过来。

（3）表示“自己”。

（4）提醒你的同桌注意看黑板。

（5）别人给你倒茶，你表示感谢。

Lesson 4

第四课 送什么礼物好

一、听力理解练习 Listening comprehension

一、听录音，选择正确答案

1. 男：又下起雨来了。今年还从没有下过这么大的雨呢！

女：是啊，一会儿下班又麻烦了。

问：从对话中我们可以知道什么？ [B]

2. 男：我听你说话，感觉你好像对上海很了解啊！

女：对呀，我曾经在那儿生活过四年呢！

问：从对话中我们可以知道什么？ [A]

3. 女：哎，你看这条裙子怎么样？

男：算了吧，这种长裙子适合个子高的人穿。

问：男的是什么意思？ [D]

4. 男：今天的晚会小李会不会来呢？

女：她呀，只有你去请她，她才会来；别人请她，她可不一定来。

问：女的是什么意思？ [C]

5. 女：张叔叔，您给我看看病吧。

男：看病？你爸爸不就是大夫吗？让他给你看。

女：我不想吃西药，所以想看中医。

问：从对话中我们可以知道什么？ [A]

6. 男：小姐，我看你肯定是学医的！

女：咦，你怎么知道的？

问：从对话中我们可以知道什么？　［B］

7. 女：爸爸，看！这是我的成绩单。

男：你看，我说得没错吧？你挺聪明的，只要努力，就能得到这样的好成绩。

问：下面哪句话不对？　［D］

8. 女：这些年中国的经济发展这么快，人民的生活水平也有了很大的提高，在30年以前，这种生活简直连想都不敢想啊。

男：是啊，跟30年以前比，变化太大了！

问：女的是什么意思？　［B］

9. 男：现在我妈妈一个人生活，很寂寞，所以我每天只要有时间就会去看看她，讲些有意思的事儿让她高兴高兴。

女：是啊，对老人来说，心情愉快比什么都重要。

问：女的是什么意思？　［C］

10. 女：老王，怎么样？找到工作了吗？

男：去了好几家公司，人家都是先问年龄，然后就摇头。现在谁还对四十多岁的人感兴趣啊！

问：从对话中我们可以知道什么？　［D］

二、听对话，做练习

送什么礼物好

好朋友要结婚了，送什么东西做礼物呢？请听下面的对话。

女：哎，今天小刘告诉我，他和王兰10月1号结婚，请咱们全家去喝喜酒呢。咱们总不能空手去吧？

男：那当然了。

女：可是我觉得给别人买个合适的礼物很难，不知道别人喜欢什么。

男：要我说啊，什么都不用买，送红包不就挺好的吗？拿到钱，人家想买什么就买什么，多合适啊！你买礼物，说不定人家还不喜欢呢。

女：话是这么说，可是送钱没有什么纪念意义吧？应该送一个既有用又有纪念意义的礼物。

男：你说咱们到电视台给他们点一首歌，怎么样？

女：好是好，不过，点歌要提前半个月，现在来不及了。

男：要不，把家里那套“夫妻茶杯”送给他们，做结婚礼物正合适。两个杯子就像夫妻俩，既可以用来喝茶，又有纪念意义。

女：“夫妻茶杯”？那可是你从国外带回来的，咱们自己都舍不得用呢！

男：既然是真心送别人礼物，当然就要送自己最喜欢的东西了。

女：好吧，听你的。

1. 听第一遍录音，判断正误

（1）√ （2）× （3）√ （4）× （5）√

2. 听第二遍录音，连线：他们在谈话中都提到了送哪些东西？在左边一栏中选出来，并与右边一栏相关的内容连起来

（√）钱	既有用又有纪念意义
包	提前半个月
电视	没有纪念意义
（√）点歌	人家想买什么就买什么
茶	就像夫妻俩
（√）茶杯	自己都舍不得用

3. 根据录音内容选择正确答案

（1）他们的朋友什么时候结婚？ ［B］

（2）“请咱们全家去喝喜酒呢。”这句话是什么意思？ ［C］

（3）“咱们总不能空手去吧？”这句话是什么意思？ ［A］

（4）如果想给小刘和王兰点歌的话，应该什么时候点？ ［B］

（5）他们最后决定送“夫妻茶杯”，是因为什么？ ［D］

（6）妻子说：“‘夫妻茶杯’？那可是你从国外带回来的，咱们自己都舍不得用呢！”她是什么意思？ ［A］

（7）妻子最后说“好吧，听你的。”是什么意思？ ［C］

4. 听第三遍录音，填空

（1）要我说啊　（2）说不定　（3）话是这么说

（4）好是好　（5）要不

二、泛听练习　Extensive listening

短文（一）

大学校园里的社交

大学校园是一个小社会，在这个小社会里也需要社交。不过，跟外面的大社会有一些不同。比如送礼物，在外面的大社会，人们大多送一些有实用价值的东西；而校园内一般是送精神礼物。

第一是送书或者学习用品。这是校园内最普遍、也最有历史传统的交际方式。一本书或者一个学习用品往往成为祝贺朋友生日、毕业的礼物。同学们认为送书或学习用品既高雅又有实用价值，而且还有纪念意义。

第二是送鲜花。一些年轻人很喜欢这种方式。几乎在每一所大学校园的周围，都有不少鲜花店，大学生们在这里选择合适的花，送给自己的朋友。

第三是电话、微信问候。现在大学生每个人都有手机，而且打电话、发微信比写信更直接、更及时。一声亲切的问候，通过电话传送给对方，这是书信做不到的。

第四是开晚会。每到重要的日子，同学朋友们聚在一起，有条件的开一个晚会，没条件的去舞厅、卡拉 OK 厅。大家又开心，又增加了了解，这也是校园内一种重要的交朋友的方式。

听录音，回答问题

（1）在大学校园内，同学之间送礼物跟社会上有什么不同？

（2）录音中谈到了哪几种送礼物的方式？对每种方式都有哪些评论？

短文（二）

怎样送礼物

中国人去朋友家做客，空手去总是不好意思的，多少总要带着点儿礼物。可是礼物送给谁，送什么，这些都要好好儿考虑。

礼物当然可以送给朋友本人。如果朋友家里有老人或者孩子，那么给他们送礼物也是一样的。因为在中国家庭中，老人和孩子是应该特别关心的，给老人买点儿吃的，或者给孩子买点儿吃的、穿的、玩儿的，都可以。

当然，你也可以送给这家的女主人。如果你送一份很独特的礼物给女主人，朋友也会很高兴；但是如果你是男性，跟你朋友的年龄差不多，最好不要只送朋友的妻子礼物。要是想不出什么特别的礼物，买点儿新鲜的水果也是不错的。

送礼物不一定要花很多钱，重要的是你的心意。

听录音，回答问题

（1）去中国朋友家做客，可以给谁准备礼物？准备什么样的礼物？

（2）给女主人送礼物的时候，要注意什么问题？

Lesson 5

第五课
谢谢你的“生日”

一、听力理解练习 Listening comprehension

一、听录音，选择正确答案

1. 男：小王，寒假有什么安排？
   女：我想和王丽去旅行，至于去什么地方……
   问：小王后面的话可能是什么？ [B]

2. 男：听说小张来北京了，他没准儿今天会跟你联系。
   女：是吗？你听谁说的？
   问：男的是什么意思？ [C]

3. 男：咱们家这个孩子呀，不比他们班任何人笨，就是学习不努力。
   女：别着急，咱们孩子还小呢。
   问：男的认为他们家的孩子怎么样？ [A]

4. 女：你发现了吗？小李最近总是爱跟人家吹牛，这些骗人的话，小李以前是怎么也说不出来的。
   男：唉，人是会变的嘛！
   问：女的觉得小李从前怎么样？ [B]

5. 男：你们办公室那个姓王的好像对人很冷漠。
   女：她这个人，看样子很冷漠，其实跟她打过交道以后你就会知道，她对人挺热情的。
   问：“冷漠”这个词是什么意思？ [D]

6. 男：现在都春天了，冬天的衣服该收起来了。

女：好啊，穿得着的衣服放在衣柜里，穿不着的放在衣柜上边的箱子里吧。

问：箱子里放什么衣服？ [C]

7. 男：小李，你办事总是这么犹犹豫豫的，什么时候你才能干脆一点儿呢？

女：我哪里犹豫啦！

问：“干脆”这个词是什么意思？ [B]

8. 女：今天下午不上课了？黑板上怎么也不写个通知啊？

男：写了，没准儿让谁擦了。

问：下面哪句话是对的？ [A]

9. 女：老王，我看你还是先不要去武汉了。这几天武汉的温度有三十七八度，再说你身体又不好，生了病可怎么办呢？

男：我身体没有问题，你放心吧。

问：女的说这些话的目的是什么？ [D]

10. 经理，您让我出差，我当然应该去。可是您看，我爱人最近不在家，我每天要接送孩子上学。我要是出差，孩子怎么办呢？您看能不能——

问：说话人是什么意思？ [B]

二、听短文，做练习

谢谢你的“生日”

当我们遇到困难时，一位陌生人默默地伸出了一双援助的手，这时我们心里除了感激，还是感激。请听这个发生在火车上的故事。

那年暑假我回家，火车过了郑州车站不久，我就发现钱包没了。

我找遍了周围的每一个地方，都没有。这样一来，在火车上的两天时间里我就没钱买吃的了，但是我并没有告诉别人。

我对面的那个男人是刚从郑州上车的，穿着很随便，上车以后就专心地看他手里的一份杂志。

车到西安的时候，我已经非常饿了，好在我身上还有几块糖，于是我就一块接一块地吃了起来。最后一块糖吃完了，我的胃开始疼起来，于是我就不停地喝水。邻座的一位大姐递给我一个苹果，说："小伙子，别太节省了，吃点儿水果吧。"不知道为什么，我没有要她的苹果，其实我心里别提有多想吃了。

夜里我睡着了，等我醒来，发现小桌子上放着四瓶啤酒、一只烤鸭。对面的男人对我笑了笑说："我很少喝酒，不过生日例外。来，陪我喝瓶啤酒。"说着就把一瓶啤酒递到我手里。我想了想，说："谢谢你的生日，谢谢你的生日。"

两瓶啤酒、半只烤鸭，我吃得饱饱的。过了没有多久，对面的男人就到了下车的地方。他整理好行李，把他的那本杂志递给我，说："你到家的路还很长，留给你慢慢看吧，别弄丢了。"然后就下了车。

想着刚才的事和他下车前的话，我突然想到，他的"生日"会不会是他故意安排的？而且……我急忙翻开手里的杂志，果然，那里面夹着一张一百元的钞票。

1. 听第一遍录音，判断正误

（1）√ （2）× （3）× （4）× （5）√

2. 听第二遍录音，把下面的话按故事发生的顺序排列起来

（6）对面的男人快下车了，交给他一本杂志。

（2）他一块接一块地吃糖。

（1）他发现钱包没有了。

（5）桌子上放着四瓶啤酒、一只烤鸭。对面的男人拿了一瓶啤酒给他。

（3）他不停地喝水。

（7）他打开杂志，发现里面夹着一张一百元的钞票。

（4）邻座的女人送给他一个苹果，他没有要。

3. 根据录音内容选择正确答案

（1）“我找遍了周围的每一个地方，都没有。”这句话是什么意思？ [A]

（2）“好在我身上还有几块糖，于是我就一块接一块地吃了起来。”这句话是什么意思？ [D]

（3）邻座的大姐为什么送给他一个苹果？ [B]

（4）“其实我心里别提有多想吃了。”这句话是什么意思？ [A]

（5）“我很少喝酒，不过生日例外。”这句话是什么意思？ [C]

（6）他在火车上吃了什么？ [D]

（7）“过了没有多久，对面的男人就到了下车的地方。”这句话中“过了没有多久”是什么意思？ [A]

（8）对面的男人下车时给他一本杂志，是因为什么？ [C]

4. 听第三遍录音，简单讲一讲这个故事

二、泛听练习 Extensive listening

短文（一）

一个红苹果

一个秋天的夜晚，我坐上了从广州开往上海的第 28 次列车。

我躺在卧铺上看杂志，听到一个温柔的声音："小姑娘，喜欢吃这个吗？"我一看，原来是对面卧铺上的那个中年妇女，手里正拿着一个红苹果对我说话。我笑笑，摇摇头。但她还是把苹果放在我的枕头旁边，我只好说声"谢谢"。

到了晚上，我拿起那个红苹果，那是一个很大很漂亮的苹果。她不认识我，为什么送给我呢？我开始警惕起来，脑子里出现了小时候听过的故事：白雪公主吃了陌生人送的苹果，结果中了毒……我把苹果放下，打算明天早上还给她。

第二天，当我醒来时，发现对面的卧铺已经空了，苹果还在我的枕头旁边，下面还压着一张纸条："小姑娘，你好！这个苹果是我到广州开会的时候，一位朋友送给我女儿的，可我女儿在北京上大学。昨天一见到你，就觉得你很像我的女儿，一样留着长发，一样长着大眼睛，一样穿着牛仔裤，一样喜欢躺着看书，于是我猜想，你也和我女儿一样喜欢吃苹果……"

我很不好意思，她把我想象得同她女儿一样可爱，我却没有把她想象得像母亲那样可以信任。

苹果送到嘴边的时候，我感到自己得到的不仅仅是一个苹果。

听录音，回答问题

（1）故事发生在什么地方？

（2）那位中年妇女给了她什么？她开始为什么没有吃？

（3）那位中年妇女给她的东西原来是那位妇女的朋友送给谁的？

（4）那位中年妇女的女儿长什么样？

（5）听了这个故事，你有什么想法？

短文（二）

举 手

小时候在学校的课堂上，老师问问题的时候，无论我会不会回答，都会举手。这样做了很多次，老师都没有问到我。可是后来有一天，老师叫我起来回答问题的时候，我却回答不上来，周围的同学都在偷偷地笑话我。

下课以后，老师找到我，问我为什么要这样做。我说，如果老师问问题的时候我不举手，同学们会以为我不会，说我笨。于是老师就和我约好：我真会的时候，就高高地举起我的左手；不会的时候，就举起我的右手。从那以后，每当我举起左手的时候，老师总是尽量让我回答问题。慢慢地，我越来越多地举起我的左手，而且也能越来越好地回答老师的问题，我也从一个被别人笑话的学生变成了一个好学生。

听录音，回答问题

（1）每次老师问问题的时候，他会怎么做？他为什么要这样做？

（2）周围的同学为什么偷偷地笑话他？

（3）老师和他约好了什么事？你觉得老师为什么要这样做？

（4）他怎么从一个被别人笑话的学生变成了一个好学生？

Lesson 6

第六课 谈婚论嫁

一、听力理解练习 Listening comprehension

一、听录音，选择正确答案

1. 女：我看咱们学校一有舞会，小王肯定去，他好像很喜欢跳舞。

   男：其实他对跳舞并没有什么兴趣，他感兴趣的是跟谁一起跳。

   问：从对话中我们可以知道什么？ ［C］

2. 女：山田，回国以后也要多说汉语啊。不然的话很容易忘记，那在中国的这一年就白学了。

   男：放心吧，老师。

   问：从对话中我们可以知道什么？ ［A］

3. 女：我们班要组织去旅游，你说我去不去呢？

   男：班里的活动怎么能不参加呢？去吧，别再犹豫了。

   问：男的让女的做什么？ ［B］

4. 女：昨天你们宿舍怎么了？

   男：别提了，昨天晚上小王和小李竟然吵起架来了，怎么劝都不行。

   问：男的是什么意思？ ［D］

5. 男：我本来对这次考试是很有信心的，不料却是这种结果。

   女：这次考试确实挺难的，我考得也不好。

   问：男的是什么意思？ ［B］

6. 男：你怎么了？好像没有什么精神呀！

女：昨天晚上不知道怎么了，孩子一个劲儿地哭，弄得我也没休息好。

问：昨天晚上她的孩子怎么了？　［C］

7. 女：你看，这个红叶漂亮吧？这可是北京香山的红叶呢！

男：这有什么新鲜的？我们那儿有的是。

问：男的是什么意思？　［B］

8. 女：爸爸，您把帽子摘下来吧，要不照出来的相片脸是黑的。

男：都没有头发了，摘下来更难看。

问：他们在做什么？　［A］

9. 女：真奇怪，刚才那个人像熟人一样跟我打招呼，可我不认识他呀！

男：是吗？我怎么没注意？

问：女的说的那个人是什么人？　［D］

10. 女：这次出国的机会这么难得，你还是去吧。

男：爸爸现在离不开我照顾，今年的机会错过了没关系，以后还会有。再说爸爸生病了，我更不能离开，我要尽到做儿子的责任。

问：从对话中我们可以知道什么？　［B］

二、听对话，做练习

谈婚论嫁

在当代都市中，生活着一批已经过了法定的结婚年龄，但仍然没有成家的未婚青年。他们对婚姻和家庭抱着什么样的态度呢？请听记者的采访录音。

首先，记者采访了三位女士。

女$_1$：我姓叶，是公司职员。我现在还没有结婚的打算，因为学习很忙，我在读MBA。和父母不在一个城市，有时就觉得寂寞。这种时候，我也会有结婚的想法，但很快就过去了，因为我有太多的事要做。再说，我不能因为寂寞就去结婚啊。

女$_2$：我叫聂丽，是记者。我在北京已经工作两年了，工作稳定以后就开始考虑结婚的事了，因为我觉得单身的生活太不稳定了。可是一直没有遇到合适的，总感到找一个合适的人太难了。身边的男孩子，因为太熟悉了，所以对他们没有感觉；而别人介绍的呢，又觉得太陌生了。

女$_3$：我姓列，在外企工作。我现在对结婚的事越来越小心。我已经谈了十多个男朋友了，但没有一个成的。从去年到现在，我看到不少朋友都离婚了，所以我对结婚有点儿害怕。

然后，记者又采访了三位男士。

男$_1$：我是李华，在机场工作。我觉得婚姻是一种可有可无的东西。另外我对现在的女孩子不太理解，她们对物质的要求很高，跟她们很难有共同语言。

男$_2$：我姓黎，在剧场工作。我很想结婚，在街上看见别人一家三口高高兴兴的，这时候我就想，我要是有个家该多好啊！但是没有钱，没有房子，怎么结婚呢？不过我现在不着急，我觉得男的应该35岁以后结婚，那时候各方面条件成熟了，人也成熟了。

男$_3$：我叫立华，是中学老师。我现在比以前更想结婚了，因为年龄大了，需要结婚了。

1. 听第一遍录音，判断正误

（1）√　（2）×　（3）×　（4）√　（5）√

（6）×　（7）√　（8）×　（9）×　（10）×

2. 听第二遍录音，把三栏中的相关内容用线连起来

①——Ⓓ——ⓓ　②——Ⓕ——ⓔ　③——Ⓑ——ⓕ

④——Ⓔ——ⓐ　⑤——Ⓐ——ⓑ　⑥——Ⓒ——ⓒ

3. 选择对下面各句话的正确理解

（1）“我也会有结婚的想法，但很快就过去了。”这句话是什么意思？ [D]

（2）“身边的男孩子，因为太熟悉了，所以对他们没有感觉。”这句话是什么意思？ [B]

（3）“我已经谈了十多个男朋友了，但没有一个成的。”这句话中“没有一个成的”是什么意思？ [A]

（4）“我觉得婚姻是一种可有可无的东西。”这句话是什么意思？ [C]

（5）“没有钱，没有房子，怎么结婚呢？”这句话是什么意思？ [A]

（6）“我现在比以前更想结婚了。”这句话是什么意思？ [D]

4. 听第三遍录音，用所给的词语回答问题

（1）叶小姐现在有没有结婚的打算？为什么？

（2）聂小姐想结婚吗？为什么她现在还没结婚？

（3）列小姐对结婚是什么态度？

（4）李华先生对结婚是什么态度？

（5）黎先生想结婚吗？他为什么现在还没有结婚呢？

（6）立华先生想结婚吗？为什么？

二、泛听练习 Extensive listening

对话

我心中的他（她）

刘　英：我叫刘英。因为我是研究生毕业，所以我希望对方是硕士毕业或是博士毕业，我觉得这是最重要的。另外，我身高一米六七，那他最少要在一米七五以上吧。当然，他还要懂生活、爱家庭。我自己业余时间喜欢旅游和做饭。我自己觉得我是一个比较可爱的、文静的女孩儿。

安　静：我叫安静。我选择伴侣首先要考虑的是他这个人怎么样，也就是说人品好不好；再就是他的职业。至于学历，我觉得无所谓，但也不要低于大学毕业。跟别的女孩儿比，我可能比较独立，我希望他也是一个独立、稳重的男人。

陆大勇：我姓陆，叫陆大勇。我很喜欢运动。我选择对象，要先看她是不是很健康，这是最重要的。还有就是她的家庭环境，我的看法是家庭环境相似的人，比较容易互相了解。我觉得理想中的她应该是健康、善良、漂亮的女人。

时　超：我叫时超，“时间”的“时”，“超过”的“超”。首先，我觉得颜值很重要，我希望她是个漂亮的女孩儿。当然，共同语言也很重要，所以，我希望我们能有一些共同的兴趣、爱好。我平时喜欢音乐和下棋，也喜欢跟朋友一起去郊游。我自己认为我应该算是个可以依靠的男人。

听录音，填表

问题	姓名			
	刘英	安静	陆大勇	时超
最重视对方哪一项	学历	人品	健康	颜值
对对方的要求	身高 1.75 米以上	独立、稳重	家庭环境相似	有共同语言
业余爱好	旅游、做饭		运动	音乐、下棋、郊游
自己是什么样的人	可爱、文静	独立		可以依靠的男人

短文

G 小姐的择偶标准

G 小姐 23 岁了，没有男朋友。未来的男朋友是什么样的呢？她自己在心里开始想象：

第一，得比我高，我一米七，他不能比我矮。

第二，眼睛不要太大，得是单眼皮，我觉得单眼皮的男生很帅。

第三，脸要大一点儿。我脸不大不小，这样我们俩一起照相就会显得我的脸小一点儿。

第四，身材不要太瘦，要有点儿肉。这样他就不好意思嫌我胖了。

第五，不抽烟不酗酒。我讨厌男人一身烟味儿；酗酒的男人更不能要了！

第六，睡觉不打呼噜。因为我睡觉轻，特别容易醒，而且一旦醒了就很难入睡。

第七，要有时间观念。每次约会的时候一定不能迟到。

第八，愿意洗碗。其实最好是买菜、做饭、刷锅、洗碗、拖地、擦桌子、熨衣服、看孩子八项全能，心甘情愿地做家务，但要是真这样，好像我在家里也没什么用了。哈哈！

第九，有幽默感。和没有幽默感的人生活在一起，人生会少掉很多乐趣。

第十，要有自己的爱好。当然，最好是省钱的爱好，别是摄影啊，音响发烧友这些的，这些爱好容易让人“倾家荡产”。

第十一，不爱玩儿手机。俩人在一起各自玩儿手机好像有点儿貌合神离，在一起的时候就要多交流、多沟通。

还有第十二、第十三、第十四……，只是G小姐想着想着睡着了。

六年过去了，29岁的G小姐已经有了一个幸福的家庭。一天，她突然想起了自己23岁时对“未来的男朋友”的想象，看了看身边的丈夫，她笑了：幸福就是相爱的两个人互相欣赏、互相包容，按照想象中的标准去找是很难找到的。

听录音，回答问题

（1）23岁的G小姐希望自己的男朋友是什么样的？

（2）G小姐最后明白了什么道理？

（3）你希望自己的男朋友/女朋友是什么样的？

Lesson 7

第七课 男人和女人

一、听力理解练习 Listening comprehension

一、听录音，选择正确答案

1. 男：玛丽，你觉得怎样才能学好汉语呢？

女：我觉得学汉语最根本的就是要多听。

问：玛丽的话是什么意思？ [C]

2. 女：这个电影太有意思了，里边的人都很有趣，我看了还想再看。

男：有那么好吗？我怎么觉得一般呀？

问：女的的话是什么意思？ [D]

3. 女：请问，这种葡萄多少钱一斤？

男：两块五，这是玫瑰香，特别好吃。来点儿吧，小姐。

女：哦，我只是问问。

问：女的是什么意思？ [A]

4. 男$_1$：老王，明天北京女子足球队跟上海队的比赛能赢吗？

男$_2$：要我说啊，北京队要是输了那是意外，赢了是当然的。

问：老王是什么意思？ [B]

5. 女：你看电视剧《人来人往》了吗？

男：咳，现在的电视剧有什么好看的？看了前边的内容就知道后边的了。

问：男的是什么意思？ [C]

6. 女：你这是怎么了？跟谁生气呢？

男：这孩子，真拿他没办法。不管我怎么说，他就是什么药也不吃。

问：这个孩子怎么了？ [B]

7. 女：小王，感冒好了吗？

男：早就没问题了。

女：既然你的感冒已经好了，为什么还不去上课？

问：女的是什么意思？ [D]

8. 女：我看这条街上饭馆儿还不少呢！

男：那可不，这条街不长，可是饭馆儿就有十几家。

问：男的说“那可不”是什么意思？ [A]

9. 男：小王，这件毛衣你一直保存着呢？

女：是啊，我一看到这件妈妈生着病给我织的毛衣，就会想起她。

问：关于这件毛衣，下面哪句话是对的？ [C]

10. 因为离工作单位比较远，我每天上班都要打的。每月的收入竟然有一半用在打的上。有时坐在车里，心想：我这是去干什么？去上班。上班为了什么？为了挣钱。为什么要挣钱？挣钱好上班打的啊！这不是太奇怪了吗？

问：说话人在车上想了什么？ [B]

二、听对话，做练习

男人和女人

世界是由男人和女人组成的。可是，作为一个男人，你真的了解女人吗？作为一个女人，你真的了解男人吗？其实男人和女人存在着很多不同。请听录音。

女：都说男人和女人有很大的不同，甚至有人说，男人和女人其实是两种不同的动物。林教授，您怎么看？

男：尽管这样说有些夸张，但是男人和女人确实有很多不同。

女：这种不同表现在哪些方面呢？

男：比如在工作或生活中遇到困难的时候，女人往往是去找人聊天儿，她要把心里的话说出来，她这时需要的是一个听众。而男人遇到困难的时候，喜欢自己待一会儿，他需要自己找出办法。这时女人最好什么话也不要说，只给他倒一杯茶就够了。

女：可是女人常常不懂这一点。当她看到丈夫把自己一个人关在房间里的时候，她很可能会去问丈夫怎么了。而丈夫心里可能会很乱，觉得妻子很烦人。妻子会想：我关心你，你却说我烦人。这样一来二去，俩人就吵起来了。

男：对。还有一点不同，就是在语言的使用上。男人说话一般尽可能用准确的词，女人不是这样。比如女人说："我们好久没看过电影了。"男人听了会说："什么？好久？前两个星期我们不是刚去过吗？"其实女人说那句话的意思是：咱们去看电影吧。

女：可能有些男人也不太了解这一点。我看男人和女人确实存在很多不同，如果大家了解了这些，生活中就会减少很多麻烦。

男：是的。

1. 听第一遍录音，判断正误

（1）×　（2）√　（3）×　（4）×　（5）√

2. 听第二遍录音，选择正确答案

（1）他们谈到了男人和女人的哪些不同？　［D］

（2）女人遇到困难的时候，常常会怎么样？　［C］

（3）男人遇到困难的时候，喜欢做什么？［B］

（4）女人遇到困难的时候，男人应该怎么做？［A］

（5）男人遇到困难的时候，女人应该怎么做？［B］

（6）当一个女人对男人说“我们好久没去公园了”，这时她想说的可能是什么？［D］

3. 选择对下面各句话的正确理解

（1）尽管这样说有些夸张，但是男人和女人确实有很多不同。［A］

（2）她这时需要的是一个听众。［C］

（3）这时女人最好什么话也不要说，只给他倒一杯茶就够了。［B］

（4）当她看到丈夫把自己一个人关在房间里的时候……［D］

（5）一来二去，俩人就吵起来了。［B］

4. 听第三遍录音，找出各句与录音内容不一致的地方，并写出正确的内容

（1）男人和女人有很大的不同，还（甚至）有人说，男人和女人确实（其实）是两种不同的动物。

（2）尽管这样说有些夸张，但是男人和女人其实（确实）有很多不同。

（3）在工作和（或）生活中碰（遇）到困难的时候，女人往往是去找人聊天儿。

（4）这时女人最好什么话也不要说，只给他倒一杯茶就行（够）了。

（5）这样一来二去，俩人就吵起架来（吵起来）了。

（6）男人说话一般尽可能用标准（准确）的词，女人不是这样。

二、泛听练习 Extensive listening

短文（一）

女人的秘密

女性的平均寿命比男性长，几乎每个国家都是这样。原因有很多，但一个最重要的原因是：女人话多。

说话、交谈，是人们交流思想、表达意见、抒发感情的重要方式。女人，尤其是中老年女人，爱说话、爱唠叨，看起来像是缺点，实际上是她们解决心里痛苦的重要方法。心里有话就说出来，确实对健康有利。遇到不高兴的事儿，女人还爱哭，这同样对健康有好处。

中国有句话“男儿有泪不轻弹”，是说男人即使遇到再大的困难，也不能掉眼泪。这样时间长了，就会影响身体健康。还有许多男性，特别是一些知识分子、领导干部，头脑很清楚，说话很有条理，很少说没用的话。这些虽然是他们的优点，但是从生理上说，心里有话不说出来，对健康并没有什么好处。

有个说法是，女人如果话一多，就说明她已经老了。其实也不都是这样，我发现女孩子也很爱聊天儿，拿起电话就说个没完。我觉得大家应该生活得轻松一点儿。男人在八小时以外，应该多交一些朋友，多和别人谈谈心，这样对健康是很有好处的。

听录音，回答问题

（1）你觉得这段短文的大意是什么？

（2）女人为什么喜欢说话？

（3）女人和男人有什么不同？

（4）女人为什么比男人寿命长？

（5）怎样才能保持身体健康？

短文（二）

谁该进厨房

A 先生是一位作家，在北京比较有名。数十年前就写过一本长篇小说，很有影响。在家里当然也是很重要的角色。不过最近这几年，A 先生在家里的角色却发生了一些变化。

首先是 A 先生的工资几十年不变，再说，这些年年纪大了，只能写一些小文章，所以稿费也只有一点点，连自己买烟的钱都不够。另一方面，A 先生的妻子——B 女士，六年前从医院辞了职，自己开了一个牙科诊所，收入增加了很多。B 女士一个月赚的钱比 A 先生一年的工资都高。儿子小 C 开出租车，收入也很不错。儿媳妇小 D 是公司职员，收入是 A 先生的好几倍。全家收入最少的就是 A 先生了，当然还有孙子小 E，还在上小学，一分钱的收入也没有。

一家五口，除了 A 先生，别人工作都很忙。但是家里总要有人做饭啊，所以这做饭的事儿自然也应该是 A 先生的了。虽然 A 先生开始坚决反对，但最后以 1：4 输了，他也就只好接受了这个角色。

根据录音，把人物与相应的情况用线连起来

A 先生	公司职员
B 女士	什么收入也没有
儿子小 C	因为工资低，所以在家里的角色也发生了变化
儿媳妇小 D	一个月挣的钱比爱人一年挣的都多
孙子小 E	出租车司机

Lesson 8

第八课
“二人世界”的家庭

一、听力理解练习 Listening comprehension

一、听录音，选择正确答案

1. 男：山田刚来的时候，一句中国话都不会说，现在能到这个水平，我简直连想都不敢想。

   女：是的，他进步挺大的。

   问：从对话中可以知道山田现在的汉语水平怎么样？ ［D］

2. 男：你说的是真的吗？我怎么不太相信呢？

   女：要不是我亲眼看见，我可能也不会相信呢！

   问：女的是什么意思？ ［A］

3. 女：小明，你作业做完了就把书和本子收起来吧，在桌子上放着太乱了。

   男：好的，妈妈。

   问：妈妈让小明做什么？ ［D］

4. 女：哎，你看，这件大衣怎么样？

   男：嗯，挺漂亮的，不过你不是有大衣吗？我看这件你可买可不买。

   问：男的对买大衣是什么态度？ ［B］

5. 男：新郎怎么了？怎么说着说着停下了？

   女：他太激动了，有点儿说不下去了。

   问：女的是什么意思？ ［B］

6. 女：麦克，我有两张京剧票，今天晚上的，去不去？

男：京剧我也看不懂啊，再说，明天还有考试呢！

问：麦克是什么意思？ [B]

7. 女：小王，你在找自行车呀？刚才小刘骑的那辆好像是你的。

男：这个小刘，问也不问一声，就把我的自行车骑走了。

问：男的是什么意思？ [C]

8. 女：小李，小王刚才可能有重要的事找你，一连打了四五次电话，你都不在。

男：是吗？

问：刚才怎么了？ [A]

9. 男：你看报纸上写的，这么小的孩子，得了这么可怕的病，真让人心疼。

女：是啊，看到这种事情，我心里就不是滋味。

问：女的是什么意思？ [B]

10. 这种“小人书”，像我们现在四五十岁的人小时候都看过，里边的故事，现在仍然记得很清楚。现在几乎没有卖“小人书”的了。

问：这段话说的是什么？ [C]

二、听对话，做练习

“二人世界”的家庭

中国人在婚礼上，常常祝新郎、新娘“早生贵子”，意思是希望他们早一点儿生个孩子，因为中国传统文化认为多子多福。然而不知从什么时候起，有些人的想法就发生了变化，结婚后不急着要孩子，甚至根本不想要孩子。请听录音。

女：你看，刘佳和王涛结婚都六七年了，还不要孩子，他们是不是也想当丁克家庭啊？大城市里这样的家庭越来越多了。你说这样好吗？

男：这有什么不好的？现在有不少年轻人，三十好几了都不结婚呢，做着单身贵族，这是人家的自由，连丈夫或妻子都不要，何况孩子呢？

女：没有孩子的家庭，算什么家啊？

男：那也是家呀，叫“二人世界”。

女：可是到七八十岁的时候，身边没有孩子，多寂寞啊！

男：难道你认为，等你老了，儿子或女儿会在你身边照顾你？他长大了要工作，他还有自己的家庭。即使他想照顾你，你忍心让孩子那样做吗？其实，我想这些丁克家庭不要孩子，可能是因为钱的问题。培养一个孩子要花很多钱呢。

女：什么呀！刘佳他们能说是因为钱吗？这种家庭越来越多，将来老人不就越来越多，老龄社会问题不就越来越严重了吗？

男：话是这么说，但老龄化是个复杂的社会问题，不是丁克家庭这一个原因造成的。我倒觉得不要孩子不但不是什么坏事，反而挺好的呢。

女：那大家都应该向他们学习了？

男：也不能这么说。大家都不要孩子怎么行呢？不过这样的家庭还是少数。

1. 听第一遍录音，判断正误

（1）√ （2）√ （3）√ （4）×

2. 听第二遍录音，选择正确答案

（1）“刘佳和王涛结婚都六七年了，还不要孩子。”这句话是什么意思？ [B]

（2）女的说："你说这样好吗？"男的说："这有什么不好的？"男的是什么意思？ ［D］

（3）"现在有不少年轻人，三十好几了都不结婚呢。"这句话是什么意思？ ［A］

（4）"连丈夫或妻子都不要，何况孩子呢？"这句话是什么意思？ ［C］

（5）"没有孩子的家庭，算什么家啊？"这句话是什么意思？ ［A］

（6）"难道你认为，等你老了，儿子或女儿会在你身边照顾你？"这句话的意思是，等你老了以后怎么样？ ［B］

（7）男的说："我想这些丁克家庭不要孩子，可能是因为钱的问题。培养一个孩子要花很多钱呢。"女的说："什么呀！"女的是什么意思？ ［D］

（8）"这种家庭越来越多，将来老人不就越来越多……"这句话是什么意思？ ［C］

（9）"我倒觉得不要孩子不但不是什么坏事，反而挺好的呢。"这句话是什么意思？ ［A］

3. 听第三遍录音，请你说一说下面哪些不是他们的观点

（4）不是女的的观点。 （5）不是男的的观点。

4. 对话中有一些反问句，请你找出来

二、泛听练习 Extensive listening

短文

陪妻子逛商场

女人都爱逛商场，结婚之前，她们可以跟几个女友一起高高兴兴地去逛，而婚后陪她逛商场有时候就成了丈夫的任务。

这天是星期天，妻子对我说：“亲爱的，我好长时间没逛商场了，今天你陪我去买双鞋好吗？”

“你不是有那么多双鞋吗？怎么还买啊？”我问。

“那些鞋都穿了几年了，样子也太旧了。再说，难道你不希望我打扮得漂漂亮亮的吗？”

“好！好！我去，我去！你说去哪儿吧。”

“咱们去蓝天大厦吧，那儿的鞋牌子很全。”

来到了蓝天大厦，妻子却要先去看服装。

我问她：“你不是要买鞋吗？怎么又要看服装？”

妻子说：“这么远来了，多看看嘛。”

得，看起来今天不到天黑回不了家了。我只好跟在她的身后。

在皮鞋柜台转了一圈儿，妻子对我说：“这儿的皮鞋太贵了，咱们还是去西城看看吧。”

“贵点儿没关系，你就在这儿买吧。”我说。其实我不想再去别的地方了。

“你不嫌贵，我还嫌贵呢。再说，那儿要是没合适的，还可以再回来买嘛！”

“好，走吧。”

到了西城的商场，妻子一进商场就去化妆品柜台，香水、口红、眉笔看了一遍。

来到皮鞋柜台，妻子又嫌贵。她又要去东城转转。最后终于在那儿的一家小鞋店看中了一双又便宜又漂亮的皮鞋，经过一番讨价还价，成交了。

出了商场，我说：“这回该回家了吧？我的脚都不会走路了。”

妻子很客气地说：“今天让你受累了。”

“没事儿。”

“真的没事儿吗？那我们再去南城看看包吧。”

“啊？！”咳！我为什么要说“没事儿”呢！

根据录音内容，指出他们今天去的地方的顺序，写在括号内，并与相关的活动连起来

（2）西城	看包
（3）东城	看皮鞋、化妆品
（1）蓝天大厦	买皮鞋
（4）南城	看服装、皮鞋

对话

吃什么都行

男：今天是情人节，晚上我请你吃饭，怎么样？

女：好啊。

男：你想吃什么？

女：随便，吃什么都行，你决定吧。

男：那我们去吃四川火锅吧？

女：火锅啊？太辣了吧？我最近有点儿上火啊。

男：那去吃西餐？学校附近新开了一家西餐厅，据说还不错。

女：吃西餐啊？太贵了吧？再说我不习惯吃西餐，刀啊、叉的用不习惯，味道也吃不习惯。

男：那吃什么？

女：随便啊，吃什么都行，你说吧。

男：那日本料理呢？咱们以前去过的那家，价钱也不贵。

女：那家店倒是不贵，可是离学校太远了。

男：那就去吃麦当劳吧，离学校最近了。

女：麦当劳都是垃圾食品。

男：你到底想吃什么？

女：随便啊，吃什么都行。

男：我看哪儿也别去了，就去学校食堂随便吃点儿吧。

女：不行，今天可是情人节呢！

听录音，回答问题

（1）他们俩是什么关系？

（2）男的想做什么？女的是什么意见？

（3）男的提了哪些建议？女的都是怎么回答的？

（4）你觉得女的是不是“吃什么都行”？

Lesson 9

第九课 望子成龙

一、听力理解练习 Listening comprehension

一、听录音，选择正确答案

1. 女：小李，你现在跟你的大学同学还经常联系吗？

   男：虽然大学毕业十几年了，可我们一直保持着联系。

   问：男的是什么意思？ ［B］

2. 女：小李，你父亲的病怎么样了？现在能认出自己家里人了吗？

   男：好一点儿了。昨天我去看他，他看了好一会儿才认出我来。

   问：男的是什么意思？ ［C］

3. 男：各位观众，各位观众，比赛正在进行。现在中国队要求换人，5号换上了8号，7号换下了2号。

   女：快看，快看，中国队要求换人呢。

   问：中国队几号运动员要上场比赛？ ［D］

4. 女：今年大学生找工作难吗？

   男：还是很难，我忙了半年才找到了一家公司，现在总算松了一口气。

   问：男的现在心情怎么样？ ［A］

5. 女：山田，我看这个班的汉语水平对你来说很合适，不要再换来换去的了。

   男：好吧，我听你的。

   问：从上面的对话中我们可以知道什么？ ［D］

6. 男：你看，我现在有急事要通知小王，可是一直联系不到他，这可怎么办呢？

女：就是呀！要是当初问问他的地址、电话什么的就好了。

问：从对话中我们可以知道什么？ [C]

7. 男：老师，我的作业全都对了！

女：是，做得不错，不过作业都对了还不能算是会了。要是跟中国人说话的时候会用了，才算是会了呢！

问：女的认为怎么样才算是学会了呢？ [A]

8. 男：我们这儿是市中心，租金会高一些。有些公司觉得这个地方很好，但是租金常常让他们犹豫不决。

女：你放心，对我来说租金不是问题。

问：女的是什么意思？ [B]

9. 女：王老，您觉得您这一生还算顺利吗？

男：我觉得我这几十年的生活，大部分时候都是很顺利的，当然也会遇到一些坎坷。任何人的一生都会遇到坎坷，不可能都是顺利的。

问："坎坷"一词是什么意思？ [B]

10. 一个人喝醉了，走出饭店，上了出租车，对司机说："去长城饭店。"然后就睡着了。司机听了一愣，连忙把他推醒："您醒醒，这就是长城饭店。"他听了，掏出钱给司机，临下车，还对司机说："以后开车不要太快，危险！"

问：下面哪句话是对的？ [D]

二、听对话，做练习

望子成龙

在中国，很多家庭只有一个孩子，叫“独生子女”。因为只有一个，所以父母对孩子就抱有很大的希望，也就是“望子成龙”。然而对于怎样教育孩子，并不是每个家长都清楚的。请听录音。

女：张老师，您看，我儿子小民这次期中考试又考砸了。这可怎么办呢？

男：小民这孩子其实挺聪明。这次考试说起来还是老毛病，出错的地方，不是数字的顺序弄错了，就是把题抄错了，要不就是少写了一个数字。

女：是啊。每次考试以前，我都要跟他说：考试的时候一定要仔细、认真，做完以后要多检查几遍。可是每次都是一样的毛病，真拿他没办法！您说，怎么才能让他改掉这个毛病呢？

男：我想这可能跟他的生活习惯有关系。他在家里做事是不是也有这个毛病呢？

女：在家里？在家里什么事都是我帮他做的。他的房间我帮他收拾，他的脏衣服我帮他洗，就连每天的书包都是我帮他准备的，我简直成了他的保姆了。

男：您为什么帮他做呢？他自己不能做吗？

女：做是能做。不过看他做得太慢了，觉得还不如我来做。还有啊，我帮他做这些，他不就有更多的时间学习了吗？我觉得他只要学习好，将来能考上一个名牌大学，我也就心满意足了。

男：我知道您这样做完全是为了孩子，可是他已经不小了，很多事情应该让他自己做。您知道，让他学会自己照顾自己，不但不会耽误他的时间，对他来说反而是一种锻炼。他有了好的生活习惯，对他的学习也有好处。您说呢？

女：对啊，您说得太对了。在生活中教育孩子，这太重要了。好，从今天开始，我让他自己的事自己做。谢谢您，老师。

男：别客气。

1. 听第一遍录音，判断正误

（1）×　（2）×　（3）√　（4）√　（5）√

2. 听第二遍录音，选择正确答案

（1）他们主要在讨论什么？　［C］

（2）小民这次考试没考好，是因为什么？　［A］

（3）小民这次考试又犯了一些错误，对话中没有提到的是什么？　［B］

（4）每次考试以前，小民的妈妈都对小民说什么？　［D］

（5）在家里，小民的妈妈帮他做很多事，对话中没有提到什么事？　［C］

（6）在家里，妈妈帮小民做很多事是因为什么？　［D］

（7）张老师觉得小民妈妈的做法怎么样？　［B］

3. 根据录音内容选择正确答案

（1）“我儿子小民这次期中考试又考砸了。这可怎么办呢？”说话人的心情是怎么样的？　［D］

（2）“每次都是一样的毛病，真拿他没办法！”这句话是什么意思？　［B］

（3）“在家里什么事都是我帮他做的。”跟这句话意思相近的句子是什么？　［A］

（4）“我帮他做这些，他不就有更多的时间学习了吗？”这句话是什么意思？　［C］

（5）“我觉得他只要学习好，将来能考上一个名牌大学，我也就心满意足了。”这句话是什么意思？ [A]

（6）“不但不会耽误他的时间，对他来说反而是一种锻炼。”这句话是什么意思？ [B]

（7）“我让他自己的事自己做。”这句话是什么意思？ [D]

4. 听第三遍录音，用所给词语和句式回答问题

（1）老师说小民这次考试怎么样？

（2）每次考试以前妈妈都要对小民说什么？

（3）小民在家里做事吗？

（4）小民妈妈为什么要帮小民做很多事？

（5）老师认为很多事应该让孩子自己去做，他是怎么跟小民妈妈说的？

二、泛听练习 Extensive listening

短文（一）

关于独生子女教育问题的调查

现在城市里大多数家庭都是独生子女，对孩子的教育也越来越重视。某调查公司对1500户城市居民进行了调查。有一个问题是：“您觉得自己担当的什么社会角色最成功？”有40.8%的父母认为“父母”的角色是最成功的。第二个问题是：“对孩子，您最担心的问题是什么？”有32.5%的家长担心孩子的学习。其余担心的问题还有“孩子的工作”“孩子的健康”“孩子调皮、淘气”等。另外，调查还发现，不同文化水平的父母担心的问题也不一样：小学文化水平以下的父母中，有58%的人为孩子的“工作、前途”担心，比例比其他文化水平的父母高；而对孩子“学习”问题的担心程度，这种文化水平的父

母比其他父母低。57% 的高中文化水平的父母最担心孩子的学习。大学以上文化水平的父母中，有 54% 的人最关心的是孩子的“健康”问题。

根据录音内容，在空格中填出你听到的百分比（录音中没有的不用填）

父母的文化水平	父母担心的问题		
	孩子的学习	孩子的工作	孩子的健康
小学以下		58%	
高中	57%		
大学以上			54%

短文（二）

父子对话

前几天，儿子的学校举行了期中考试。这天，考试成绩下来了。儿子放学回到家里，父亲关心地问：“这次期中考试得了多少分啊？”

“一百分。”

“啊？”父亲一听，简直不敢相信，接着问道：“数学一百还是语文一百呀？”

“加起来一百。”

父亲一听气急了：“你这孩子简直一点儿也不像我。说！数学哪道题错了？”

“嗯，第一道题错了。”

“第一道题是什么？”

“1 加 1 等于多少？”

“这么简单的题你都错了？你写的等于多少？”

“11。”

“你这孩子简直……简直……语文呢？作文是什么题目？”

“一场足球比赛。”

“作文，那是你的强项呀。我不是常常告诉你吗？写作文要有话就长，没有话就短一点儿。”

“对，爸爸，我一直记着您的话。”

“那这次怎么写的？”

“因为下雨，推迟比赛。”

“还有呢？”

“完了。”

“完了？这也太短了！”

这时，父亲又拿起儿子的英语试卷：“81分，这次英语考得还可以嘛。”

“爸，您，您拿倒了。”

听录音，回答问题

（1）儿子什么成绩是100分？

（2）儿子说1加1等于几？

（3）儿子考试的作文题目是什么？

（4）儿子的作文是怎么写的？

（5）儿子的英语考了多少分？

Lesson 10

第十课
妈妈和儿子

一、听力理解练习 Listening comprehension

一、听录音，选择正确答案

1. 女：这几天我咳得特别厉害，有时候上着课就咳起来，一咳起来，课都上不下去了。

   男：你还是去医院看一下吧。

   问：女的说她有时候会怎么样？ [C]

2. 男：跟王经理工作的这些年，我跟他学到了很多东西，不只是赚钱的方法，更重要的是提高了自己的工作能力。

   女：这对你以后的工作会很有帮助。

   问：男的是什么意思？ [A]

3. 女：老王，你的电脑水平怎么样？

   男：简单的操作还可以，可是程序设计一点儿也不会。

   问：老王的电脑水平怎么样？ [C]

4. 女：张师傅，我把打印机拿到您那儿，您帮我修理一下吧。

   男：不用，改天我去你那儿帮你修吧。

   问：男的什么时候去女的那儿？ [D]

5. 女：咱们儿子已经辞职了，他跟你商量过吗？

   男：我真没有料到他会不听从我的建议，由他去吧。

   问：从对话中我们可以知道什么？ [B]

6. 男：我现在工作还没有做完，要晚一点儿下班。

女：你每天除了工作，还是工作。你什么时候考虑过我们这个家？什么时候把我和孩子放在眼里了？

问：女的是什么意思？ ［A］

7. 女：喂，起床了。都几点了！

男：我昨天开夜车，今天又是星期天，就让我再睡一会儿嘛！

问：男的昨天晚上做什么了？ ［C］

8. 男：我想让孩子学弹钢琴，可现在请一个钢琴老师贵着呢！

女：那可不，一节课三四百块钱呢！

问：女的认为请一个钢琴老师怎么样？ ［B］

9. 女：爸，我想辞职。天天工作十几个小时，连礼拜天都没有，可是工资才这么一点儿。

男：这可是你的第一份工作啊！工作累不累、挣多少钱都不重要，重要的是你用什么样的态度去干，因为这会影响到你的一生。你再好好儿考虑考虑吧。

问：爸爸为什么让她再考虑考虑？ ［D］

10. 我真不明白，你为什么每天花那么多的时间来做饭，甚至做饭的时间比吃饭的时间还长。大家坐在饭桌旁一边吃饭一边聊天儿，不比把那么多的时间花在厨房里好吗？

问：说话人是什么意思？ ［A］

二、听对话，做练习

妈妈和儿子

爸爸、妈妈要舒服、方便，孩子要漂亮、潇洒；父母要节约、少花钱，子女却要追求时尚、时髦。这好像是大人与孩子之间永远的矛盾。你听，在这个家庭里也有这样的矛盾。

妈妈：小强，刚才听电视上说明天有大雨。你明天别骑车去上班了，坐车去吧。也别穿雨衣了，带把雨伞吧。千万别忘了啊！还有，你的雨鞋呢？对了，在箱子里呢，我帮你找出来。

儿子：妈，您别找了。现在除了卖鱼的，谁还穿雨鞋啊？

妈妈：穿雨鞋怎么啦？我就穿雨鞋！

儿子：穿雨鞋去上班，在办公室那两只脚多难受啊！万一下班的时候天晴了，我穿着雨鞋走在大街上，别人还以为我有毛病呢！

妈妈：那你带一双皮鞋不就行了吗？到了办公室就把皮鞋换上。

儿子：麻烦不麻烦啊！

妈妈：好好好，我不管你了，你的事儿我是弄不明白了。上个月花800块钱买一件衬衣！现在外边100块钱一件，800块钱就可以买8件！你800块钱买一个名牌，只能新一次，要是买8件呢，即使穿脏了不洗，扔掉不要了，一年也可以总穿新衬衣。你算算，哪个划算？

儿子：妈，名牌就是名牌，穿上名牌，感觉就是不一样。您不懂。

妈妈：我是不懂。

儿子：对了，妈，明天晚上我可能晚点儿回来，小王请我去茶馆喝茶。

妈妈：喝茶为什么非要去茶馆不可呢？在家里喝茶有什么不好呢？那儿那么贵！

儿子：家里有那种环境和气氛吗？

妈妈：你去茶馆是喝茶，又不是喝环境、气氛，再说，家里的环境不比茶馆好得多吗？

儿子：妈，家当然好了，只是家是家，茶馆是茶馆，对不对？

妈妈：好了好了，你快去洗澡睡觉吧，明天还要上班呢。

1. 听第一遍录音，判断正误

（1）√ （2）× （3）√ （4）× （5）× （6）√

2. 听第二遍录音，选择正确答案

（1）妈妈怎么知道明天要下雨？ ［B］

（2）明天要下雨，妈妈让小强明天做什么？ ［C］

（3）小强为什么不想穿雨鞋？ ［A］

（4）小强不想在办公室穿雨鞋，妈妈让他怎么做？ ［D］

（5）妈妈觉得小强买的那件衬衣怎么样？ ［B］

（6）小强觉得名牌衬衣怎么样？ ［D］

（7）妈妈觉得去茶馆喝茶怎么样？ ［A］

（8）小强觉得去茶馆喝茶怎么样？ ［C］

3. 选择对下面各句话的正确理解

（1）"现在除了卖鱼的，谁还穿雨鞋啊？"这句话是什么意思？ ［A］

（2）"万一下班的时候天晴了，……"跟这句话中"万一"这个词意思相近的词是什么？ ［B］

（3）"好好好，我不管你了，你的事儿我是弄不明白了。"妈妈说这句话的时候，心情可能怎么样？ ［B］

（4）"名牌就是名牌，穿上名牌，感觉就是不一样。"这句话是什么意思？ ［A］

（5）"喝茶为什么非要去茶馆不可呢？"这句话是什么意思？ ［D］

（6）"家里的环境不比茶馆好得多吗？"这句话是什么意思？ ［C］

（7）"家是家，茶馆是茶馆。"这句话是什么意思？ ［A］

4. 听第三遍录音，回答问题

（1）如果明天下雨了，妈妈会怎么做？儿子呢？他为什么这样做？

（2）妈妈买衬衣的话，会怎么做？为什么？儿子呢？为什么？

（3）儿子为什么要去茶馆喝茶？妈妈为什么反对？

（4）在一些家庭里，可能会有爸爸妈妈不理解子女的时候。你的家庭里有这种情况吗？你怎么看这个问题？

二、泛听练习 Extensive listening

短文（一）

爱

一艘游轮遭遇了海难，有一对夫妻好不容易游到救生艇前，可是艇上只有一个位子了。这时男人却把女人推向身后，独自爬上了救生艇，女人在大海上艰难地漂着，她向男人喊了一句话。你猜，女人喊了什么话？“我恨你！”？“救救我！”？都不是。女人喊道：“照顾好我们的孩子！”

船沉没了，女人也沉到了海底。男人回到家乡，独自带大他们的女儿。多年以后，男人去世了。女儿在整理父亲的东西时，发现了父亲的日记。原来，父亲和母亲乘坐游轮时，母亲已经患了绝症。关键时刻，父亲选择了独自活下来，是为了抚养他们的女儿长大。父亲在日记里写道：我多想和你一起沉入海底，可我不能。为了女儿，我只能让你一个人沉入深深的海底。

世上的善和恶、对和错，有时是非常复杂的，我们真的难以分辨。

听录音，回答问题

（1）发生海难时，男人做了什么？

（2）女人对男人喊了什么话？

（3）他们乘坐游轮时，女人的身体情况怎么样？

（4）发生海难时，男人为什么那样做？

（5）你可以理解那个男人的做法吗？为什么？

短文（二）

心跳与寿命

心跳和寿命之间有没有关系？心跳慢的人是不是比其他人寿命长一些？

世界上一些医学专家对心跳跟寿命的关系进行了研究。他们发现，老鼠、鲸、大象和海龟四种动物中，心脏跳动越慢的动物，平均寿命也越长。

如果人的平均寿命是80岁左右，那么他一生中心跳的次数在25亿次左右。当心跳次数达到一定的极限后，生命就会结束。

那么，怎样才能让心跳慢一点儿呢？医学专家认为，跑步锻炼是一种很好的方法。在生活中，不锻炼身体的人稍稍运动一下，心跳就会一下子加快，停止运动后也往往要喘上好一阵子。而平时经常锻炼的人，心跳不会出现明显的加快。即使剧烈运动后，心跳也能很快恢复正常。只有坚持锻炼，才能保持强壮的身体和标准的体重，使心脏能适应各种剧烈运动。

听录音，选择正确答案

这段话的主要意思是什么？ ［B］

小测试（一）

一、听录音，选择正确答案

1. 女：真是太感谢你们了！

男：不用客气。别说是我们了，就连不认识的人，遇到这种情况也会帮助小明的。

问：从对话中我们可以知道什么？ [A]

2. 女：老张，我看你是不是有点儿喝多了，你还是少喝点儿酒吧。

男：难得他今天这么高兴，就让他喝吧。

问：从对话中我们可以知道什么？ [B]

3. 女：今天的晚会小张会来吗？

男：他倒是说要来，不过我看说不定。

问：下面哪句话是对的？ [A]

4. 女：你看小王，都跑了十几圈儿了，还在跑。

男：他一有不高兴的事儿，就一圈儿接一圈儿地跑。

问：遇见不高兴的事儿，小王喜欢怎么做？ [C]

5. 女：麦克，你觉得学汉语最难的是什么？

男：我们班很多同学都说，学汉语，汉字最难了，其实我觉得汉字没有听力难。

问：麦克觉得学汉语什么最难？ [B]

6. 女：老王，明天的会是不是每个人都必须参加啊？

男：尽可能去吧。

问：老王是什么意思？ [D]

7. 男：小丽虽然是咱们的独生女，可她也不小了，你不要什么事儿都帮她，应该让她自己考虑，自己做决定，这样才能培养她独立的性格。

女：唉，话是这么说。

问：女的是什么意思？ [C]

8. 女：老王，你这把椅子太旧了，换把新的吧。

男：这把椅子我坐了几十年了，就像是我的老伴儿，哪能说换就换呢！

问：男的是什么意思？ [A]

9. 女：小明，妈妈跟你说啊，学习的时候，要多问为什么，不懂的地方就要多问。懂了就是懂了，不懂就是不懂，不能不懂装懂。

男：为什么呢？

问：女的主要是在讲什么问题？ [D]

10. 男：我只是有点儿感冒，用不着去医院，自己吃点儿药就好了。

女：感冒不一定是小事儿，再说药也不能乱吃啊，你还是听我的吧。

问：女的可能让男的做什么？ [A]

11. 女：小王，我听小刘说你要去美国留学了？

男：他说的话难道你还信？

问：小王是什么意思？ [A]

12. 你自己水平不高，可是又不努力去学，经理当然不把你放在眼里了。

问：经理对他怎么样？ [D]

13. 听了今天的讲座很有收获，真是没白来这一趟。

问：从这句话中我们可以知道什么？ [C]

14. 小姐，这种牌子的香水挺受欢迎的，昨天一天我们就卖出去 20 多瓶。再说价钱也不贵，您试试看吧。

问：她说这些话的目的是什么？ [B]

15. 小强每天晚上跟朋友一起不是去茶馆喝茶，就是去饭馆吃饭，要不就是去酒吧喝酒，常常是一个月的工资不到半个月就花完了。

问：小强怎么样？ [C]

16. 我大学的时候学的专业不太好，要找一个好的工作比较难。所以在大学的四年时间里，我除了专业以外，还学了饭店管理、电脑，甚至旅游管理，这些对我后来找工作都起了很重要的作用。

问：下面哪句话是对的？ [D]

17. ……著名作家黄永玉先生却非常喜欢猫。在他的十部小说里，几乎每一部都有关于猫的故事。

问：在这段话的前边大概是什么样的话？ [A]

18. 现代人真是，一方面每天大吃大喝，一方面又抱怨自己太胖了；一方面每天开着车上下班，坐电梯上下楼，不愿意多走一步路，一方面又花很多钱去锻炼身体、健身。

问：这段话是说现代人怎么样？ [A]

19. 我在电台主持一个叫《午夜谈心》的节目，就是听众打进电话来，一起聊聊天儿、谈谈心。有一天，在一个小时的时间里，打进来的 20 多个电话全是女性听众的。这时我就在想，为什么没有男听众打进电话来呢？是不是他们不太喜欢和我聊天儿啊？就在节目快要结束的最后一分钟，我终于听到了一个男孩儿的声音："喂，你是齐雨吗？"我一听，非常热情地说："喂，你好，你好，我是齐雨。"这时就听电话那边喊："姐，快来，我给你打通了！"

问：最后的这个电话是谁想跟她聊天儿？　［B］

20. 最近这些年，出门的条件比过去好多了，一般是坐飞机，旅途上的劳累减少了很多。当然，乐趣也减少了很多。我坐飞机几乎没有过愉快的经历。即使是飞机延误，在机场等几个小时，大家也都是自己管自己的，一定不会有火车上那种轻松、友好的气氛。飞机上，大家或者自己看看报纸，或者吃一顿，很少聊天儿。想一想也是，大家坐飞机本来就是为了赶时间，哪还有心情聊天儿呢？对于快节奏的生活来说，显然是飞机好；但对于出门旅行来说，恐怕还是火车更有意思。

问：这段话是在比较什么？　［C］

二、听短文《都生气了》，完成试题

都生气了

在中国，无论是在家里还是在公共场合，老年人都是很受人尊敬的。家里好吃的东西要先给老人吃；在公共汽车上没有座位的时候，年轻人应该把自己的座位让给老人。尊敬老人是中国人的传统和习惯，有的老年人自己也喜欢年轻人叫他们爷爷、奶奶。这一点可能跟外国人的习惯不一样。

比如，有一次，在麦克他们班就发生了这样一件事。

麦克在他们班是年龄最小的，18岁。他们班年龄最大的是约翰，58岁了。他们的老师小王呢，是一个刚刚参加工作的年轻老师。这一天，小王跟他们班的十几个同学坐火车去西安参观，到了西安，来到酒店，在前台办了入住手续，两人一个房间。麦克住205，是二层的房间；约翰和小王老师住701，是七层的房间。他们一起来到电梯前，想坐电梯上楼。这时发现电梯坏了，而修好还需要很长时间。大家没有办法，只好拎着行李箱走楼梯上去了。住在二层的还好，只需要爬一层楼就到了，而住在七层的就很辛苦了。这时小王老师想，拎着行李箱爬七层楼对约翰来说可能太累了，而年轻的麦克住在二层，不如让他们换一下房间。于是小王老师对麦克和约翰说："麦克，你还小，你去住七层约翰的房间吧；约翰，你年纪大了，跟麦克换一下，住二层的房间吧。"麦克一听，很生气，心想：我都18岁了，是大人了，为什么说我小？约翰听了小王的话，也生气了，心想：老说我年纪大，年纪大，我才58岁，还年轻呢，不需要别人照顾！小王看看麦克，又看看约翰，发现他们两个人都生气了，于是他也生气了，心想：麦克太不懂礼貌了！约翰呢，他年纪大了，我照顾他不对吗？

生词提示

1.	场合	chǎnghé	（名）	occasion
2.	让	ràng	（动）	to offer
3.	前台	qiántái	（名）	reception desk
4.	入住	rùzhù	（动）	to check in
5.	拎	līn	（动）	to carry

1. 听第一遍录音，判断正误

（1）√ （2）√ （3）√ （4）× （5）√ （6）√

2. 听第二遍录音，选择正确答案

（1）在西安的酒店，开始的时候，他们的房间是怎么安排的？ ［B］

（2）在酒店发生了什么事？ ［A］

（3）小王老师让麦克和约翰换房间，是因为什么？ ［C］

（4）听了小王的话，麦克生气了，是因为什么？ ［B］

（5）听了小王的话，约翰也生气了，是因为什么？ ［D］

3. 听第三遍录音，回答问题

（1）小王说了一句什么话，让麦克和约翰都生气了？

（2）你觉得为什么会发生这样的事？

（3）你觉得不同国家的人在一起时应该注意什么问题？

三、听短文《朋友的意见》，完成试题

朋友的意见

最近有人给小王姑娘介绍了一个男朋友——小李。经过一段时间的了解以后，小王觉得小李人很正直、善良，工作上也很努力。但是要说到结婚，小王想还是要认真考虑考虑。她担心自己的看法不准确，就找来了几位好朋友，帮她看看小李是不是合适。

小A说："人倒是不错，就是个子矮了点儿，跟你走在一起不般配。"

小B说："他每天都忙着工作，等结了婚，家务事就都是你一个人的了。"

小C说："其他方面我倒觉得没什么，就是他家里人太多，以后的关系怕弄不好。而且又没什么钱，以后的日子恐怕不好过。"

小D说："你一个研究生，找一个大学生，合适吗？"

小E说："你们俩性格都太内向了！"

小F说："小王，你是学文学的，他是学电脑的，你俩肯定说不到一块儿去！"

小王听了这些朋友的话，觉得很奇怪：本来自己觉得不错的一个人，怎么在朋友的眼里会变成这样呢？应该不应该听朋友们的呢？她左思右想，也许，当初就不该去问这些朋友的意见！

生词提示

1. 正直	zhèngzhí	（形）	righteous, upright

2. 般配	bānpèi	（形）	well-matched
3. 内向	nèixiàng	（形）	introverted

1. 听第一遍录音，选择正确答案

关于小李，小王的A、B、C、D、E、F几个朋友有很多看法，下面哪几项是她们没有谈到的？

年龄、爱好、体重、长相

2. 听第二遍录音，判断正误

（1）×　（2）√　（3）×　（4）×　（5）×　（6）×　（7）√

3. 听第三遍录音，选择正确答案

（1）“他每天都忙着工作，等结了婚，家务事就都是你一个人的了。”这句话的意思是结婚以后怎么样？［A］

（2）“其他方面我倒觉得没什么。”这句话是什么意思？［B］

（3）“而且又没什么钱”这句话是什么意思？［C］

（4）“你是学文学的，他是学电脑的，你俩肯定说不到一块儿去！”这句话是什么意思？［D］

4. 回答问题

（1）小王自己觉得小李怎么样？她担心什么？

（2）听了几位朋友的话以后，小王是怎么想的？

Lesson 11

第十一课
命都不要了

一、听力理解练习 Listening comprehension

一、听录音，选择正确答案

1. 女：你说老王这脾气，他的家里人能喜欢他吗？

   男：你是不知道，别看他平时总是对人发脾气，对孩子可是不一样。

   问：下面哪句话是对的？ [B]

2. 女：冬天房间里跟外边温度差很多，出去一定要多穿衣服，不然容易感冒。

   男：唉，现在说已经晚了。

   问：男的是什么意思？ [C]

3. 女：你们中文系老师的出国讲学情况怎么样？

   男：我们中文系的 50 个老师中，有 40 个人出过国，而其中有 50% 的人去过日本。

   问：他们中文系的老师中有多少人去过日本？ [D]

4. 男：国华商场真是不错，你在那儿要是买比较大的东西，他们会负责给你送到家。他们处处为顾客考虑，所以很受广大顾客的欢迎。

   女：我正想买一台冰箱呢，明天就去那儿买。

   问：男的说这家商场怎么样？ [A]

5. 男：王丽，你晒在外边的衣服已经干了，快收起来吧。

   女：好的。

问：男的让王丽做什么？ ［C］

6. 男：半年以前我得了一次感冒，咳嗽了两个月才好。自从那次生病以后，我就再也没有抽过烟。

女：很好！你一定要坚持下去。

问：男的多长时间没有抽烟了？ ［A］

7. 女：老张，你们决定让孩子出国留学了吗？

男：唉，孩子这么想出国留学，我也就只好让他去了。

问：男的是什么心情？ ［B］

8. 男：小李，你爱人出国，你怎么不一起去啊？是不是不想去啊？

女：我怎么不想去？可是我要是去了，谁照顾我父母啊？

问：小李为什么没有出国？ ［C］

9. 女：这件事你打个电话告诉我不就行了吗？

男：我怕打电话说不清楚，想来想去还是来跟你当面说了。

问：从对话中我们可以知道什么？ ［B］

10. 有一年，我坐船去一个城市。在船上待了两天两夜，再加上晕船，觉得很痛苦。船到岸以后，我心想：终于可以离开船，离开大海了。可是刚走进码头的大厅，看见迎面的墙上有一幅很大的画儿，又让我不禁想起了那两天在船上的痛苦生活。

问：大厅墙上的那幅画儿上画的大概是什么？ ［A］

二、听短文，做练习

命都不要了

在日常消费中，我们需要做出适当的计划、合理的打算，但是过分地算计，就难免小气了。请听王二是怎么精打细算的。

从前有一个人，叫王二。他非常小气，又很爱面子，三天两头地跑到别人家去，而且在别人家一坐就是半天，一直到吃了饭才走。他觉得这样很划算，不但可以吃别人的，而且还可以防止别人来自己家吃。

有一天，他刚要去别人家，没想到，他的朋友李三先到他家来了。

没办法，王二只好请李三坐下来，两个人聊起天儿来。王二一边跟李三聊天儿，一边不停地偷偷看表。几个小时过去了，李三也没有要走的意思。已经十二点了，李三还不走。王二很爱面子，不得不留李三在他家吃午饭。他端来一盘最便宜的菜——豆腐，请李三吃，并且说："豆腐很好，很有营养，我最爱吃豆腐了，它简直就是我的命，我一顿饭也离不开它。你也尝尝吧。"李三笑笑，没说什么。

几天以后，王二到李三家去，李三留他在家吃饭，王二当然不会拒绝了。饭菜做好了，李三对王二说："我知道你爱吃豆腐，所以让家里人给你做了各种豆腐，请你尝尝吧。"

王二往桌子上一看，嗬，上面摆了八个盘子，全是用豆腐做的菜，有炒豆腐、炖豆腐、煎豆腐，还有豆腐炖鱼、豆腐烩肉——一桌豆腐宴。

再看王二，眼睛睁得圆圆的，嘴巴张得大大的，吃得高兴极了。可他眼里只有鱼和肉。过了一会儿，盘子里的鱼和肉都让他吃完了，可是豆腐却一口也没吃。李三问："你不是说最爱吃豆腐，还说豆腐就是你的命吗？"王二擦了擦嘴说："对啊，没错儿，豆腐是我的命啊，可是你知道吗？看见鱼和肉，我就连命都不要了。"

1. 听第一遍录音，判断正误

（1）√　（2）×　（3）×　（4）√　（5）×

2. 听第二遍录音，选择正确答案

（1）王二经常去别人家吃饭是因为什么？ [B]

（2）王二为什么一边跟李三聊天儿，一边偷偷地看表？ [C]

（3）王二请李三吃豆腐是因为什么？ [D]

（4）李三请王二吃饭的时候，做了各种各样的豆腐是因为什么？ [A]

（5）王二比较喜欢吃什么？ [B]

3. 选择对下面各句话的正确理解

（1）“三天两头地跑到别人家去”这句话是什么意思？ [B]

（2）“在别人家一坐就是半天”这句话是什么意思？ [C]

（3）“王二……不得不留李三在他家吃午饭。”这句话是什么意思？ [D]

（4）“我一顿饭也离不开它。”这句话是什么意思？ [A]

（5）“再看王二，眼睛睁得圆圆的，嘴巴张得大大的。”这句话是什么意思？ [D]

（6）“眼里只有鱼和肉”这句话是什么意思？ [B]

（7）“豆腐却一口也没吃”这句话是什么意思？ [A]

（8）“豆腐是我的命啊，可是你知道吗？看见鱼和肉，我就连命都不要了。”这句话是什么意思？ [C]

4. 听第三遍录音，填空

（1）不但　　而且

（2）没想到

（3）一边　　一边

（4）简直　　离不开

（5）不是说　　还说

（6）连命都不要了

二、泛听练习 Extensive listening

短文（一）

“花昨天的钱”和“花明天的钱”

这些年，分期付款已经渐渐地被中国人接受了。以前，中国人一般是挣多少钱就花多少钱，挣得多了要留下来以后再花。在城市里，几乎所有的家庭在银行里都有存款。从文化上来说，中国人是不习惯提前消费的民族。

如果说分期付款是“花明天的钱”，那么更多的中国人的习惯是“花昨天的钱”。不过，随着中国对外开放程度的提高，越来越多的中国人开始接受“花明天的钱”这种消费方式。根据调查，68%的人愿意接受这一新的消费方式。这种消费方式对经济的发展会有很大的促进作用。

听录音，回答问题

（1）短文中“花昨天的钱”和“花明天的钱”是什么意思？

（2）在花钱的问题上，中国人一般有什么样的习惯？

（3）现在有多少中国人愿意接受“分期付款”这种消费方式？

短文（二）

什么时候买东西最合适

买东西也要注意时间，选择一个好的时间，不仅可以让你买到质量好的商品，更重要的是还可以让你节省很多钱呢。什么时间最合适呢？让我来告诉你。

有些东西是有季节性的，比如空调，不要等到夏天用的时候才去买，要在冬天买，冬天的价格会比夏天便宜很多，而且由于顾客少，商家的售后服务做得也会比较好。

再有就是刚刚上市的东西，你如果不是特别需要，就不要着急去买。因为刚刚生产出来的东西，一是比较贵，二是质量也很有可能还不太稳定。过一段时间，生产的多了，质量也更稳定了，这时候再去买，又买到了好东西，又节省了钱。

另外，一天里什么时间去买东西最好呢？上午。上午商场里的商品比较全，而且售货员刚刚上班，很热情，也很有耐心，所以最好是上午去逛商场。

听我的，准没错儿！

听录音，回答问题

（1）如果你要买泳衣的话，什么季节买比较好？为什么？

（2）为什么刚刚上市的东西不要急着去买？

（3）为什么说上午去商场比较好？

Lesson 12

第十二课
充电

一、听力理解练习 Listening comprehension

一、听录音，选择正确答案

1. 女：小王，你坐车来，怎么倒比我晚了？我还以为你会来得比我早呢！

   男：唉，路上堵车了。

   问：小王怎么了？ ［B］

2. 女：你看，这件衬衣一百块钱。

   男：这么便宜，质量能好吗？

   问：男的认为这件衬衣怎么样？ ［C］

3. 女：师傅，你们饭馆儿需要人吗？

   男：想打工啊？我们在这儿都快干不下去了，哪儿还有你的工作啊？

   问：男的是什么意思？ ［D］

4. 女：你说，不就是这么一点儿小事儿吗？老王怎么还拍桌子、瞪眼睛的？

   男：老王这人就那样！

   问：老王怎么了？ ［A］

5. 男：昨天跟爸爸说，我想暑假一个人去南方旅行，还没等我说完，他就把眼睛一瞪，吓得我不敢再说了。

   女：那你还去吗？

   问：对他的旅行计划，爸爸是什么态度？ ［B］

6. 女：我小时候看着别的小朋友跟爸爸妈妈高高兴兴地去公园，心里好不羡慕。

男：所以你现在一有时间就陪孩子一起玩儿，是吗？

问：从对话中可以知道女的小时候怎么样？ [C]

7. 男：我的同屋几乎每天都叫很多人到房间里来玩儿，而且每天都玩儿到很晚。昨天晚上我跟他吵了一架。

女：两人生活习惯不一样，难免会发生矛盾。

问：女的是什么意思？ [C]

8. 女：老师，不是说七点四十出发吗？还差十分都八点了。

男：唉，真没办法。还有几个人没有来，恐怕还得再等几分钟。

问：按老师的意思，他们大概几点才能出发？ [D]

9. 男：你看我们公司的小刘都三十好几了，还是单身呢。你们单位有没有合适的姑娘？给介绍介绍。

女：原来他是单身啊！我还以为他早就结婚了呢。

问：女的是什么意思？ [B]

10. 我们的英语老师给我们上课的时候没有课本，讲的内容都是从报纸、杂志上找来的。他也不是一字一句地讲，而是选择其中的几个词进行比较，比如，他讲“笑”这个词的时候，就引出“微笑”“大笑”“苦笑”“傻笑”来做比较。这样教给学生，使学生对英语也大有兴趣。

问：他觉得这位老师怎么样？ [C]

二、听对话，做练习

充电

汉语有一个词“充电”。我们今天说的可不是给电池充电啊，是给人“充电”。什么意思呢？什么人在忙着“充电”？为什么要“充电”呢？听了录音你就知道了。

记者：你们好！可以打扰一下吗？我是《中国青年报》的记者，想就参加培训班的问题采访一下你们，可以吗？

小马：当然可以。

记者：二位贵姓？

小马：我姓马，她姓王。

记者：你们已经工作了吧？

小马：嗯，我在一家公司工作。

小王：我是中学老师。

记者：都是这个电脑培训班的学生吧？

小马、小王：对。

记者：是利用业余时间来这儿学习的？

小马：嗯，没错儿。

记者：你们为什么要参加这个培训班呢？

小马：怎么说呢？我是中专毕业，参加工作快一年了，在工作中越来越觉得自己的知识太少了，需要学的东西太多了，所以我就想给自己充充电，提高工作能力吧。

小王：我的目的就是为了换一个工作。我大学学的中文，关于电脑的知识，我知道得不是很多。等这个培训班毕业以后，我想去公司当秘书。

记者：在你们单位，参加这种培训班的年轻人多吗？

小马：想继续学习的人不少，但真正能来学习的人也不是很多，主要是工作太忙了吧，没有时间。

小王：还有人是因为家务太多，父母啦，孩子啦，都需要照顾；还有的是因为经济的原因，上一个培训班要交好几千块钱呢。

记者：这种培训班除了培训电脑的内容以外，还有别的内容吗？

小马：电脑培训班最多了，另外还有英语、经济管理、法律等各种各样的培训班。我除了这个电脑培训班以外，还参加了英语培训班，她还参加了一个经济管理培训班。

记者：怎么样？对培训班的教学还满意吗？

小马：说实话，很不满意。主要是这种培训班的教学质量一般都不太好，学生的水平也是千差万别，比我原来想的差多了。

记者：这个培训班毕业以后，你们还会继续参加别的培训班吗？

小王：当然。

小马：我觉得不一定，自己学习可能也不错。

记者：好，谢谢你们。

小马、小王：不谢。

1. 听第一遍录音，判断正误

（1）×　（2）×　（3）√　（4）√　（5）√　（6）×

2. 听第二遍录音，选择正确答案

（1）小马参加工作多长时间了？　［A］

（2）小马参加培训班的目的是什么？　［B］

（3）小王参加培训班的目的是什么？　［C］

（4）小王在大学的时候学的是什么？　［B］

（5）小王想换什么工作？　［D］

（6）在小马和小王的单位里，参加这种培训班的年轻人多吗？　［C］

（7）有些年轻人没有参加培训班，对话中没有谈到哪个原因？　［A］

（8）哪种培训班最多？　［C］

（9）对话中没有提到下面哪种培训班？　［B］

（10）小马参加了什么培训班？ ［D］

（11）小王参加了什么培训班？ ［A］

（12）小马觉得这种培训班怎么样？ ［D］

3. 选择对下面各句话的正确理解

（1）记者问："是利用业余时间来这儿学习的？" 男的答："嗯，没错儿。" 对话中的"没错儿"是什么意思？ ［A］

（2）记者问："你们为什么要参加这个培训班呢？" 男的答："怎么说呢？" 对话中的"怎么说呢？"是什么意思？ ［D］

（3）"上一个培训班要交好几千块钱呢。" 这句话是什么意思？ ［B］

（4）记者问："怎么样？对培训班的教学还满意吗？" 男的答："说实话，很不满意。" 男的是什么意思？ ［C］

（5）"比我原来想的差多了。" 这句话是什么意思？ ［C］

（6）记者问："这个培训班毕业以后，你们还会继续参加别的培训班吗？" 男的答："我觉得不一定，自己学习可能也不错。" 男的以后还会参加培训班吗？ ［A］

4. 听第三遍录音，回答问题

（1）小马为什么参加培训班？小王呢？

（2）在他们单位，参加这种培训班的人多吗？为什么？

（3）除了电脑培训班以外，还有什么培训班？

（4）小马对培训班的教学满意吗？

二、泛听练习 Extensive listening

短文（一）

怎样提高学习效率

根据多年的研究，人们总结了一些提高学习效率的方法，你如果有兴趣可以试一试。

一是不要长时间地看书。学习一个小时左右要放松一下，比如听听音乐、活动活动身体等，这样要比长时间地学习更有效率。

二是吃饱饭以后不要学习新的东西。因为饭后大部分血液都流到了胃部，脑部的血液比较少，这时候学习的话，效果会很差。特别是学习新的东西会很吃力。

三是要适应自己的学习时间。有些人早上精力特别好，而有些人晚上注意力才容易集中，应该选择最适合自己的时间去学习。

四是学习的时候要安静。不要离门和窗户太近，不要听收音机，也不要一边学习一边看电视，应该尽可能找一个安静的地方。

五是学习一个新的内容时，先用自己的话说一说这个内容，这样可以帮助你理解。

六是预习或复习时尽量学一个完整的内容。比如你记一首诗，就要全篇一起记，而不要一句一句或一段一段地记。

听录音，判断正误

（1）√ （2）× （3）× （4）√ （5）√ （6）×

短文（二）

朝三暮四

从前有一个人，养了很多猴子。时间长了，他很了解猴子的脾气；猴子呢，也能懂得主人的意思。因此，他更爱这些猴子了。他家里没有钱，但是他宁可自己少吃一点儿，也要让猴子们吃饱。

后来，他家里越来越穷，给猴子买食物的钱也快没有了。这时他就想每天少给猴子吃一点儿食物，但是又怕猴子们不听话，他就跟猴子们商量说："以后，我每天早上给你们三个栗子，晚上给你们四个，你们看怎么样？"

猴子们听了，又是喊，又是叫，表示不同意。

主人想了想，过了一会儿，又对猴子们说："要不然这样吧，我每天早上给你们四个栗子，晚上给你们三个，这下你们该同意了吧？"

果然，猴子们听了又蹦又跳，很高兴的样子，以为真的给它们增加了食物。

"朝三暮四"这个成语就是这么来的。它本来的意思是说用各种方法来骗人。后来形容一个人没有一定的主意，经常改变。

听录音，回答问题

（1）主人为什么很爱这些猴子？

（2）主人后来为什么要给猴子们减少食物？他是怎样跟猴子们说的？猴子们同意吗？

（3）他第二次是怎么跟猴子们说的？他给猴子们增加食物了吗？

（4）"朝三暮四"这个成语本来是什么意思？现在呢？

Lesson 13

第十三课
想开点儿

一、听力理解练习 Listening comprehension

一、听录音，选择正确答案

1. 女：小王，你怎么这么早就来了？没想到住得离学校远的人反而先到了。

   男：对呀，住得越远越怕迟到，所以就早来了。

   问：从对话中我们可以知道什么？ [A]

2. 女：我跟我爱人工作都很忙，根本没时间照顾孩子。好在孩子也大了，可以自己照顾自己了。

   男：这样，你们就可以放心一点儿了。

   问：女的是什么意思？ [B]

3. 女：有一个家长想请我给他的孩子当家教，一星期辅导三次英语。我怕自己水平不够。

   男：我觉得你可以先去试试。

   问：女的是什么意思？ [A]

4. 女：小明，你的桌子上怎么这么多书啊？把那些一时用不着的书都放到书架上去吧。

   男：好的。

   问：女的让小明做什么？ [C]

5. 男：请问，那双布鞋多少钱？

   女：250块。

男：啊？都够买一双皮鞋了。

问：男的是什么意思？ [D]

6. 男：上个星期，我跟我爱人都要出差，没办法，只好让小明一个人在家自己照顾自己了。

女：这也太难为他了。

问：女的是什么意思？ [A]

7. 女：现在跟朋友联系越来越方便了，发微信啦，发e-mail啦，上QQ啦。可有时候我还是喜欢写信，而且一写就是好几页。

男：对，读信的时候也总是让人感觉很亲切。

问：女的是什么意思？ [B]

8. 公司的女同事在一起的时候，经常说的一件事就是没衣服穿。哪怕她一天换两套衣服，也还是这么说。时间长了就总结出来了：女人说没衣服穿，意思是没新衣服穿了。

问：从这段话中我们可以知道她的女同事怎么样？ [D]

9. 现在虽然人们用电脑越来越多，但是我觉得它还是不能代替笔，就像汽车不能代替自行车一样。哪怕电脑再发达，有时还是要用笔写字。

问：这段话的主要意思是什么？ [D]

10. 在中国，节日有以下几种：一是传统节日，如春节、元宵节、清明节、端午节、中秋节等。二是一些重要的纪念日，如"五四"中国青年节、"七一"中国共产党的诞生纪念日、"八一"中国人民解放军建军纪念日、"十一"国庆节等。还有一些国际节日，如"三八"妇女节、"五一"劳动节、"六一"儿童节等。另外还有各种少数民族的节日，如泼水节、开斋节等等。

问：这段话介绍了几种节日？ [C]

二、听对话，做练习

想开点儿

在当今世界上，肥胖人口的增加越来越成为一个社会问题，于是很多人出于各种各样的目的都在减肥。很多年轻女性，即使身体并不算肥胖，也会想尽办法减肥。身体稍微胖一点儿真的那么可怕吗？请听录音。

男：哎，小于，咱们去三楼看看女装吧。小于，小于，看什么呢？唉，你呀，一看见这些减肥用品就走不动了。

女：小张，你看这种机器，叫"瘦得快"。我还真想买一个试试。

男：算了吧！难道你还相信这些？那么多减肥方法都试过了，跑步、游泳、吃减肥药、喝减肥茶，哪种方法有效果啊？都是越减越肥。

女：减肥药没有用。游泳的话，当时体重下去了，一不游泳了，又上来了。其实半年前的那次减肥，效果还不错，就是后来没有坚持下来。

男：每天只吃水果和蔬菜，我看谁都坚持不下来。别人吃饭的时候你就吃两个西红柿，到后来，看见别人吃饭，你都要哭了！那么痛苦，何苦呢？随它去吧，胖一点儿、瘦一点儿有什么区别？

女：试过这么多方法以后，我现在确实不敢再随便相信任何一种减肥方法了。不过要是真有一种好的方法，我还是想试一试。

男：你真是跟自己过不去。你只比标准体重多八九斤，根本不算肥胖。我比标准体重多十多斤呢，也没觉得有什么不好的。

女：可是逛商场的时候，看到那么多漂亮的衣服，自己却穿不下，一到这时候，我就想减肥。

男：所以说，减肥的人，尤其是你们年轻女性，很多都是为了漂亮才去减肥的，有谁是为了健康？我在报纸上看到过，说是稍微胖一点儿的人，智商比较高。你如果减肥，有可能影响你的智商哟！

女：哈哈，胖一点儿的人智商高？你真是自己安慰自己。我倒听说，年轻的时候胖的人，等老了以后，容易得高血压什么的。

男：年纪大了，不胖也可能生病。该怎么样就怎么样吧！

1. 听第一遍录音，判断正误

（1）√ （2）√ （3）× （4）× （5）× （6）× （7）√

2. 听第二遍录音，选择正确答案

（1）小于用游泳的方法减肥结果怎么样？ ［B］

（2）小于试过的比较有效果的减肥方法是什么？ ［C］

（3）半年前的那次减肥，小于没有坚持下来是因为什么？ ［A］

（4）小于现在对减肥的态度是怎么样的？ ［D］

（5）小张认为很多人减肥的目的是什么？ ［B］

（6）小张看到报纸上说，胖一点儿的人怎么样？ ［A］

（7）小于对小张关于体重跟智商的关系的说法怎么看？ ［C］

（8）小于听说年轻的时候胖的人怎么样？ ［D］

3. 选择对下面各句话的正确理解

（1）“你呀，一看见这些减肥用品就走不动了。”这句话是什么意思？ ［B］

（2）女的说：“我还真想买一个试试。”男的答：“算了吧！”男的是什么意思？ ［A］

（3）“随它去吧，胖一点儿、瘦一点儿有什么区别？”这个句子中的“随它去吧”是什么意思？ ［C］

（4）“你真是跟自己过不去。”这句话是什么意思？ ［A］

（5）“看到那么多漂亮的衣服，自己却穿不下。”这个句子中的“穿不下”说的是什么？ [D]

（6）“年纪大了，不胖也可能生病。”这句话是什么意思？ [D]

（7）“该怎么样就怎么样吧！”这句话是什么意思？ [B]

4. 听第三遍录音，回答问题

（1）小于试过哪些减肥方法？

（2）半年前的那次减肥小于使用了什么方法？效果如何？

（3）小于现在对减肥的态度怎么样？

（4）小于减肥的目的是什么？

（5）小张对减肥是什么态度？

二、泛听练习 Extensive listening

短文（一）

关于减肥

当今世界，肥胖人口在不断增加，已经成了一个社会问题。据统计，在过去的十五年里，英国的肥胖人口已经增加了一倍；美国有30%的人有体重问题；在中国，肥胖人口已经有7000万，更严重的是，在过去十年中，中国中小学生中的肥胖人数已经增加了三倍，而且正以每年7%到8%的速度增加。

肥胖会给人们的生活带来不便，甚至带来疾病。人们也已经认识到肥胖的危害，所以肥胖的人大都开始减肥了。但是在对待肥胖问题上还有一些错误的认识。

一是很多人不清楚“胖”和“肥胖”不一样。人的标准体重有一个范围，你的身高减去100，就是你的标准体重。比如，一个身高一米六的人，他的标准体重应该是 60 公斤。在这个范围上下，有的人瘦一点儿，有的人胖一点儿，但都在正常范围以内，这些人不需要减肥；而“肥胖”是说他的体重已经大大超出了正常的范围，这些人是需要减肥的。

二是有些人过分相信减肥药的作用而不重视体育锻炼。多运动，使自己的身体强壮起来，才能达到健美的目的，而不能只是简单地减掉身上的那几斤肉。瘦不是美，健康才是美。

听录音，判断正误

（1）√ （2）√ （3）× （4）× （5）√ （6）√ （7）√ （8）√

短文（二）

减肥新方法

有一位先生太胖了，想减肥。一天，他在报纸上看到一个减肥广告：“本公司采用新方法减肥，每减掉一斤收 10 块钱。”他立刻给这家公司打电话要求减 10 斤。“好的，先生。请告诉我您的地址，明天上午我们就派人到您家。”

第二天，他打开门，看见一位漂亮的姑娘站在门口。姑娘说：“如果你追上我，就可以吻我。”姑娘说完就跑，这位先生就追，当他实在跑不动的时候，姑娘说：“你去称称你的体重吧！”他一称，果然减了 10 斤。

于是他又给这家公司打电话，要求减 20 斤，并且下决心，明天一定追上她。

第二天，来了一位更漂亮的姑娘。姑娘也说了同样的话，同样是一个跑，一个追，也是同样的结果，姑娘最后的一句话也是：“你去称称你的体重吧！”他一称，果然减了 20 斤。

他又给公司打电话，要求减 50 斤。

“这怎么可以呢？一次不能减那么多。”公司的接待员说。

“你不要管这么多，我一定要减。”

第二天，他很早就做好了准备。听到敲门声，他打开门却一下子愣住了，门口站着一个长得很凶的男人，那个男人对他说：“如果你让我追上，我就弄断你的脖子。”

听录音，回答问题

（1）这家公司的减肥方法是什么？

（2）这位先生第一次要减多少斤？他减掉了吗？为什么？

（3）他第二次要减多少？目的达到了吗？

（4）第三次他为什么一定要减 50 斤？

（5）第三次来帮助他减肥的是什么人？那个人对他说了什么？

Lesson 14

第十四课
你最好还是戒了吧

一、听力理解练习 Listening comprehension

一、听录音，选择正确答案

1. 女：小王，你哥比你高点儿吧？

   男：看起来我哥比我高，实际上我一点儿也不比他矮。

   问：男的是什么意思？ [B]

2. 女：你知道，有很多事情，说起来很简单，可实际做起来就不是那么回事儿了。

   男：对呀，"说起来容易做起来难"嘛！

   问：女的认为很多事情怎么样？ [A]

3. 女：昨天我们留学生搞了一个汉语节目表演，非常精彩，很多老师都被同学们的表演吸引住了。

   男：我没去看，太遗憾了。

   问：从对话中我们可以知道什么？ [B]

4. 男：昨天我在马路上开着车，看见前边又堵车了，等我把车停下来才知道，前边发生了一起交通事故。

   女：你在路上开车一定要小心。

   问：前边堵车的时候，男的做了什么？ [C]

5. 女：小张，你知道小王和小李是怎么认识的吗？

   男：他们是由小刘介绍认识的。

   问：下面哪句话是对的？ [A]

6. 女：爸爸，你要去哪儿啊？今天可是星期六。
男：知道。既然我上星期答应今天陪你在家玩儿，我就会在家的。我只是出去买一些水果。
问：孩子说那句话是什么意思？ [B]

7. 女：你快看，马路对面那两个人在做什么？
男：有什么好看的！你没见过在路边表演的啊？
问：男的是什么意思？ [A]

8. 男：小王，8月20号的会议很重要，你记着提醒我啊。
女：刘经理，那是前天的事啦。
男：糟糕！我竟然忘了参加会议！
女：您去了。
问：下面哪句话是对的？ [D]

9. 我妈妈经常对我说，小学老师对学生的影响是很大的，身上的责任也是很大的。所以我对工作非常认真，每一节课都精心准备。
问：从这段话中我们可以知道什么？ [B]

10. 这会儿小明正一个人在家，他看见桌子上放着糖，刚想伸手去拿，突然想起妈妈刚才出门的时候说的话，伸出去的小手又收回来了。
问：妈妈刚才可能对小明说了什么？ [C]

二、听对话，做练习

你最好还是戒了吧

由于各种各样的原因，一些人喜欢抽烟。可大家都知道吸烟对身体有害，怎么才能帮这些人把烟戒掉呢？请听录音。

女：哎，你又在这儿抽烟了！今天5月31号，可是“世界无烟日”啊！

男：让我一天都不吸烟？我可受不了。

女：我就觉得奇怪，你是怎么学会抽烟的呢？

男：我告诉你，你可能都不相信。十多年以前，我到处找工作，那些公司的老板总是很忙，见面说不上两句话就有人找他们，我就只好告辞。朋友就给我想了个主意，让我买盒烟，一见面，先给老板递上一支，在他没有抽完这支烟以前，他总不好意思走嘛。而一支烟一般要抽八到十分钟。

女：这是什么主意啊！

男：我按照他说的，买了一盒烟，二十五块，又花两块钱买了一个打火机，递上烟以后我又给老板点上烟，这样一来，他果然不好马上离开。为了不让他看出我是特意买的烟，我自己也点着了一支。我就是在这十分钟里办成了事儿。从那以后，我和烟就再也没分开过。

女：我听说过因为受爸爸或者朋友的影响开始抽烟的，也有学电影明星的样子开始抽烟的，因为找工作开始抽烟，我还是第一次听说。还有，我发现你以前是两三天抽一盒，现在是一天一盒都不够了。你看你的脸，都什么颜色啦！跟十年以前能比吗？每天夜里都咳嗽，你自己不觉得难受吗？你最好还是戒了吧。

男：已经抽了这么多年了，不是想戒就能戒掉的。

女：你诚心诚意地戒，就能戒掉。哎，明天我去给你买点儿戒烟糖，好吗？

男：把烟戒掉，恐怕身体会适应不了的。

女：你可以慢慢来，让身体逐渐适应嘛！哎，可不要到最后，烟没有戒掉，又多了吃戒烟糖的毛病啊！

男：那也没准儿！

1. 听第一遍录音，判断正误

（1）√　（2）√　（3）√　（4）×　（5）√

2. 听第二遍录音，选择正确答案

（1）男的开始找工作的时候，情况怎么样？ [D]

（2）他找工作的时候别人告诉他，跟老板见面的时候要怎么样？ [B]

（3）朋友为什么给他出那个主意？ [D]

（4）他找工作的时候买的那盒烟多少钱？ [A]

（5）他给老板递上烟后，老板怎么样？ [C]

（6）他给老板递上一支烟后，自己也抽了一支，是因为什么？ [C]

（7）人们开始抽烟的原因各种各样，女的以前没听说过的情况是什么？ [B]

（8）男的现在每天抽烟的数量跟以前比有什么变化？ [A]

（9）男的现在身体怎么样？ [C]

（10）女的对男的戒烟担心的是什么？ [D]

3. 选择对下面各句话的正确理解

（1）“见面说不上两句话就有人找他们。”这个句子中的“说不上两句话”是什么意思？ [C]

（2）“在他没有抽完这支烟以前，他总不好意思走嘛。”这句话是什么意思？ [D]

（3）“这是什么主意啊！”女的说这句话时是什么语气？ [B]

（4）“他果然不好马上离开。”这句话是什么意思？ [A]

（5）“我就是在这十分钟里办成了事儿。”这个句子中的“办成了事儿”是什么意思？ [B]

（6）“从那以后，我和烟就再也没分开过。”这句话是什么意思？［C］

（7）“现在是一天一盒都不够了。”这句话是什么意思？［D］

（8）“你看你的脸，都什么颜色啦！”这句话是什么意思？［A］

（9）“跟十年以前能比吗？”这句话是什么意思？［B］

（10）“已经抽了这么多年了，不是想戒就能戒掉的。”这句话是什么意思？［C］

（11）“你诚心诚意地戒，就能戒掉。”跟这句话意思最接近的是哪一句？［D］

（12）“你可以慢慢来，让身体逐渐适应嘛！”这个句子中的“慢慢来”是什么意思？［C］

（13）女的说：“哎，可不要到最后，烟没有戒掉，又多了吃戒烟糖的毛病啊！”男的答：“那也没准儿！”男的是什么意思？［B］

4. 听第三遍录音，用所给词语和句式回答问题

（1）十多年前，他开始找工作的时候遇到了什么问题？

（2）这时候朋友给他出了什么主意？

（3）他按照朋友说的做了以后，发生了什么情况？

（4）男的现在身体不太好，女的是怎么说的？

（5）女的是怎么劝男的戒烟的？

5. 根据实际情况回答问题

（1）你或者你的朋友抽烟吗？是怎么开始抽烟的？

（2）如果你的朋友抽烟抽得很厉害，你会怎么劝他戒烟呢？

二、泛听练习 Extensive listening

相声

喝　酒

甲：你会喝酒吗？

乙：多少能喝点儿。

甲：一次能喝多少？

乙：也就是二两吧。

甲：太少了，来一斤吧。

乙：不行，不行，来一斤我就醉了。

甲：醉了好。

乙：醉了还好呢！

甲：我爱看醉鬼。你看那些喝醉的人，有哭的，有乐的，有打的，有闹的。

乙：是吗？

甲：那天我就看见一位，喝醉了，在马路上走路来回晃，走着走着就躺在马路上了，嘴里还说呢："今天我在这儿休息一会儿。"

乙：这多耽误事儿啊！

甲：人家告诉他："来车了！""嗯，什么车？"

乙："自行车。"

甲："不躲，让它从我身上轧过去。"人家那位骑自行车的没时间跟他讲道理，扛着自行车过去了。

乙：真不像话！

甲：过了一会儿，又告诉他："又来车了！""什么车？"

乙："三轮车。"

甲：“不躲，让它从我身上轧过去。”

乙：真耽误事儿！

甲：人家骑三轮车的也绕开他过去了。过了一会儿，又告诉他：“又来车了！”“什么车？”

乙：“汽车。”

甲：“不躲。”

乙：“是消防车！”

甲：“那……”

乙：“不躲，让它从我身上轧过去。”

甲：“那我还是先躲会儿。”

乙：哎，这次怎么躲啦？

甲：消防车轧死了白轧呀。

乙：看来他是装醉。

甲：你发现了吗？大家在一块儿喝酒，越是说自己醉了：“哎呀，不行了，我喝多了，已经醉了。”其实他没醉。越是说自己没醉的，其实都醉了。

乙：是吗？还有这规律？

甲：你看，喝酒的时候，别的人都说自己醉了，就有两位说自己没醉。“你的酒量——不行，你——都醉了，我再喝一斤——都——没问题。”那位说：“你——才醉了呢，你的舌头——都直了。你没醉，你——过来。”

乙：“干什么呀？”

甲：他拿起一个手电筒，往桌子上竖着一放，然后把手电筒打开，上面有一个光柱，你听这话醉没醉？“你——顺着这个光柱——爬上去。”

乙：那能爬上去吗？

甲：那位看了看："你——别来这套！我——爬上去？我——爬上去，你把手电筒——一关，我——掉下来呀！"

听录音，回答问题

（1）你觉得躺在马路上的那个人醉了没有？为什么？

（2）大家在一起喝酒，什么样的人是真的醉了？什么样的人是装醉？

（3）你觉得相声中最后的那两个人醉了没有？为什么？

短文

关于香烟

香烟传到中国，虽然只有400多年的时间，但今天，中国的香烟消费量已占世界消费总量的44%。

根据2015年的调查报告，中国15岁以上的人吸烟率为27.7%，吸烟人数比2010年增长了1500万，达到3.15亿。

世界卫生组织的一位负责人说："全世界吸烟的人在总人口中的比例从2000年的27%下降到了2016年的20%。"自那时起，在人口增长的同时，全世界成年吸烟者的数量基本在11亿左右。在全世界，吸烟者数量最多的两个国家是中国和印度，中印两国的吸烟人口占到全世界的38%。中国有超过3亿烟民，印度有1亿多。原因是许多人并不了解吸烟可能带来的严重后果。全球每年因吸烟导致的死亡人数高达700万，其中90万人吸的是二手烟。

听录音，填数字

（1）400多　　（2）44%

（3）1500　3.15　　（4）27%　20%

（5）38%　3　1　　（6）700

Lesson 15

第十五课 怎样才能休息好

一、听力理解练习 Listening comprehension

一、听录音，选择正确答案

1. 女：小李，你这张邮票是从哪儿弄来的？

   男：是小刘给我的。那天我看上了小刘的一枚邮票，想花 100 块钱买他的，可他不肯，非要送给我不可，让我特别不好意思。

   问：下面哪句话是对的？ ［B］

2. 女：像咱们这样，星期一到星期五工作，周末又加班，连回家看父母的时间都没有了。

   男：我参加工作以后，连家都不怎么回了，只是偶尔给家里打个电话。

   问：从对话中我们知道男的参加工作以后怎么样？ ［A］

3. 女：您是小明的爸爸啊，我跟您说啊，小明在我们班，要说聪明，没有比他更聪明的了；可是学习成绩呢，总是让人不满意。我们当老师的，心里也很着急。

   男：我知道，这个孩子不太爱学习。

   问：小明在他们班怎么样？ ［C］

4. 女：自从来到北京以后，我就没有舒服过一天，今天头疼，明天肚子疼，后天又感冒了……唉！

   男：是不是因为工作太累了？

   问：女的是什么意思？ ［D］

5. 女：我上大学的时候，我们班有 50 多位同学，现在我连他们的名字也记不全了。

男：那是因为你们联系得太少了。

问：女的说那些大学同学的名字她已经怎么样了？ ［C］

6. 女：哎，小王和小李关系怎么样？

男：小王和小李关系很亲密，但是小王脾气不太好，经常惹小李生气。

问：从对话中我们可以知道什么？ ［A］

7. 女：你了解李芳这个人吗？

男：我不过跟她见过一两次面而已。

问：男的是什么意思？ ［A］

8. 女：小李，你们单位的小王结婚了吗？

男：他连女朋友都没有呢，更不要说结婚了。

问：小李是什么意思？ ［C］

9. 女：小王，这是你新买的自行车啊？

男：哪儿啊，早就买了，就是没怎么骑过。

问：下面哪句话是对的？ ［D］

10. 我是从来不听天气预报的，因为听了也没用，温度、湿度都是数字，找不着感觉。倒是很希望有一种穿衣服的预报，很温柔地告诉你，今天可不可以穿短裙，明天是不是该穿条厚的长裤，再穿一件大衣，有没有必要戴围巾、手套……

问：下面哪句话是对的？ ［C］

二、听对话，做练习

怎样才能休息好

你每天休息得好吗？有没有失眠、做噩梦的时候？你知道这些是什么原因造成的吗？要想每天都休息好，有什么好的办法吗？请听录音。

女：哎，老张，你怎么了？脸色不太好，是不是昨天晚上没有睡好？

男：别提了！这段时间我就没睡好过。

女：我教你一个办法，你晚上躺在床上以后就数数，1、2、3、4、5……

男：早就试过了，根本不行。都数到1000多了，眼睛还睁得大大的呢。

女：那你睡觉前吃点儿安眠药呢？

男：我可不想吃，安眠药对身体不好，而且时间长了，不吃药就睡不着，那可不行。

女：像你这样每天失眠对身体影响太大了。

男：也不是每天都失眠，偶尔也能睡着，但是睡着了就会做噩梦，或者有一点儿声音就醒了，早上也醒得很早，总是觉得没有休息够。

女：你说的这些都是浅睡眠现象，是睡眠质量不好。浅睡眠对身体的影响和失眠差不多。报纸上说，有77%的人有这种问题。你要注意调节一下自己的身体，这样长时间下去，身体会受影响。

男：其实我现在就觉得每天都很累，精神紧张，记忆力下降，脾气也变得不好了。

女：你看，这都是睡眠不好造成的。对人来说，睡觉比吃饭、喝水更重要。有人研究过，如果不吃饭，人可以活20天；不喝水，可以活7天；要是不睡觉，只能活5天。哎，对了，这个办法你试过吗？

男：什么办法？

女：晚上睡觉以前，你出去锻炼一下，跑跑步什么的，回来以后，再泡个热水澡，保准能睡个好觉。

男：这个办法倒可以试一试。不过我现在每天都要工作到晚上 12 点多，要是再锻炼、泡热水澡什么的，那还不得到两三点钟啊？

女：说到底，你还是因为工作太辛苦了，所以要保持轻松、愉快的心情，多让自己放松放松。

1. 听第一遍录音，判断正误

（1）√ （2）× （3）√ （4）× （5）√ （6）√

2. 听第二遍录音，选择正确答案

（1）女的给老张想的第一个办法，老张觉得怎么样？ [A]

（2）女的让老张吃安眠药，老张觉得怎么样？ [D]

（3）下面哪一项不是老张现在的睡眠情况？ [A]

（4）浅睡眠现象是什么？ [B]

（5）关于老张现在的身体情况，对话中没谈到的是什么？ [C]

（6）有人研究过，人不睡觉只能活几天？ [A]

（7）女的告诉老张的第三个办法是什么？ [D]

（8）老张觉得女的说的第三个办法怎么样？ [B]

（9）女的认为解决老张睡眠问题的根本办法是什么？ [C]

3. 选择对下面各句话的正确理解

（1）女的说“哎，老张，你怎么了？脸色不太好，是不是昨天晚上没有睡好？”，男的回答“别提了！”，从对话中可以看出男的心情怎么样？ [B]

（2）“早就试过了，根本不行。”这句话是什么意思？ [A]

（3）“都数到1000多了，眼睛还睁得大大的呢。”这个句子中的“眼睛还睁得大大的呢”是什么意思？ ［C］

（4）“有一点儿声音就醒了。”这句话跟下面哪句话的意思最接近？ ［D］

（5）“这样长时间下去，身体会受影响。”这句话是什么意思？ ［B］

（6）“保准能睡个好觉。”这句话跟下面哪句话的意思最接近？ ［C］

（7）“那还不得到两三点钟啊？”这句话是什么意思？ ［B］

（8）“说到底，你还是因为工作太辛苦了。”这个句子中的“说到底”是什么意思？ ［D］

4. 听第三遍录音，回答问题

（1）女的给老张想的第一个办法是什么？老张觉得怎么样？

（2）女的给老张想的第二个办法是什么？老张觉得怎么样？

（3）老张现在的睡眠情况怎么样？详细说一说。

（4）浅睡眠现象对人的身体有哪些不好的影响？

（5）为什么说睡觉比吃饭、喝水更重要？

（6）女的给老张想的第三个办法是什么？老张觉得怎么样？

二、泛听练习 Extensive listening

短文（一）

说说“感冒”

在人类所有的疾病中，感冒可以说是最常见的了。几乎每个人都得过感冒，但很多人对感冒却并不真正了解，甚至还有一些不正确的认识。

很多人觉得感冒是小病，所以也就不注意它的预防和治疗。其实感冒本身不仅会带来发烧、头疼这些不舒服的症状，而且由于身体的抵抗力下降，很容易引起其他一些疾病，因此有“感冒是百病之源”的说法。

还有，我们在冬天经常会听到这样的话：“穿暖和点儿，别感冒了！”人们一般认为感冒是因为寒冷，但是医学实验已经证实，这种想法是错误的。

人们认为打喷嚏是感冒传播的主要方式，而根据医学专家的调查，手的接触才是最主要的传播方式。在手上，感冒病毒可以存活两个小时；在物体表面，可以存活 72 个小时。如果感冒的人用手摸了什么地方，那么没感冒的人再去摸这些地方的时候，就很容易传染上感冒。所以预防感冒的方法就是：多洗手，少用手揉眼睛和鼻子。

下面这些关于感冒的说法对不对

（1）√　（2）√　（3）×　（4）×　（5）√

短文（二）

手机改变了我们的生活

当今世界 70 多亿人，其中约 30 亿人在使用智能手机。

自从有了智能手机，我们跟亲人朋友联系就方便多了。它不仅有通话功能，而且还能上网、购物、发微信、看电影、看电视剧、听音乐、拍照等等。我们的生活早已离不开手机了。

手机在带给我们便利的同时，也带来了很多麻烦。比如，有些人的视力越来越差，低头看手机是很大的原因；看不完的微信，影响了我们的睡眠；走路看手机，也让我们摔过跤；开车打手机，也让我们出过车祸，等等。

除此之外，还有一些更不能忽视的问题。比如，有了手机和微信，人与人真正的交流越来越少了。有人曾做过追踪调查，用户每天在手机上花费两个半小时的时间，但只有 7 分钟是在通话，大部分时间都花在社交网站和游戏上。他们跟朋友见面越来越少，更多的是发短信、发微信，而面对面的对话才是人类最好的沟通方式。在谈话中，我们展示自己，认识其他人，学会如何被理解，学习接受和拒绝。而总是盯着手机屏幕，减少了真正的沟通。可以说，虽然表面上手机使人们的联系更方便了，但是实际上它却把人们之间的距离拉远了。

还有，手机让我们时刻在线，使得我们的生活节奏越来越快。而生活节奏加快也使人们的耐心变差了。

另外，手机的电话、微信、短信等各种信息会不断地打断我们，使我们很难集中精力去工作和学习。

那么，我们应该怎么做？我们应该少使用手机，增加与别人相处和交流的时间。简单地说就是，先把你的手机放到一边吧！

听录音，回答问题

（1）课文中谈到手机给我们带来了哪些便利？

（2）课文中谈到手机给我们带来了哪些问题？

（3）手机给你带来了哪些便利和问题？

Lesson 16

第十六课 该听谁的

一、听力理解练习 Listening comprehension

一、听录音，选择正确答案

1. 女：要说一个人带孩子生活的困难，恐怕没有谁比我体会得更深刻。

   男：是，您真的很辛苦。

   问：对于一个人带孩子生活的困难，女的觉得怎么样？ [C]

2. 女：小明，今年暑假去旅游吗？

   男：今年暑假我妈妈打算带我去大连，我特别高兴，因为我还从来没在海里游过泳呢！

   问：小明为什么特别高兴？ [D]

3. 男：爸爸、妈妈，我要喝水。

   女：好孩子，大夫说了，刚做完手术，千万不能马上喝水。

   问：谁现在不能喝水？ [A]

4. 女：我看小刘最近挺忙的，咱们的电脑能不能请小王帮忙修一修？

   男：要说修电脑啊，还非小刘不可。

   问：男的是什么意思？ [B]

5. 男：我再去找小王谈谈，让他对辞职的事再好好儿考虑考虑。

   女：我看他是已经下决心了，别人说什么他都听不进去。

   问：女的是什么意思？ [B]

6. 男：今天的作业特别多，好容易做完了，交给老师以后才发现有一道题做错了。

女：你真是个小“马大哈”！

问：下面哪句话是对的？ [C]

7. 女：小王，这本小说是你借图书馆的吧？放假以前可别忘了还啊！

男：幸亏你提醒我，要不我真忘了。

问：男的是什么意思？ [A]

8. 男：小李，你在干什么呢？

女：我的车明明放在这儿了，怎么不见了？

问：小李在做什么？ [D]

9. 男：小王的妈妈得了癌症，他想把妈妈送到最好的医院去治疗，你觉得大华医院怎么样？

女：大华医院是不是最好的医院，我不敢说，不过治疗癌症还是很有名的。

问：女的是什么意思？ [C]

10. 按照原来的计划，我们是先去上海，再去广州、香港，然后再从香港去昆明。后来因为时间太紧张了，就取消了去香港的安排。

问：他们现在的安排是怎样的？ [D]

二、听短文，做练习

该听谁的

遇到问题的时候，人们都希望有人给自己出个主意，但别人给你出的主意太多又会怎么样呢？请听录音。

古时候，在一个村子里住着爷爷和孙子两个人。有一天，他们俩拉着自己家的一头驴去赶集。

走了没多远，遇见一个熟人。他看见爷孙俩拉着驴走，就说："你们俩真傻，为什么不骑到驴身上呢？这样不是可以轻松一点儿吗？"于是爷爷就让孙子骑到驴的身上，然后二人又继续赶路。

走着走着，遇见一位老大娘。她看到孙子骑在驴身上，而爷爷却自己走着，就摇了摇头，叹了口气说："唉，这孩子，太不懂事了！爷爷这么大年纪了，怎么能让爷爷自己走呢？"爷孙俩听了老太太的话，觉得有道理，于是就换了一下，爷爷骑到驴的身上，孙子自己走。

走了没多一会儿，又遇见一位老大爷。他看到这爷孙俩，摇摇头，叹了口气说："这个当爷爷的，眼里只有自己。孙子这么小，怎么能让他自己走呢？"听了这话，爷孙俩也觉得很有道理，所以这次他们俩都骑到驴的身上，心想，这回该没问题了吧。

没想到，走了不远，又遇到一位小伙子。他看到这爷孙俩，也摇摇头，叹了口气说："真没见过这么狠心的人，爷孙俩都骑到驴身上，看那可怜的驴呀，快被压死了！"爷孙俩听了，赶紧跳下来。这可怎么办呢？爷孙俩都不骑不行，都骑上去也不行；孙子一个人骑不行，爷爷一个人骑也不行。怎么才好呢？最后终于想出了一个好主意，他们用绳子把驴前边的两条腿和后边的两条腿分别捆起来，然后用一根棍子把驴抬了起来。

看着这爷孙俩的样子，路上的人都奇怪地望着他们……

1. 听第一遍录音，把下面的话按故事发生的顺序排列起来

（2）路上碰见一个熟人

（1）爷孙俩拉着驴去赶集

（10）周围的人奇怪地看着他们
（8）遇到一个小伙子
（4）遇见一位老大娘
（9）爷爷和孙子抬着驴走
（6）遇见一位老大爷
（3）爷爷让孙子骑到驴的身上
（7）爷爷和孙子都骑到驴的身上
（5）爷爷骑到驴的身上，孙子自己走

2. 听第二遍录音，选择对下面各句话的正确理解

（1）“走了没多远”是什么意思？ ［B］
（2）“遇见一个熟人”这句话中的“熟人”是什么意思？ ［A］
（3）“走了没多一会儿”是什么意思？ ［B］
（4）“眼里只有自己”是什么意思？ ［D］
（5）“真没见过这么狠心的人”这句话中的“狠心的人”指的是谁？ ［C］
（6）“看那可怜的驴呀，快被压死了！”是什么意思？ ［B］
（7）“爷孙俩听了，赶紧跳下来。”这句话中的“赶紧”是什么意思？ ［A］

3. 听第三遍录音，用所给词语和句式回答问题

（1）他们在路上遇到的那个熟人说了什么？
（2）那位老大娘说了什么？
（3）那位老大爷说了什么？
（4）那个小伙子说了什么？
（5）听了那个小伙子的话以后，爷孙俩做了什么？

4. 请你讲一讲这个故事，并说说你对这爷孙俩有什么看法

二、泛听练习　Extensive listening

短文（一）

一条裤子

阿虎新买了一条裤子，回家一试，长了三寸，没法儿穿，于是他拿着裤子去找他妈妈，想请妈妈给收拾一下。没想到妈妈说："我年纪这么大了，眼睛都看不清了。再说你都娶媳妇了，让她帮你做吧！"

没办法，阿虎拿着裤子又来找他媳妇。可媳妇正忙着呢，也没帮他做。

这可怎么办呢？妈妈不帮忙，媳妇也不帮忙。哎，对了，找妹妹去。不成想，妹妹一听，脸就拉得老长："你又有妈妈又有媳妇，怎么让我做？"

阿虎很生气，心想：结婚以前如果有这种事，妈妈也会帮我，妹妹也会帮我。现在结婚了，却没有人帮我了。他一生气，把裤子扔到床上，上班去了。

他走了以后，妈妈想：唉，毕竟是我的儿子嘛！我虽然年纪大了，收拾裤子这点儿活儿还是可以做的。于是她偷偷地把那条裤子拿来，剪下三寸，然后缝好，又把裤子放在了原处。

妻子呢，看他走了，心想：他是我丈夫呀，我不帮他谁帮他呢？于是她也偷偷地把裤子拿过来，剪下三寸，然后又缝好放在原处。

妹妹呢，觉得哥哥可能生气了，心想：我刚才是跟他开玩笑呢，我怎么能不帮他呢？所以她也把裤子拿来，收拾了一遍，然后放回原处。

阿虎下班回来，拿起床上的裤子一看："咦，我记得买的是长裤啊，怎么变成裤衩儿了？"

听录音，回答问题

（1）阿虎买的裤子有什么毛病？

（2）妈妈开始时为什么不帮他收拾？

（3）妻子开始时为什么不帮他收拾？妹妹开始时为什么也不帮他收拾？

（4）妈妈后来为什么又帮他了？她是怎么想的？妻子呢？妹妹呢？

（5）阿虎的裤子最后变成什么了？为什么？

短文（二）

左右为难

一个农民正在喂羊，有一个人走过来问他："你用什么喂羊？"农民回答说："我用吃剩的东西和不要的菜叶。"那人说："我是大众健康视察员。羊是我们的重要的食物来源，你怎么能用这些没有营养的东西去喂它们？罚你一百块钱。"

过了几天，又来了一个人，他问这个农民："多肥的羊啊！你是用什么喂它们的？"农民说："它们吃的东西都很有营养，我每天喂它们鸡、鱼还有海鲜什么的。"那人听了说："我是国际食物学会的视察员，你要知道，世界上还有三分之一的人在挨饿，你竟然用那么好的东西来喂羊！罚你一百块钱。"

又过了几天，又来了一个人，和以前那两个人一样，他也问这个农民："你用什么喂羊？"

"老兄，"农民回答，"现在我每天发给它们十块钱，它们爱吃什么就自己去买什么。"

听录音，回答问题

（1）这个农民被罚了几次？分别罚了多少钱？

（2）第一次他为什么被罚？第二次呢？

（3）当第三次有人问他用什么喂羊时，他是怎么回答的？

（4）听了这个故事，你有什么想法？

Lesson 17

第十七课 差异

一、听力理解练习 Listening comprehension

一、听录音，选择正确答案

1. 女：师傅，西瓜怎么卖的？

   男：四毛一斤，八斤以上的五毛一斤。

   问：买一个十斤的西瓜多少钱？ [D]

2. 男：要是当篮球运动员，身高要在一米九以上，小刘的个子还不够高。

   女：他还会继续长高呢。

   问：下面哪句话是对的？ [D]

3. 男：我们大家经过半年的学习，都或多或少地有了进步，这都是因为老师的帮助，我代表大家谢谢老师。

   女：不能这么说，主要还是靠大家自己的努力。

   问：男的说“或多或少地有了进步”是什么意思？ [C]

4. 女：我觉得肯定是小明在学校犯了什么错误，否则，老师不可能叫我们赶快到学校去。

   男：别着急，到了学校就知道了。

   问：从对话中我们可以知道什么？ [B]

5. 男：春节的时候咱们一家人一起去南方旅行吧。

   女：那可要趁早买好飞机票，春节去旅行的人太多了。

   问：女的是什么意思？ [A]

6. 女：对人一向亲切温柔的小李，今天不知怎么发起脾气来了。

男：脾气再好的人也会有生气的时候嘛！

问：女的觉得小李怎么样？ [B]

7. 男：我觉得学习汉语太难了！发音难，汉字难，语法更难。什么时候才能学会呀？

女：麦克，不要着急，你学习自己国家的语言还要花很长工夫呢，更何况学习外语呢？

问：女的是什么意思？ [A]

8. 女：小丽刚上大学一年级就有了男朋友，她怎么能安心学习呢？

男：你也不要太紧张。谈恋爱不但不会耽误学习，反而会让他们更加努力的。

问：男的是什么意思？ [A]

9. 女：今天天气这么好，与其在家待着，还不如出去逛逛呢。

男：走，你说去哪儿？

问：女的是什么意思？ [C]

10. 有的大学毕业生找工作的时候，坐下来还没说几句话，就问人家工资多少，要不要加班，等等，给人家留下很不好的印象，这样的学生也很难找到合适的工作。

问：这段话讲的是大学毕业生的什么问题？ [C]

二、听对话，做练习

差　异

中国的南方人和北方人有很多不同，就连在方向的表达上也有一些不同，这一点不知道你发现了没有。

女：张东，我告诉你吧，我第一次来北京的时候，向一个人问路，问去公共汽车站怎么走，他说："您一直往北走，到十字路口往西拐，马路北边就是了。"我又问他："对不起，请问，哪边是'北'呢？"那个人就愣愣地看着我，好像我这个人很奇怪，竟然不知道哪儿是"北"！

男：你这才真是找不着北了！

女：你不知道，我们南方人不习惯用"东西南北"表示方向，一般都说"前后左右"，比如"您一直往前走，到十字路口往左拐，马路右边就是了。"这样多清楚啊！因为"前后左右"根据你自己的身体就可以判断了，"东西南北"得根据太阳的位置和街道来判断，第一次到北京的外地人当然弄不清楚了。

男：这可能是南方人和北方人的习惯不一样。这种习惯的不同可能有很多原因。比如天气，南方常常阴天下雨，从早到晚不见太阳，人们就不能靠太阳分辨东西南北。北方经常是晴天，太阳一天到晚都挂在天上，东西南北也就容易分辨。

女：肯定跟天气有关系。不过可能跟地形也有关系。南方山很多，在城市里，房子就建在山的周围，这样街道也就弯弯曲曲的；不像北方，城市里一般没有山，街道也总是方方正正的，不是东西向的，就是南北向的，东南向或者西北向的街都很少，所以生活在北方的人们，对东南西北非常清楚，不像南方人那样模糊。

男：对啊，有的习惯就是由环境造成的。

1. 听第一遍录音，判断正误

（1）√ （2）√ （3）× （4）√ （5）√

2. 听第二遍录音，选择正确答案

（1）女的觉得用"前后左右"比较清楚是因为什么？ ［B］

（2）女的觉得外地人来北京不容易弄清“东西南北”是因为什么？ [D]

（3）表示方向的时候，南方人和北方人的这种不同习惯跟天气有关系，因为什么？ [A]

（4）南方人和北方人的这种不同习惯跟地形有关系，因为什么？ [B]

（5）南方的街道多是什么样的？ [A]

（6）北方的街道多是什么样的？ [B]

3. 选择对下面各句话的正确理解

（1）“那个人就愣愣地看着我。”意思是那个人怎么样？ [C]

（2）“从早到晚不见太阳。”这句话是什么意思？ [B]

（3）“太阳一天到晚都挂在天上。”这个句子中的“一天到晚”是什么意思？ [B]

4. 听第三遍录音，用所给词语和句式回答问题

（1）在表示方向的时候，南方人的习惯跟北方人有什么不同？

（2）女的第一次来北京时问路，那个人是怎么告诉她的？如果按南方人的习惯会怎么说？

（3）女的觉得“东西南北”和“前后左右”哪个比较清楚？为什么？

（4）在表示方向的时候，南方人的习惯跟北方人不一样，这是什么原因造成的？

二、泛听练习 Extensive listening

短文（一）

东西南北话男人

中国每个地方的女人性格有很大的不同，这在报纸杂志上经常有

文章分析。其实，中国各地的男人也有各自的特点。

先说北京的男人。他们很爱说话，甚至喜欢和陌生人聊天儿，这在中国其他城市是不多见的。许多出租车司机习惯于在车上向乘客讲述他的见闻，一口的北京话，很好听，一路听下去，能使人忘记烦恼。

上海的男人对人很有礼貌，做事细心，讲实效。在他们的家庭中，妻子占有重要的地位，丈夫对妻子非常温柔。

东北的男人很豪放。他们喜欢喝酒，但一般不在家里喝。对于女人，他们往往表现得特别友善，一对夫妇在公共场合出现时，丈夫通常扮演“保护者”的角色。

广东的男人大概是最容易认出来的——短而结实的身体，比较黑的皮肤，大嘴巴，大鼻子，大眼睛。他们瘦而不弱，精力非常充沛。在中国，特别会做生意的是广东男人，同时他们又很慷慨大方，赞助和捐款活动在广东很容易展开。

听录音，把左右两栏中的相关内容用线连起来

北京的男人	对人很有礼貌
	很会做生意
上海的男人	喜欢喝酒
	很喜欢聊天儿
东北的男人	身体结实、皮肤黑
	对妻子非常温柔
广东的男人	对女人很友善

短文（二）

中国南北方的差异

中国面积很大，南方和北方也存在很多差异。

首先是气候差异。中国北部和西北部是内陆，东南部地区临海，所以南方地区的气候比北方湿润，雨水多。北方雨水少，气候比较干燥。

其次，因为气候不同，南方和北方的建筑也有很多差异。由于南方降水多，所以南方大多数建筑的屋顶是斜的，这样的屋顶，可以使雨水很快地流到地面。北方则不同，屋顶多是平的。因为北方雨水少，平顶利于存水。屋顶也可以晒粮食，很方便。

还有，南北方的服饰差异也较大。南方人一般要比北方人身材矮小一些，所以南方小号的衣服比较多。加上气候差别，南方夏季较长，所以衣服的样式要比北方丰富。北方冬季的服装以羽绒服为主，而南方冬季的服装以单薄的外套和毛衣为主，穿羽绒服的时间很少。

最后，南北方的饮食差异也很大。南方以米饭为主食，北方以面食为主，而且南方的菜比较多样，精致。北方菜式注重食物本来的味道，也有很多美食。

听录音，把左右两栏中的相关内容用线连起来

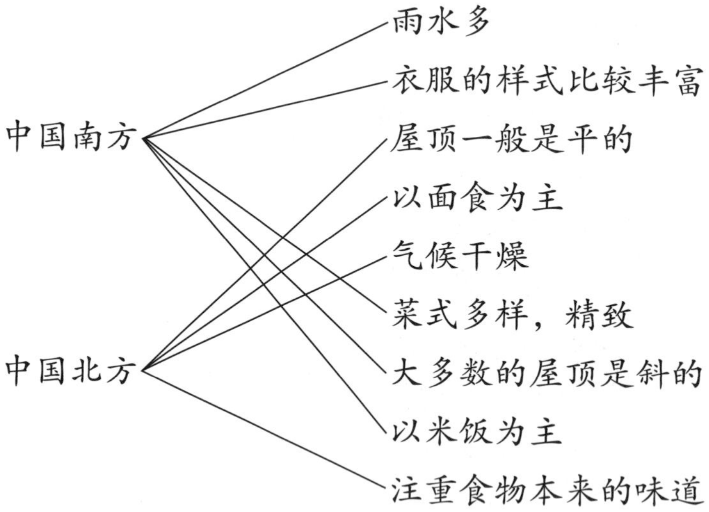

Lesson 18

第十八课 该怎么说

一、听力理解练习 Listening comprehension

一、听录音，选择正确答案

1. 女：哎，小王，你给我留个电话号码吧，以后有什么事儿咱们好联系。

   男：好的。

   问：女的为什么要小王的电话号码？ [C]

2. 女：哎，小李，你今年大学毕业呀？

   男：我本来应该去年大学毕业的，可是因为生病耽误了一年。

   问：小李哪年毕业？ [B]

3. 女：小刘，你对上海熟悉吗？

   男：那还用说！我去上海也不是一回两回了。

   问：男的是什么意思？ [A]

4. 女：刚才大家对老王的意见是什么态度？

   男：刚才大家听了老王的意见，有的点头，有的摇头，说什么的都有。

   问：对老王的意见，大家是什么态度？ [D]

5. 男：昨天开会要求我们每个人今年都必须写一篇论文。

   女：本来就忙，现在更不用说了。

   问：女的是什么意思？ [A]

6. 女：这就是北京的小吃一条街啊！这么多种小吃啊！

男：你看见的这些只是其中的一部分。

问：男的是什么意思？ [C]

7. 男：刚才的电话又是小王打来的，小李也不知道去哪儿了。

女：他找小李一定是有什么急事儿，否则，不会十分钟内打三次电话来。

问：小王怎么了？ [D]

8. 男：我看小王这几天好像心情不太好，就约他去长城玩儿了一趟，想让他散散心。到了长城，果然他好像开心多了，一直爬到了最高的地方。

女：就是嘛！环境变了，人的心情也会随着变的。

问：女的是什么意思？ [B]

9. 我觉得这部电视剧之所以这么受欢迎，是有很多原因的。首先，它反映了我们的现实生活，观众看了以后觉得很亲切、很真实。另外，演员的表演也很自然。

问：这段话的主要意思是什么？ [A]

10. 我妈妈每个月给我1500块钱。可这个月才过了一半我就花完了，下半个月我怎么过呢？想跟妈妈再要一点儿，可是我怎么也开不了口。

问：他怎么了？ [C]

二、听对话，做练习

该怎么说

在中国传统文化中，有禁忌的习俗，就是有些事情，人们认为不太吉利，是不能直接说出来的。那么该怎么说呢？听了录音，你就会有所了解了。

女：哎，麦克，照片上的这个人是谁啊？

男：是我爷爷，老麦克。

女：怎么？你跟你爷爷的名字一样？

男：对啊，因为我爸爸很喜欢我，又很尊敬我爷爷，所以就让我叫爷爷的名字。

女：在中国肯定没有这种情况。在中国，晚辈的名字不能跟长辈的名字一样，也不能有发音一样的字，更不能直接叫自己长辈的名字。要不然，会被认为是不尊敬长辈。在古代，甚至如果有什么东西的名字和长辈名字中的字一样，都要把这种东西的名字改一下。

男：是吗？要是按中国的习惯，我就太不尊敬我爷爷了。我听说中国人认为有的年龄不吉利，也不能说，是吗？

女：对，是四十五、七十三、八十四、一百岁这几个年龄，这一般和历史传说有关。传说中国历史上一个很有名的人叫包公，他在四十五岁那年遇到危险，差一点儿死掉。而七十三和八十四呢，据说，跟孔子和孟子有关系，孔子是七十三岁死的，孟子是八十四岁死的，人们认为这两个年龄连他们这样的人都没有办法逃避，一般的人又怎么逃避得了呢？而一百岁呢，人们认为是寿命的极限，所以也不吉利。

男：那如果到了那个年龄该怎么说呢？

女：比如你今年七十三岁，也只能说，“去年七十二岁”，或者“明年七十四岁”。

男：还真是挺复杂的！

女：除了这些，还有其他一些事情也不直接说，比如，女孩子结婚要说“出门”或者“成人”，而生孩子会说“有了”“添喜了”，人死了要说“去世了”“老了”“不在了”等等。

男：是吗？我看学汉语也应该了解这些。

女：对。

1. 听第一遍录音，判断正误

（1）√ （2）√ （3）× （4）√ （5）× （6）×

2. 听第二遍录音，选择正确答案

（1）在中国古代，如果有一件东西的名字跟长辈的名字中的字一样，人们会怎么样？ [B]

（2）在中国，晚辈跟长辈名字中的字怎么样？ [C]

（3）中国人不喜欢四十五这个年龄是因为什么？ [C]

（4）中国人觉得七十三这个年龄不吉利是因为什么？ [A]

（5）中国人觉得八十四这个年龄不吉利是因为什么？ [B]

（6）中国人认为一百这个年龄不吉利是因为什么？ [D]

（7）如果一个人今年八十四岁，他会怎么说？ [C]

（8）"人死了"可以怎么说？ [C]

3. 选择对下面各句话的正确理解

（1）"要不然，会被认为是不尊敬长辈。"这个句子中的"要不然"是什么意思？ [B]

（2）"他在四十五岁那年遇到危险，差一点儿死掉。"这个句子中的"差一点儿死掉"是什么意思？ [A]

（3）"一般的人又怎么逃避得了呢？"这句话是什么意思？ [C]

4. 听第三遍录音，回答问题

（1）麦克的名字和他爷爷的一样，中国人会怎么看？在中国，晚辈和长辈的名字应该怎样？

（2）中国人为什么会认为45、73、84、100这几个年龄不吉利？

（3）如果你今年45岁，按中国人的习惯，你会怎么说？

（4）对女孩子结婚、生孩子或人死了，中国人一般会怎么说？

二、泛听练习　Extensive listening

短文（一）

再吃一碗

有一个老奶奶，说话很注意，从来不说犯忌讳的话，比如节日的时候就不说“不”这个字，因为她觉得过节的时候说“不”字不吉利。

有一年春节，一家人坐在一起吃饭，老奶奶吃完了一碗，她的孙子问：“奶奶，您再吃一碗好吗？”

老奶奶回答：“好，好。”

孙子立刻给她盛了一碗饭，老奶奶又吃了。

老奶奶吃完了，孙子又问：“奶奶，您再吃一碗？”

老奶奶想到过节的时候不能说“不”，于是说：“好吧，再吃一碗。”就这样，老奶奶一连吃了五碗，已经撑得一口也不能再吃了。可是不懂事的孙子还在问：“奶奶，您是不是再来一碗？”

老奶奶连忙摇头说：“不，不，不能再吃了，再吃就撑死了。”

听录音，回答问题

（1）老奶奶为什么一连吃了五碗饭？

（2）老奶奶最后说了什么？你觉得吉利不吉利？

短文（二）

不吉利的话

有一个小孩儿，总说不吉利的话。一天，他家的亲戚要举行婚礼，他的爸爸想带他去参加婚礼。临去以前，爸爸一个劲儿地跟他说，千万不要说不吉利的话。

儿子不耐烦地说："好了，好了，我都十几岁了，这些事儿还不知道吗？"

到了亲戚家，儿子果然很有礼貌。他的爸爸很高兴。跟主人告别的时候，儿子却突然对新郎、新娘说："我今天可没有说一句不吉利的话，以后你们离婚，可不能怪我！"

听录音，回答问题

（1）这一天，爸爸带这个孩子去做什么？

（2）临去以前，爸爸对孩子说了什么话？

（3）这一天，这个孩子说不吉利的话了吗？

Lesson 19

第十九课
起名字

一、听力理解练习 Listening comprehension

一、听录音，选择正确答案

1. 女：嗬，小王，这是你买的日语书啊？你又在学日语呢？

   男：是啊。趁着年轻多学点儿东西，要不等老了，想学也记不住了。

   问：男的是什么意思？ [B]

2. 女：小明，今天的五道作业题你都做完没有？

   男：我呀，嘿嘿，要是做完了这一道题，再做四道，就做完了。

   问：小明做完了几道题了？ [D]

3. 女：小明，等等我，我都走不动了。

   男：哼，要不是你，我们早就到了。

   问：小明是什么意思？ [C]

4. 男：咱们去商场，带一千块钱够吗？

   女：我也不想买什么东西，用不着带那么多。

   问：女的是什么意思？ [C]

5. 女：妈，快过来帮我一下！

   男：小华，你没看见妈妈正忙着吗？我来帮你吧。

   问：男的是什么意思？ [D]

6. 女：明天要做手术，我心里挺紧张的。

   男：你又不是没做过手术，紧张什么！

   问：男的是什么意思？ [B]

7. 女：小李还在那家合资公司工作吗？

男：他因为不能胜任那份工作，不得不换了一份工作。

问：小李怎么样了？ ［A］

8. 男：老师，我觉得我年纪太大，学习太吃力了。

女：麦克，咱们班年龄最大的是山田，要说学习吃力，恐怕没有人比他更吃力了，可是你看，他还是那么努力地学习呢。

问：女的说山田怎么样？ ［C］

9. 女：哎，张明，你不是不喜欢喝啤酒吗？

男：没办法，天儿太热了。喝点儿啤酒能凉快点儿。

问：张明为什么喝啤酒了？ ［B］

10. 男人和女人有很多不同。比如迷路了，女人一般会去问路；男人不喜欢问路，而是看地图或者靠记忆。再比如工作中遇到什么事情，男人回到家里，不喜欢跟妻子说，而妻子正相反。

问：工作中遇到困难，妻子喜欢怎么样？ ［D］

二、听对话，做练习

起名字

中国人很重视给孩子起名字，为了给孩子起名字，常常是再三考虑。但是什么样的名字才是比较好的呢？请听录音。

男：老师，我发现有的中国人的名字很好听。

女：是啊，中国人很重视起名字，做父母的认为，给孩子起一个好的名字会给他带来好运气，甚至影响他的一生。

男：什么样的名字才算是好名字呢？

女：这个当然每个人有每个人的看法，不过也有一些规律。比如你觉得“李瑞祥”“张天佑”这两个名字怎么样？

男：听起来好像很吉利。

女：对，父母都希望孩子的名字很吉利。还有一些名字包含了父母对孩子的希望，比如希望孩子将来能为国家尽力，希望孩子将来能成功，等等。

男：我认识两个中国人，一个叫张子健，一个叫李成龙，是不是就是这种名字？父母希望他们身体健康，像龙一样腾飞。

女：对。还有一点就是名字念起来要好听。你知道汉语有四个声调，利用这四个声调搭配起的名字，会很有节奏感。

男：这样说来，如果名字中的几个字都是一个声调的话，恐怕就不好听了。

女：就是啊，应该避免这种情况。当然还有一点，就是写起来要方便。名字的字形要协调，几个字不能都是笔画很多的。如果字的笔画太多，孩子不容易写。

男：就是说，好的名字要听起来吉利、念起来好听、写起来方便，对不对？

女：对。

男：老师，我认识两个叫刘畅的人，好在他们俩互相不认识，所以还没有太大的麻烦。

女：名字是一个字的人很多，很容易同名同姓。还有，一些大姓很容易出现同名同姓的情况。

男：什么是“大姓”？

女：大姓就是姓这个姓的人很多，比如王、李、张、刘、陈等。为了避免同名同姓的情况，现在用一个字做名字的人越来越少了，人们起名字的时候一般都用两个字，甚至还有三个字的。

1. 听第一遍录音，判断正误

（1）√　（2）×　（3）×　（4）√

2. 听第二遍录音，选择正确答案

（1）中国人认为给孩子起一个好的名字会怎么样？ [B]

（2）按照说话人的意思，“李瑞祥”这个名字怎么样？ [C]

（3）按照说话人的意思，“张子健”这个名字怎么样？ [A]

（4）怎样才能让名字念起来好听？ [B]

（5）怎样才能让名字的字形协调？ [B]

（6）说话人提到了哪几个大姓？ [A]

（7）下面哪种情况是对的？ [C]

3. 听第三遍录音，填空

（1）好运气　甚至

（2）这样说来　恐怕

（3）听起来　念起来　写起来

4. 简单回答下列问题

（1）中国人起名字的时候，一般有什么规律？

（2）现在为什么会有这么多同名同姓的现象？

（3）说说你知道的中国人的名字，它们有没有什么特别的意义？

二、泛听练习 Extensive listening

短文（一）

笔名、艺名和网名

我们每个人都有名字，是我们的本名。但在工作和生活中，有时候并不使用本名，而是另外再起一个名字，比如笔名、艺名和网名就是这种情况。

笔名一般是作家或者文学爱好者在发表作品的时候给自己另外起的名字，一般都有一些深刻的含义。比如中国现代文学史上有一位作家，笔名是茅盾，就是因为他发现在社会生活中，大家在思想上有许多矛盾的地方，但是他又想不出解决的办法，于是就用这个笔名启发大家去思考。刚开始他用的是“矛盾”这个词，后来又在“矛”字的上面加了草字头。

艺名是艺人为了迎合观众的口味给自己起的名字。比如成龙、刘德华、费玉清，这些都是他们的艺名。大家对他们的艺名已经非常熟悉了，但却不一定知道他们的本名叫什么。演员成龙本名叫陈港生，意思是“在香港出生”；演员刘德华本名叫刘福荣，大概是父母希望他幸福、富贵；而歌手费玉清的本名是费彦亭。他们的本名都非常普通，而艺名都有特别的意义，并且叫起来很好听。

网名就是网络上的名字，这个大家都很熟悉了，现在几乎每个人都有网名。跟笔名和艺名相比，网名有以下特点：第一是形式多种多样，不光使用汉字，还会使用数字、字母，甚至符号，等等。第二个特点是含义更加丰富。大家用网名表达自己的追求，诉说自己的心声。第三个特点就是年龄影响网名。网名是一种语言现象，也是一种文化现象，可以反映出不同年龄的人心理特征的差异。

听录音，回答问题

（1）笔名是什么时候使用的？作家茅盾为什么起这个笔名？

（2）艺名是什么人用的？成龙、刘德华、费玉清这几个艺名好在哪儿？

（3）网名是在哪儿使用的？跟笔名、艺名相比，网名有哪些特点？

（4）你的网名是什么？为什么起这个网名？有什么含义？

短文（二）

商品的起名和译名

商品在销售的时候，起一个好听的名字是很重要的。

“金利来”是一个很受中国人喜爱的服装品牌。它最初的名字是Goldlion，意思是“金狮”。这个名字对中国人来说，不但没有新鲜的感觉，而且“狮”和“死”发音很接近，容易引起反感，于是他们重新起了一个吉祥的名字——金利来，受到了人们的欢迎。

外国商品名字起得最好的要算“可口可乐”。“可口可乐”原文是两种植物的名字，而与原文发音最接近的汉语译法是“苦口苦辣”，但在20世纪30年代，中国人把它译成“可口可乐”，以后一直受到中国人的欢迎。后来可口可乐公司又生产出一种新的饮料，开始叫“士必利”，中国人对它反应很平淡。调查发现，原来中国人不喜欢这个名字。于是可口可乐公司把这种饮料的名字改为“雪碧”，并配上“晶晶亮，透心凉”的广告，很快就被中国人接受了。

可是当前，中国不少企业给自己的产品起的名字却有一些问题。有的明明是普通的日用品，却起名为“帝王”“富豪”“皇家”等等；有的明明是在国内销售的商品，却起一个老百姓不懂的外国名字。

听录音，回答问题

（1）这段话的主要意思是什么？

（2）“Goldlion”直接翻译成汉语的话是“金狮”，为什么中国人不喜欢？

（3）“士必利”和“雪碧”是同一种饮料吗？

（4）说话人认为中国不少企业在给自己的产品起名字时有什么问题？

Lesson 20

第二十课
换工作

一、听力理解练习 Listening comprehension

一、听录音，选择正确答案

1. 女：太棒了！我们终于打赢了这场比赛。

   男：这场比赛能打赢，全靠我们大家配合得好。

   问：男的是什么意思？ [C]

2. 男：小王，你看，这儿有一个招聘广告，你对这个工作有没有兴趣？

   女：我看看。这上面写的是要求有五年以上的工作经验，我还差两年呢！

   问：女的已经工作几年了？ [B]

3. 女：真后悔早上没有听妈妈的话，现在衣服都淋湿了。

   男：快擦一下吧。

   问：女孩儿的妈妈早上可能对她说什么了？ [A]

4. 女：小王，快点儿！

   男：离上课还有十分钟呢，何必那么着急呢！

   问：小王是什么意思？ [D]

5. 男：小王是他们家的独子，没有兄弟姐妹，所以从小他要什么，父母就给什么。

   女：我说他的性格怎么是这样的呢！想要什么就一定要得到。

   问："独子"是什么意思？ [A]

6. 女：小王，今天考得怎么样？

男：这次考试我根本就没有复习，不过好在问题不是太难，不然可就麻烦了。

问：下面哪句话是对的？ ［C］

7. 女：在城里租一套房子，上班就比较方便了。

男：现在在城里租一套这样的房子要三千多块呢，我哪儿租得起啊？

问：男的是什么意思？ ［D］

8. 男：小李，听说你们班昨天搞了一个晚会，小王还给大家唱了一首歌？

女：是啊。他本来就准备了一首歌，可他唱完以后，大家非让他再来一个不可。

问：小王唱完第一首歌后，大家要求什么？ ［B］

9. 男：这个工作我是越干越觉得没意思，有时候真想辞职。

女：你要是辞了职，恐怕就再也找不着这么合适的工作了。

问：女的是什么意思？ ［A］

10. 上午我们正在办公室开会，突然刘秘书进来了。他小声地跟经理说了一句什么，经理很紧张，马上站起来跟小刘一起出去了。

问：刘秘书大概跟经理说了什么样的话？ ［D］

二、听短文，做练习

换工作

以前，中国人找到一份工作以后，就有可能干一辈子，很少考虑这份工作对自己是不是合适。而现在的年轻人越来越重视自己的发展，在工作选择上也是一样。请听录音。

张大爷从小就生活在农村，一辈子连县城都没去过，可他的儿子小张有出息，高中毕业那年参加高考，以全县第一名的成绩考上了北京的一所名牌大学，张大爷高兴得几天都合不上嘴。

四年以后，小张继续读研究生；又过了三年，小张研究生毕业以后留在大学当老师，成了高级知识分子。学校的生活很安静，每年的寒暑假有将近三个月的假期，让他那些在公司工作的同学非常羡慕。但是有一点让小张不太满意，就是他的工资跟那些在公司工作的同学比起来，实在太可怜了。于是小张下决心离开了学校，来到一家大公司。虽然只是一个小职员，但是一个月挣的钱比张大爷一年挣的都多。小张经常往家里寄钱，张大爷自然是高兴得不得了，村里人更是好不羡慕。可是没想到，上个月儿子突然来信，说他不在那家大公司工作了，到一家小公司去了，工资也比以前少了。张大爷觉得很失望，有挣钱多的工作不做，偏去做挣钱少的工作。村里人也开始议论，怀疑张家的儿子做了什么见不得人的事儿，让公司炒了鱿鱼。张大爷连忙给儿子写信询问原因。几天后，收到儿子的回信，信中说，以前在大公司工作，虽然挣钱不少，但没有成就感，也不太被领导重视；现在在小公司，虽然钱挣得少了，但是他现在是公司的副经理，觉得很满足，等等。张大爷越看越糊涂：成就感？什么是成就感？难道钱挣得多还没有成就感？唉，反正现在的很多事他都想不明白了。

1. 听第一遍录音，判断正误

（1）√　（2）×　（3）√　（4）×　（5）√　（6）×

2. 听第二遍录音，选择正确答案

（1）小张在大学工作时，同学们羡慕他什么？　［B］

（2）小张离开学校去大公司是因为什么？　［C］

（3）小张在大公司怎么样？　［D］

（4）小张在大公司工作，张大爷的心情怎么样？ [A]

（5）小张在大公司工作的时候，村里人怎么样？ [A]

（6）小张离开大公司去小公司是因为什么？ [C]

（7）小张在小公司怎么样？ [B]

（8）小张去小公司工作，张大爷怎么想？ [C]

（9）小张去小公司工作，村里人怎么样？ [D]

（10）小张认为怎么样才有成就感？ [A]

（11）张大爷认为怎么样就会有成就感？ [A]

3. 选择对下面各句话的正确理解

（1）“张大爷高兴得几天都合不上嘴。”这句话是说张大爷每天怎么样？ [A]

（2）“他的工资跟那些在公司工作的同学比起来，实在太可怜了。”这句话是什么意思？ [B]

（3）“村里人更是好不羡慕。”这句话是什么意思？ [B]

（4）“村里人也开始议论，怀疑张家的儿子做了什么见不得人的事儿。”这句话的意思是，村里人怀疑张家的儿子怎么了？ [C]

（5）“难道钱挣得多还没有成就感？”这句话是什么意思？ [D]

4. 听第三遍录音，回答问题

（1）小张换过哪几次工作？

（2）说一说他做第一份工作时的情况。他为什么换了工作？

（3）说一说他做第二份工作时的情况。他后来为什么又换了工作？

（4）说一说他做第三份工作时的情况。

（5）对于“成就感”，小张和张大爷有什么不同的理解？

二、泛听练习　Extensive listening

短文（一）

大学生求职的途径

大学生求职，不论是实习还是毕业时正式找工作，都得讲求方式方法，那大学生求职的基本途径有哪些呢？一般来说，有以下求职途径。

途径一：在本校的就业指导中心寻找工作机会。许多公司在招聘时，往往会先和校内的就业指导中心联系，寻找资源。

途径二：浏览各大公司网站的招聘主页。有很多公司都会不定期地发布招聘信息，在他们发布招聘信息时提交简历是最好的办法。

途径三：浏览各个名校的BBS求职版或者兼职版，那里常常会发布相关工作信息。

途径四：登录知名人才网站查看招聘信息，如中华英才网、前程无忧、智联招聘等。

途径五：利用人脉关系，通过已参加工作的校友、亲戚、朋友的介绍来获得工作机会。

途径六：大胆地给自己选定的公司打电话或者投递个人简历，如果你是公司需要的人才，是很容易获得机会的。

听录音，回答问题

录音中介绍了大学生求职的几种途径？分别是什么途径？

短文（二）

面　试

招聘单位在招聘员工时都会有面试的环节，作为一个应聘者，该如何去面试呢？

首先在面试之前应该做好充分的准备。对你应聘的公司要有充分的了解，同时对招聘的岗位及其要求等情况也要了解清楚。还有面试当天要注意自己的仪容、仪表，并且要记得一定不能迟到。

开始面试前要把手机调成静音或关闭。在面试的过程中，眼睛要看着面试官，要注意眼神的交流。回答面试官的问题时，不要像背诵一样，那样会给人不走心的印象，要真诚地回答面试官的问题。还有，要客观公正地评价自己的工作能力，不要过分谦虚，也不要吹牛。说话的时候不要太胆怯，说话声音要洪亮，让面试官能听清楚你的话。

听录音，回答问题

（1）面试前应该做好哪些准备？

（2）面试的过程中应该注意什么？

小测试（二）

一、听录音，选择正确答案

1. 男：别看我父亲从来不对我说爱我的话，可我知道他心里是很爱我的。

　女：是啊，哪有不爱自己孩子的父亲呀？只是有的父亲不习惯把爱表达出来。

　问：男的是什么意思？ [A]

2. 男：我最怕同屋给朋友打电话了，他一聊就是半个小时，我在房间里都不能学习。

　女：你可以跟他说一下呀。

　问：男的是什么意思？ [C]

3. 男：小明，明天出去旅游，你自己的包可要自己背啊！

　女：他还那么小，你何必勉强他呢！

　问：女的是什么意思？ [A]

4. 女：山田，你的同屋是一个韩国人，你们怎么交流呀？

　男：好在我们都会一点儿汉语，不然真不知道怎么办呢！

　问：下面哪句话是对的？ [C]

5. 女：你最近看起来很累，怎么回事儿？

　男：我们公司小刘的妈妈生病住院了，他最近三天两头地请假，很多工作只好我替他做了。

　问：小刘最近怎么了？ [C]

6. 自从那次带女儿去香山饭店看了一个朋友之后，女儿就每天要求我带她去香山饭店，还要在那儿住几天，我只好耐心地跟她解释："那儿不是咱们的家，咱们住不起。"

问：他对女儿说话时的心情是怎样的？ [A]

7. 女：明天的飞机是九点的，我们提前三个小时走怎么样？

男：太早了！哪怕再晚一个小时都没问题。

问：男的打算几点走？ [B]

8. 男：老师，上个月我去广州，发现广州人说话我一点儿也听不懂。

女：就连我这个北京人都听不懂，何况你们外国人呢！

问：老师是什么意思？ [B]

9. 女：我现在很少买书，想看什么书就去图书馆借，又方便又省钱。

男：新书恐怕就没那么容易借着了吧？

问：男的是什么意思？ [A]

10. 女：师傅，我这台电视机就有一点儿毛病，一会儿就能修好，您现在就给我修，好吗？这样，我今天就可以拿回去了，要不我还得再来一趟。

男：你说起来倒容易，你试试看！

问：男的是什么意思？ [B]

11. 男：这个小王，怎么搞的？又惹了这么大的麻烦！

女：他刚开始工作，没什么经验，出点儿问题也是难免的。

问：女的认为，小王出的这个问题怎么样？ [D]

12. 男：妈，这种药的说明书您没有仔细看吗？有高血压的人不能吃！

女：是吗？幸亏没吃过几次。

问：女的是什么意思？ [D]

13. 男：这次考试的题太难了，再说考试时间又只有一个半小时，咱们孩子考这样的成绩已经很不容易了。

女：说到底啊，还是他平时没有努力学习，人家刘英怎么就考了100分啊？

问：女的认为孩子没有考好的原因是什么？ [C]

14. 男：老师，怎么才能提高我的口语水平呢？

女：我觉得最好的办法还是要多跟中国人交朋友，多跟他们聊天儿，像你这样都不怎么跟中国人来往，怎么能行呢？

问：老师认为他口语不好的原因是什么？ [B]

15. 女：我听说老王这个人脾气可有点儿怪。你这次跟他一起去出差，可要注意点儿。

男：我跟他接触也不是一次两次了，你放心吧。

问：男的是什么意思？ [A]

16. 男：你看我的作业本上老师写的话："希望下次做作业的时候，字要写得更清楚一点儿。"老师是不是表扬我字写得很清楚啊？

女：什么呀，这不明明是在批评你吗？

问：女的是什么意思？ [C]

17. $女_1$：姐姐，你看，这种布多漂亮！我用这种布做条裙子怎么样？

$女_2$：你身材很好，与其买布做裙子，不如直接买裙子。像我这种身材，就不得不买布做了。

问：姐姐给妹妹的建议是什么？ [B]

18. 女：老王，我们想请小李到咱们公司来，你跟他很熟，能不能跟他谈谈？

男：他同意不同意，我可不敢说，不过经理，你放心，我肯定会尽力说服他的。

问：男的是什么意思？ [C]

19. 这几年，随着环境意识的不断加强，人们越来越注意保护自然环境了。经过几年的努力，我们这儿山也绿了，水也清了，空气也新鲜了，在这么好的环境里，人也觉得越活越有精神了。同时随着环境的变好呢，人们保护环境的意识就更强了，也就更自觉地保护环境了。

问：这段话的主要意思是什么？ [D]

20. 在生活中，我们经常会听到一些借口。上班迟到了，会说“路上堵车”“看错时间了”，或者“家务事太多”；考试不及格，会说“题太难了”“题太多了”；工作没有做好，有借口；做生意赔了钱，有借口。只要细心去找，借口总会有的。找到借口的好处是能把自己的错误掩盖住，把自己的责任推卸掉，心理上得到平衡。但是长期这样下去，是很有害的，因为有各种各样的借口可以找，人就会不再努力，不再想方设法去争取成功。

问：（1）在这段话中“找借口”一词是什么意思？ [D]

（2）这段话的主要意思是什么？ [C]

二、听短文《吃完再说》，完成试题

吃完再说

快过中秋节了，张三买了四个月饼。他想，家里人正好一人一个。

在路上走着走着，他觉得饿了，就把自己那个吃了。可是吃完以后还是饿，他想了想，又拿出要给爸爸的那个月饼，心想：爸爸年纪比我大，吃的月饼也比我多。再说，爸爸也不是很喜欢吃月饼。他就把爸爸的那个月饼也吃了。

走了没多远，肚子还是咕噜咕噜直响。他就又拿出给儿子的那个月饼，心想：虽然说爸爸应该心疼儿子，但是他的年龄比我小得多，以后吃月饼的机会多着呢。想到这里，他又把儿子的那个月饼三口两口地吃了。

又走了不一会儿，还是觉得饿，他又拿出最后一个月饼，也就是给妻子的那个月饼。可是想了半天，也找不到吃这个月饼的理由。要说年龄呢，他俩一样，再说妻子吃的月饼也不一定比他多。怎么办呢？终于他想出了一个办法：把这个月饼扔到地上，如果它躺在地上，就吃了它；如果它站在地上，就不吃。他就把月饼往地上一扔，当月饼快掉到地上的时候，他心想：这下该我吃了。没想到，月饼正好掉到一块石头旁边，而且靠着石头直立在那里。他一看，生气了，大声地说："不管你躺着还是站着，我吃完了再说！"

生词提示

理由	lǐyóu	（名）	reason

1. 听第一遍录音，判断正误

（1）√ （2）× （3）√

2. 听第二遍录音，选择正确答案

（1）"张三买了四个月饼。他想，家里人正好一人一个。"这句话是什么意思？ ［A］

（2）"走了没多远，肚子还是咕噜咕噜直响。"这句话是什么意思？ ［B］

（3）"他又把儿子的那个月饼三口两口地吃了。"这句话是什么意思？ ［C］

（4）"妻子吃的月饼也不一定比他多。"这句话是什么意思？ ［D］

3. 听第三遍录音，回答问题

（1）张三吃给爸爸的那块月饼时心里是怎么想的？

（2）张三吃给儿子的那块月饼时心里是怎么想的？

（3）张三吃给妻子的那块月饼时为什么找不到理由了？

（4）他最后想出了一个什么办法？你觉得这个办法怎么样？

（5）当他把月饼扔到地上的时候，月饼怎么样了？

（6）妻子的那块月饼他吃了没有？他是怎么说的？

三、听短文《两个画家》，完成试题

两个画家

张三和李四是好朋友，也都是著名的画家，水平很高，人们都说他们画什么像什么，跟真的一样。但是谁的水平更高一些呢？有人说，张三的水平要比李四高；有人说，张三的水平比不上李四。张三听到这些议论，不太在意，觉得这些人很无聊；李四听到别人说张三的水平比他高，心里觉得不舒服。终于他实在受不了，决定要和张三比一比，看到底谁画得好，谁的水平高。于是他和张三约定，三天以后，每个人画好一幅画儿，比赛以前先用一块白布盖上，比赛的时候再打开，让大家看看，谁的画儿画得像，能达到以假乱真的程度，谁就是胜利者。

三天很快就过去了。到了比赛的这天，很多人来观看这场比赛。他们俩都拿出了自己的作品，李四先把他那幅画儿上的白布拿开，“哇……”人群中发出一阵惊叹，画儿上画的是一束玫瑰花，花上还有露水，就像是早上刚刚摘下来的一样。忽然，更让人惊奇的事发生了：一只小蜜蜂飞过来，落在那幅画儿上，在玫瑰花上爬来爬去。“快看呀，小蜜蜂还以为是真花呢！”“太棒了！”有人大声地喊道。李四听了，心里乐开了花。他得意地看了看张三，说：“把你画儿上的白布拿开吧。”张三轻轻地笑了笑说：“实在对不起，那块白布拿不下来，是我画上去的。”

生词提示

1.	在意	zài yì	（动）	to mind, to care
2.	约定	yuēdìng	（动）	to make an appointment
3.	以假乱真	yǐjiǎ-luànzhēn		to mix up truth with falsehood
4.	惊叹	jīngtàn	（动）	to exclaim
5.	玫瑰	méigui	（名）	rose
6.	露水	lùshui	（名）	dew
7.	惊奇	jīngqí	（形）	surprised, amazed
8.	蜜蜂	mìfēng	（名）	bee
9.	乐开花	lèkāi huā		overjoyed

1. 听第一遍录音，判断正误

（1）√　（2）√　（3）×　（3）×　（5）√

2. 听第二遍录音，选择正确答案

（1）“人们都说他们画什么像什么。”这句话是什么意思？［B］

（2）“张三的水平比不上李四。”这句话是什么意思？［A］

（3）“李四听了，心里乐开了花。”这句话的意思是李四怎么了？［C］

（4）“那块白布拿不下来，是我画上去的。”从这句话中我们可以知道什么？［D］

3. 听第三遍录音，回答问题

（1）三天前他们是怎么约定的？

（2）李四画的玫瑰花像不像？为什么？

（3）张三画的是什么？他画得像不像？为什么？

（4）你觉得张三和李四谁的水平更高一些？为什么？

Lesson 21

第二十一课
话说过年

一、听力理解练习 Listening comprehension

一、听录音，选择正确答案

1. 男：刘秘书，小王辞职了。经理让你告诉小李，小王的工作先请他代替一下。

   女：好的，我知道了。谢谢你，小张。

   问：现在小王的工作由谁来做？ ［C］

2. 女：小李，这么高兴！呦，收到大学的录取通知了？还不赶快告诉你妈妈去！

   男：是啊，是啊。这不是还没来得及嘛！

   问：男的是什么意思？ ［D］

3. 女：小王，你要记住，靠别人不如靠自己，无论什么事，都不能依靠别人，甚至是你的父母。

   男：嗯，我会学会自立的。

   问：女的是什么意思？ ［A］

4. 女：哎，你看，小王跑得最快了。今天的比赛没准儿小王得第一呢！

   男：他呀，总是开始的时候跑得很快，谁也追不上他。可是跑一圈儿以后，他就会慢下来的。

   问：男的说小王怎么样？ ［B］

5. 男：小李，你知道吗？老刘已经出院了。

女：是吗？我本来还打算今天去医院看看他呢，既然已经出院了，我就去他家看看吧。

问：女的要做什么？ [B]

6. 男：今年我们要组织一个考察团去南方考察，不知道小李想不想去。

女：这种机会他不会不去。

问：女的是什么意思？ [C]

7. 男：今天不知道怎么搞的，从一出门就开始堵车，就这么点儿路，竟然走了一个半小时，等我赶到火车站，已经差五分十点了，差一点儿没赶上火车。

女：是啊，现在的交通情况越来越差了。

问：男的到火车站的时候火车开走了吗？ [A]

8. 小李是我的好朋友，难得到咱们家来一次，人家一来，小明就告诉人家咱们正要出去，结果让人家坐都没坐就走了，这太不礼貌了！

问：说话人是什么意思？ [D]

9. 老师对学生的态度会对学生有很大的影响。如果批评过多，会影响学生的自信心，应该以鼓励代替批评。

问：她是什么意思？ [B]

10. 看来我还得搬家，这次倒不是因为邻居有孩子。我们楼上有一家养了很多鸟，早晨天刚亮，小鸟就开始叫，才四五点钟就不能再睡了。我本来睡眠就不好，再让那些小鸟一吵，每天更休息不好了。你说我不搬家行吗！

问：他这次为什么要搬家？ [D]

二、听对话，做练习

话说过年

你一定知道中国最主要的一个传统节日——春节。那么过春节，也就是过年的时候都有哪些传统习俗呢？听了录音，你就知道了。

麦克：老师，今年春节是几月几号？

老师：是1月25号。

麦克：什么时候放寒假呢？

老师：1月10号。

麦克：对了，老师，中国人怎么过春节啊？

老师：简单地说呢，从春节前一个多星期就开始打扫房间啊、准备过年吃的用的东西啊、买新衣服、写对联啊，一直忙到腊月三十。腊月三十这一天最重要，中午十二点以前要把写好的对联贴在门上。晚上全家人要在一起吃饭，这顿饭叫"年夜饭"，十二点一到就开始拜年，孩子要给大人拜年，大人要给孩子钱，叫"压岁钱"。从初一到初五，大家都要到亲戚朋友家里去拜年。一直到正月十五，春节的活动才结束。在春节期间，大家每天都放鞭炮，尤其是腊月三十的晚上到正月初一早上，放得最多。

麦克：那一定非常热闹了！

老师：是啊！不过这些年，人们都觉得春节过得有点儿平淡。

麦克：为什么呢？

老师：在一些大城市，不让放鞭炮了，这样就少了一些热闹的气氛；拜年的人也少了，而且不再是到别人家里去拜年，而是用发微信、打电话、送鲜花等方法拜年。

麦克：这样不是可以节省时间吗？

老师：这倒也是。还有，吃、穿上也有很大变化。以前只有过年才能吃很多好吃的，现在不再是过年才吃大鱼大肉和饺子了，它们已经成了家常便饭。穿呢，现在新衣服什么时候都可以买，过年时穿新衣服也没什么了。

麦克：主要是因为生活水平提高了。平时吃的、穿的就很好了，所以春节的时候吃什么、穿什么也就不觉得有什么特别的了。

老师：就是啊。哎，麦克，你春节的时候在这儿吗？

麦克：放假以后我去哈尔滨，打算春节以前回来。

老师：你春节在这儿的话，就来我们家过除夕吧。来看看就知道我们怎么过春节了。

麦克：好，谢谢老师。

1. 听第一遍录音，判断正误

（1）√　（2）×　（3）×　（4）√　（5）×　（6）√

2. 听第二遍录音，选择正确答案

（1）春节前人们要准备多长时间？ [A]

（2）春节前人们要做很多准备，下面哪一项对话中没有谈到？ [C]

（3）什么时候贴对联？ [B]

（4）“年夜饭”是什么？ [A]

（5）从什么时候开始拜年？ [D]

（6）孩子给大人拜年的时候，大人要做什么？ [D]

（7）人们拜年一般在什么时候？ [C]

（8）春节的活动从开始准备到结束，一共大概多长时间？ [B]

（9）春节期间，放鞭炮最多的时间是什么时候？ [D]

（10）现在过春节跟以前相比有什么变化？ [B]

（11）现在过春节跟以前比有了很大的变化，下面哪种变化在对话中没有谈到？ ［C］

（12）现在人们拜年有很多方式，对话中没有说的是什么？ ［A］

（13）拜年在方式上的变化会怎么样？ ［B］

3. 选择对下面各句话的正确理解

（1）麦克问："这样不是可以节省时间吗？"老师答："这倒也是。"老师是什么意思？ ［B］

（2）"现在不再是过年才吃大鱼大肉和饺子了。"这句话的意思是现在怎么样？ ［C］

（3）"现在新衣服什么时候都可以买，过年时穿新衣服也没什么了。"这句话是什么意思？ ［D］

4. 听第三遍录音，回答问题

（1）春节前人们要准备什么？

（2）春节期间，最重要的一天是哪一天？这一天要做什么？

（3）什么叫"年夜饭"？什么叫"压岁钱"？

（4）这些年春节的时候气氛有什么变化？为什么？

（5）现在拜年的方式有什么变化？

（6）人们为什么觉得春节的时候吃饺子、穿新衣服不新鲜了？

二、泛听练习 Extensive listening

短文（一）

春联的来历

"春联"是春节的时候贴在门上的对联，它有上联、下联和横批三部分。上联贴在门的右边，下联贴在门的左边，上联和下联一般都有五个字以上。横批贴在门的上方，一般是四个字。念的时候，先念上联，再念下联，最后念横批。快到春节的时候，家家户户门上都会贴上春联。红色的春联为节日增加了热闹的气氛。

在古代，春联叫“桃符”，是用桃木做成人的样子，放在门的两边，上面写上字，据说这样就可以辟邪，神鬼不敢来打扰。到了明代，也就是六百多年以前，贴春联才成为一种风气，这时也不再叫“桃符”了，而是叫“春联”。春节的时候，家家都要贴春联，有文化的人有时还为别人写春联，于是春联就成为一种独特的文学形式，它讲究用字工整、对称，有诗意，寓意含蓄、吉祥。贴春联历代相传，成了中华民族的一种风俗，一直流传到现在。

听录音，回答问题

（1）春联有哪几部分？

（2）贴春联的时候应该怎么贴？

（3）念春联的时候应该怎么念？

（4）春联最开始叫什么？什么时候才开始叫“春联”的？

短文（二）

偷春联

传说，古时候有一位大书法家很喜欢写春联。有一年除夕，他为自己家写了一副春联：春江春水春色，新年新岁新景。写好后，他叫儿子把它贴到大门上去。谁知道，刚贴出去一会儿，就被人偷走了。原来，朋友们非常喜爱他的字，而他又很少送字给人，也不知道是谁看见有这样好的机会，就偷偷地给拿走了。书法家只好又写了一副：莺啼北里，燕语南邻。贴出去后，结果还是一样。他不得不再写一副，不过这次他留了个心眼儿，只写了对联的上半部分：福无双至，祸不单行。来偷春联的人一看，这两句很不吉利，就没有再偷。第二天一早，书法家笑着走到大门前，把下边的部分加上了。这下，这副对联就成了：福无双至今朝至，祸不单行昨夜行。大家看了，都说写得太好了。

听录音，回答问题

（1）书法家写的第一副春联为什么被偷走了？

（2）书法家写的第二副春联怎么样了？

（3）他贴在门上的第三副春联，别人为什么没偷？

（4）第二天早上，书法家做了什么？

Lesson 22

第二十二课 企鹅的婚恋

一、听力理解练习 Listening comprehension

一、听录音，选择正确答案

1. 男：今天的作业一个小时无论如何也做不完。

   女：那就明天再做吧。

   问：男的是什么意思？ [C]

2. 男：李老师，你们班学生都来了吗？

   女：还缺一个。

   问：李老师他们班的学生来了吗？ [A]

3. 男：孩子还这么小就给他念书，他能听懂什么呀！

   女：不懂的地方也许有，但重要的是培养孩子对书的兴趣。

   问：女的是什么意思？ [B]

4. 女：老王的儿子去美国一个多星期了。今天老王终于收到了儿子的邮件，他看了一遍又一遍，还是觉得看不够。

   男：要是你也会这样的。

   问：老王收到儿子的邮件以后怎么样？ [C]

5. 女：小王，这个问题你刚才问老师，他没给你解释吗？

   男：解释是解释了，只是我还是不太清楚。

   问：男的是什么意思？ [D]

6. 男$_1$：哎，小李，下了班，咱们去打会儿球再回家吧。

男$_2$：不行，我得赶紧回家，结了婚可不再像以前那么自由了。

问：小李是什么意思？ [A]

7. 男：听说老王住院了，说是病得还不轻呢！

女：可不是嘛！说是都吐血了，不过治疗了几天，病情控制住了。

问：老王怎么样了？ [B]

8. 男：小李，我们这次社会调查打算在寒假进行，你如果参加的话，恐怕就不能回家看望父母了，你舍得放弃回家的机会吗？

女：那有什么舍不得的！

问：女的是什么意思？ [A]

9. 今年七月，我由一名大学生变成了一名公司职员，觉得一切都很新鲜，当然也有很多不适应的地方。

问：她现在是什么人？ [C]

10. 今年春节期间，将会有几百万人坐火车回家过春节，虽然交通部门进行了各种努力，但仍然不能保证每个人上车后都能有座位。

问：春节坐火车回家的人可能会怎么样？ [D]

二、听短文，做练习

企鹅的婚恋

在南极大陆生活着一种非常可爱的动物——企鹅。你喜欢它们吗？了解它们吗？你知道雄企鹅是怎么向雌企鹅求婚的吗？它们又是怎么养育自己的孩子的？请听录音。

企鹅大多生活在南极洲，是人们最喜欢的动物之一。人们喜爱它，多半是由于它那可爱的样子。其实企鹅之间的恋爱也是很有意思的。

到了成熟的年龄，雄企鹅就会在水里游上数十公里，直到遇见一块石头。根据它的理解，这块石头的形状和颜色一定能让它将来的妻子喜欢。于是，它就叼着这块石头，回去找它喜欢的雌企鹅。当遇到最喜欢的雌企鹅时，它就把这块石头放在雌企鹅的脚边，对方如果接受它，就叼起石头回到自己的窝里；不然，就拍着翅膀，把这个雄企鹅赶走。

有时会有这样的情况：一只雄企鹅找到了一块石头，当它游回来的时候，为了休息几分钟，就把珍贵的石头放在岸上。这时，另一只雄企鹅会在它不注意的时候把石头偷走，去送给自己喜欢的雌企鹅。

企鹅夫妻之间是很忠诚的。一只企鹅生病或者受伤的时候，它的爱人不会离开，即使在危险的情况下也是这样，直到这只企鹅病好了或者死去。人们常常看到这样的情景：企鹅成双成对地死在一起，因为它们中的任何一个都不愿离开另一个。

身形最大的企鹅身高可达130厘米，体重可以达到45公斤。雌企鹅总是在最冷的时候产卵。它把产下的卵放在雄企鹅的脚边，然后自己就到海里找吃的东西。雄企鹅就用自己的肚子把卵包住。两个月后，雌企鹅回来的时候，小企鹅就差不多快出来了。小企鹅出生以前，雄企鹅一直不吃东西。企鹅的这种做法是不是也很特别啊？

1. 听第一遍录音，判断正误

（1）×　（2）×　（3）√　（4）√　（5）×　（6）×　（7）√　（8）√

2. 听第二遍录音，选择正确答案

（1）人们喜爱企鹅的主要原因是什么？　［B］

（2）到了成熟的年龄，雄企鹅就会到水里做什么？　［C］

（3）雄企鹅选择的石头是怎样的？ [B]

（4）雄企鹅选择石头的时候，要看这块石头的什么？ [C]

（5）雄企鹅找到自己喜欢的雌企鹅以后，就把那块石头放在什么地方？ [A]

（6）雌企鹅如果不喜欢这只雄企鹅，它就会怎么样？ [D]

（7）有的雄企鹅会在什么时候去偷别的雄企鹅的石头？ [A]

（8）如果企鹅夫妻中雄企鹅生病了，雌企鹅会怎么做？ [D]

（9）雌企鹅产下卵以后会怎么做？ [C]

3. 选择对下面各句话的正确理解

（1）“雄企鹅就会在水里游上数十公里”这句话中的“游上数十公里”是什么意思？ [D]

（2）“对方如果接受它”这句话中的“对方”是指什么？ [B]

（3）“企鹅成双成对地死在一起”这句话中的“成双成对”是指什么？ [C]

（4）“它们中的任何一个都不愿离开另一个”在短文中是什么意思？ [A]

4. 听第三遍录音，回答问题

（1）雄企鹅怎样向雌企鹅表达自己的感情？

（2）雌企鹅接受雄企鹅时会有什么表现？不接受的时候呢？

（3）在企鹅的世界里，有时会发生什么样的偷窃现象？

（4）为什么说企鹅之间的爱情是忠诚的？

（5）企鹅夫妻怎样照顾它们的卵？

二、泛听练习　Extensive listening

短文（一）

假如猎豹参加奥运会

奥林匹克运动会每四年举行一次，世界各国都会派出最优秀的运动员去参加比赛。但是，你想过没有，假如动物也被允许参加比赛的话，情况会怎样？

当然，首先应该确定新的比赛规则。比如，不能有集体项目，而且只进行跑步、游泳等比赛。

那么，比赛的结果呢？我想在很多项目的比赛中，人会觉得很尴尬。拿跑步来说，100 米、200 米、400 米、800 米和 1500 米赛的冠军，除了猎豹，还能有谁呢？因为猎豹是跑得最快的哺乳动物，速度可达到每小时 96 公里，而人类的最快速度是每小时 43 公里。

猎豹为什么能快速奔跑呢？这是因为猎豹的身体构造十分协调，它的腿很长，更重要的是它的腰背和肩部非常灵活，很适合奔跑。

科学家们对猎豹的速度进行过精确的测试，结果发现猎豹只需要 16 秒就能跑完 400 米。同样的距离，人类在 2016 年的世界纪录是由美国运动员创造的，43.03 秒，比猎豹慢得多。

800 米和 1500 米的比赛，会让人更尴尬。猎豹用 32 秒和 1 分多钟的时间就能跑完 800 米和 1500 米，而人类的纪录分别是 1 分 40.91 秒和 3 分 26 秒。

但更长距离的比赛，场上就看不见猎豹的影子了。原来，猎豹在快速奔跑一分钟后，需要停下来长时间地休息。如果让它跑 5000 米，它一定跑不过我们的运动员，人类的最好成绩是 12 分 37. 35 秒。

听录音，填表（录音中没有的内容可以不填）

参赛者	项目				
	400 米	800 米	1500 米	5000 米	速度最快可以达到（公里 / 小时）
猎豹	16 秒	32 秒	1 分多		96
人	43.03 秒	1 分 40.91 秒	3 分 26 秒	12 分 37.35 秒	43

短文（二）

鸟

一九八〇年，中国鸟类学会在大连成立。一九八二年，广东又把每年的三月二十日定为“鸟节”。这使人们更加爱鸟护鸟。

鸟是人类的朋友。

有些鸟唱歌的本领真让人赞叹。像百灵、画眉、黄鹂等鸟的歌声非常动人，人们把它们叫作“歌唱明星”。

有些鸟是时装设计师。像孔雀、鸳鸯、鹦鹉等，它们的服装非常美丽，让人类的时装设计师、时装模特都很羡慕。

鸟成为人类的好朋友，还有一个重要的原因，就是它们大都是除害虫的专家。像猫头鹰、布谷鸟、啄木鸟等都是有名的“森林医生”。

全世界已经知道的鸟类大约有 1.1 万种，中国的鸟类有 1300 多种。但是，近年来中国的鸟群正在不断减少，这是由森林面积的逐渐减少和人们的大量猎杀造成的。鸟类减少是大自然向人类发出的一个警告。

听录音，找出短文中没有提到的内容

（1）（8）

Lesson 23

第二十三课
话说广告

一、听力理解练习 Listening comprehension

一、听录音，选择正确答案

1. 男：小王，昨天那个电影怎么样？

女：比想象的差多了。

问：女的觉得那个电影怎么样？ [C]

2. 女：我们班只有 17 个学生，可是光女生就有 11 个。

男：我们班也差不多。

问：女的是什么意思？ [B]

3. 女：小王，你病了三天了都不去医院，光吃些自己买的药，也不见好起来。你别再这样坚持下去了，赶快去医院吧。

男：好的，我下午就去。

问：女的是什么意思？ [D]

4. 男：老师，考试到几点啊？

女：到十点。还有的是时间呢，不要着急，做完的同学再仔细检查一遍。

问：老师是什么意思？ [A]

5. 男：妈，放寒假以后我想去城里打工。

女：什么？还有半年就考大学了，你还是老老实实在家学习吧。去打工的话，哪儿还有时间学习啊？你不想考大学了？

问：妈妈的意见是什么？ [C]

6. 女：听说北京的京剧演员要到咱们这儿演出？唉，我要不是这么大年纪，非去看看不可。

男：奶奶，要不然我陪您去看？

问：关于女的，下面哪句话是对的？ ［D］

7. 现在有一种广告形式，叫“广告植入”，就是把产品直接放到电影或者电视剧中，跟剧情合在一起。比如剧中人喝酒的时候，拿起一瓶酒，他们并不会提起这是什么酒，但是观众可以很清楚地看到酒的牌子。这种广告就是植入式广告。

问：这段话的主要内容是什么？ ［A］

8. 广告总是对产品的优点、长处、特点做详细的说明，而对它的缺点却一点儿也不说。人们把商品买回家以后才发现，并不像广告上说的那么好。

问：说话人是什么意思？ ［D］

9. 女：小李是经济系毕业的，可是对中国古代文学也很有研究啊！

男：你不知道，他本来是中文系的，大学二年级的时候转到经济系去的。

问：关于小李，下面哪句话是对的？ ［B］

10. 女：您真的是作家王刚先生？跟我想象的一点儿也不一样。

男：你觉得王刚应该是什么样的？

女：看您的小说，我觉得生活中的您应该像您的小说里的人一样，穿西装、打领带，还戴着一副眼镜，总之应该是个知识分子的样子。我这样说，您不会不高兴吧？

男：哪里，我只是觉得很对不起我的读者。

问：作家王刚是什么样子？ ［C］

二、听对话，做练习

话说广告

有人说广告在一定程度上反映了一个国家经济发展的水平，但是广告太多的话，你会有什么感觉呢？请听下面一段对话。

丈夫：你说，这电视里的广告，没完没了啊！都七点四十了，过了十分钟了，球赛还没开始呢。

妻子：不就是等那场足球比赛吗？再等一会儿。告诉你，要是没这些广告，你还看不着这场球赛呢！

丈夫：什么意思？

妻子：这次比赛是这几家企业赞助的。

丈夫：唉，真是没办法。现在打开电视就是广告，换一个台还是广告；打开收音机是广告；收到的短信上也是广告；报纸上一半是广告；走在路上，街上四处也是广告；出租车和公共汽车上还是广告。我最不能忍受的是在精彩的电视节目中间，突然插进广告。有的广告让你躲都躲不开。

妻子：怎么躲不开呀？你不看不就行了？

丈夫：在火车上你躲得开吗？那儿的广播里也有广告，我总不能跳下车去呀！还有让人感觉最不舒服的，就是吃饭的时间电视上总播一些药品的广告，什么拉肚子之类的，你说让人还怎么吃得下去？

妻子：不过广告多了也是好事，说明咱们的经济越来越好了嘛，四十多年以前还没广告呢。其实，跟别的国家比起来，现在咱们国家的广告还真不算太多。

丈夫：说广告多，实际上是差的广告太多了。拍得好的广告、水平高的广告也还可以看看。不过话说回来，广告拍得好，并不见得商品就好，这种广告不是欺骗消费者吗？

妻子：这倒也是。不过也有这种情况，一种很好的商品，因为广告做得不好，结果影响了企业的效益。

丈夫：哎，别说了，别说了，球赛开始了。

1. 听第一遍录音，判断正误

（1）×　（2）√　（3）×　（4）√　（5）×　（6）√

2. 听第二遍录音，选择正确答案

（1）那场足球比赛应该在几点播出？ ［C］

（2）男的觉得现在哪儿都是广告，但是他没有提到的是什么？ ［B］

（3）男的认为最不能忍受的情况是什么？ ［D］

（4）男的认为躲都躲不开的广告是什么？ ［A］

（5）男的认为让人感觉最不舒服的广告是什么？ ［B］

（6）关于现在的广告，下面哪一项不是女的说的？ ［A］

（7）关于现在的广告，下面哪一项不是男的说的？ ［C］

3. 选择对下面各句话的正确理解

（1）“这电视里的广告，没完没了啊！”这句话中的“没完没了”是什么意思？ ［A］

（2）“要是没这些广告，你还看不着这场球赛呢！”这句话是什么意思？ ［B］

（3）“让你躲都躲不开。”跟这个句子意思最接近的是哪一句？ ［C］

（4）“让人还怎么吃得下去？”这句话是什么意思？ ［A］

（5）“拍得好的广告、水平高的广告也还可以看看。不过话说回来，广告拍得好，并不见得商品就好。”这句话中的“话说回来”是什么意思？ ［D］

（6）“广告拍得好，并不见得商品就好。”这句话中的“不见得”是什么意思？ [B]

（7）男的说：“这种广告不是欺骗消费者吗？”女的说：“这倒也是。”女的是什么意思？ [D]

4. 听第三遍录音，指出下面两段话中哪些不是丈夫或妻子的观点

（3）（5）不是丈夫的观点；

（1）（2）（4）不是妻子的观点

二、泛听练习 Extensive listening

短文

广告的妙用

有一次，一位先生对一个商人说：“上个星期，我的伞在电影院被人偷走了。因为那把伞是朋友送的礼物，所以我花了两把伞的价钱登报寻找，可还是没有找回来。”

“您的广告是怎么写的？”商人问。

“广告在这儿。”那人一边说，一边从口袋里拿出一张从报纸上剪下来的纸片。商人接过来念道：“上星期日傍晚在电影院丢失黑色雨伞一把，如果有哪位先生拾到，请送到第五大街十号，定有重谢。”

看完后商人说：“广告的写法可有学问了，咱们再写个广告试试。”

说着，商人从口袋里拿出一张纸，在上面写道：“上星期日，有人看到某人在电影院偷了一把伞，拿伞的人如果不愿意找麻烦，最好把伞送到第五大街十号。”

这位先生把这条广告登在了报上。第二天早上，他打开门后大吃一惊。门前放着十多把雨伞。他自己那把黑色的也在里边。好几把雨

伞上还拴着字条，说是“没注意，拿错了”，“实在对不起”，等等。

听录音，回答问题

（1）他的那把伞是什么时候丢的？在哪儿丢的？

（2）他为什么要把那把伞找回来？

（3）他第一次登广告花了多少钱？

（4）他的第一个广告是怎么写的？结果怎么样？

（5）第二个广告是怎么写的？结果呢？

公益广告

1. A：哇，好多好吃的，我统统都要。这块肉闻着真香啊！

B：小豆豆，我们吃多少，盛多少。节俭用餐不浪费！

2. A：小虎，你怎么能乱扔垃圾呢？

B：对不起，我错了。

A：不但不能乱扔垃圾，咱们还应该把垃圾都带走。

C：对啊，不能让垃圾破坏了风景，我们一起把垃圾收拾一下吧。

3. A：绿灯亮了，冲啊！

B：小贝，过马路要看左右，别乱跑乱冲。

A：我知道了。我不跑了。

4. A：爸爸，你为什么不开车去上班了呀？

B：上班少开车，选择自行车、地铁或公交车，能减少空气污染，节约能源，爸爸这是绿色出行。

听录音，回答问题

这四个广告的主要内容是什么？

Lesson 24

第二十四课
电脑的用途

一、听力理解练习 Listening comprehension

一、听录音，选择正确答案

1. 女：小明，你们新来的老师怎么样？

   男：我们新来的老师特别好，跟以前的老师一样，对我们很有耐心。

   问：新老师跟以前的老师相比怎么样？ [B]

2. 女：这次考试，小丽是我们班唯一一个得100分的学生。

   男：嗯，小丽确实挺努力的。

   问：女的是什么意思？ [B]

3. 女：你说，这事儿会是小王干的吗？

   男：小王你还不了解吗？他绝不会干出这样的事儿来。

   问：男的是什么意思？ [A]

4. 男：妈妈，我们学校现在正组织演讲比赛呢，我想参加。

   女：你是学生，要以学习为主。今天参加演讲比赛，明天参加节目表演，什么时候学习呢？

   问：妈妈是什么意思？ [C]

5. 女：王教授的很多观点我都不太赞成，所以他的课我也不喜欢听。

   男：他的一些观点确实值得讨论，不过他的课还是不妨听听嘛。

   问：男的是什么意思？ [D]

6. 女：小王这个人挺热心的啊！

男：他是一个靠得住的朋友。如果朋友有了困难，他会像对待自己的事情一样去帮助朋友。

问：男的是什么意思？ ［A］

7. 男：在我们家，所有的大事都由我决定，所有的小事都由我妻子决定。

女：但是哪些事算大事、哪些事算小事都是由你妻子决定的，对吗？

问：女的说在男的家里怎么样？ ［A］

8. 男：小李，你现在刚上大学，总是盼着能快一点儿大学毕业，早一点儿参加工作。可是真的快大学毕业的时候，你就不会这么想了。

女：是吗？

问：关于小李，下面哪句话是对的？ ［D］

9. 女：最近老王单位的工作让他忙得团团转，一天到晚都不回家。

男：他每年的这个时候都很忙，再过一段时间就好了。

问：老王怎么了？ ［B］

10. 当我第一次看见这个招聘启事的时候，还是很有信心的。可谁知，我到招聘的公司去一看，一个职位竟有50多个人报名，有的还是博士毕业呢！

问：下面哪句话是对的？ ［C］

二、听短文，做练习

电脑的用途

说起电脑，你一定会说出它的很多用途。然而有一种用途你也许从来没有想到过。请听录音。

现在电脑普遍进入家庭，很多作家也换用电脑写作。可我却坚持用笔写作，原因是我从小拼音学得不好，感到自己实在很难掌握它。

但在今年七月，一个偶然的原因使我与电脑发生了关系。一天，一位朋友打电话来，告诉我另一位朋友得了肺癌。他劝我少吸烟，我说我吸烟已经有四十二年了。虽然我知道吸烟对身体有害，但是每次拿起笔来，另一只手就自然地点着了一支烟。常常是一支烟刚刚抽完，另一支烟就已经点着了。抽烟已经成了我的习惯，香烟成了我生活中的朋友，我不可能戒掉。

他说："有一个办法你试试怎么样？"

我并不认为他能解决我的吸烟问题。我妻子是个医生，她对我已经说过许多许多，都没能改变我的生活习惯，再说我是一个很固执的人，他能有什么好办法帮我戒烟呢？

他说："你玩儿玩儿电脑怎么样？两只手在键盘上忙来忙去，可能会让你忘了吸烟，这有可能改变你吸烟过多的毛病。再说，你写的小说也够多的了，玩儿玩儿电脑也是一种精神放松。"也许是这个"玩儿"字吸引了我，我把儿子以前送给我的那台电脑搬出来，请人给安装了起来。没想到，我这一玩儿，竟然再也离不开它了。

半个月后，我用电脑"写"出了第一个作品。我感到了从来没有过的快乐——过去写在纸上的歪七扭八的汉字，变得方方正正；以前自己有些不标准的字形，也得到了纠正。一个本来拒绝使用电脑的人，一来二去竟然成了对电脑入迷的人。更让我快乐的是，由于用上了电脑，键盘占去了我的两只手，烟吸得比过去少多了。电脑的这个用途恐怕谁也没有想到吧？

1. 听第一遍录音，判断正误

（1）√　（2）√　（3）×　（4）√　（5）√　（6）√

2. 听第二遍录音，选择正确答案

（1）当初他拒绝使用电脑是因为什么？ [B]

（2）他以前认为自己不可能戒掉烟是因为什么？ [A]

（3）他当初认为朋友不可能解决他的吸烟问题是因为什么？ [C]

（4）朋友为了让他少吸烟，给他想的办法是什么？ [B]

（5）他接受了朋友的建议是因为什么？ [C]

（6）关于那台电脑，下面哪句话是对的？ [D]

（7）他玩儿电脑以后吸烟少了是因为什么？ [D]

（8）用电脑"写"出第一个作品以后，让他最快乐的是什么？ [C]

3. 选择对下面各句话的正确理解

（1）"我吸烟已经有四十二年了。"这句话是什么意思？ [C]

（2）"一支烟刚刚抽完，另一支烟就已经点着了。"这句话说明了什么？ [B]

（3）"我妻子是个医生，她对我已经说过许多许多。"这句话是什么意思？ [D]

（4）"你写的小说也够多的了。"这句话是什么意思？ [A]

（5）"竟然再也离不开它了。"这句话是什么意思？ [B]

（6）"我感到了从来没有过的快乐。"这句话是什么意思？ [D]

（7）"一个本来拒绝使用电脑的人，一来二去竟然成了对电脑入迷的人。"这个人是指谁？ [C]

4. 听第三遍录音，回答问题

（1）请你说一说他当初吸烟的情况。

（2）他当初为什么不认为朋友可以解决他的吸烟问题？

（3）朋友让他用玩儿电脑的方法来减少吸烟时是怎么说的？

（4）当他用电脑"写"出第一个作品时，他很快乐，为什么？

二、泛听练习 Extensive listening

短文（一）

5G来了

通信业几乎每10年就会发生一次大的变革。如果说1G是语音，2G是文本，3G是照片，4G是视频，那么5G将是虚拟现实、万物互联。所谓万物互联就是人与物、物与物互联。如果万物互联成为现实，我们的生活将会变成什么样呢？

在学习方面，人们将能够通过VR、AR技术进入虚拟教室，通过头戴式设备沉浸式参与自己喜欢的课程，并与课堂上的老师和同学进行全景式交流。

在城市管理上，借助5G技术，通过城市的摄像头所拍的视频、图像能够及时传输，大大提高了图像识别的准确率和识别速度。在5G的支持下，还可以通过VR技术进行人脸识别，警察可以快速识别犯罪嫌疑人；识别车牌时能够更快进行信息读取，提高通行速度等，让我们的社会变得更安全、更高效。

在医疗方面，可以远程诊断、远程紧急处理和远程手术等。5G、VR技术能让有经验的医生通过网络清晰地看到病人的各种信息，使远程诊断变得更加可行、可靠。

在汽车驾驶方面可以实现车联网。应用5G、人工智能技术的自动驾驶，会给汽车形态、汽车管理、车辆运行、人车关系带来改变。未来，出租车司机这个职业也许会消失。

对于老年人的养老问题，应用5G、人工智能技术的智能机器人可以提供更优质的养老服务，让老年人的生活更便利、更舒适、更安全。

5G时代正在加速向我们奔来，我们会因为这项科学的进步享受到更多智能、高效的体验，更多新的技术及创新也必将应运而生，就让我们一起拭目以待吧。

听录音，找出短文中提到的内容

（1）（3）（4）（6）（7）

短文（二）

5G技术下的虚拟学校

学汉语的学校和教室，对你们来说，是再熟悉不过的地方了。但是5G时代的到来，会给我们带来全新的教育技术和教育模式，我们可以想象一下未来的学校和教室是什么样的。

有这样一所虚拟学校，无论你在世界的任何一个地方，只要有5G网络，就可以到网上的学校学习，学生坐在家里就能够真切地体验到和全世界的学生一起学习的感觉。这所学校是虚拟的，是没有围墙的学校。未来甚至还会有一批没有围墙，但是照样可以发毕业证书的学校。

进入这所学校以后，你可以选择自己感兴趣的课程，如果需要哪位著名的老师为你解答问题，只要约好时间，用鼠标轻轻一点，你就可以跟这位老师交谈。如果你是外国人，想跟中国人用汉语聊天儿，而这时也有一位中国人想和别人聊天儿，你只需要轻轻一点，就可以跟他聊天儿。

这所学校除了可以帮你掌握知识，也许还可以为你提供娱乐的空间：到“讨论园地”，可以利用视频或音频与你学校的同学和老师交流思想；到“在线广播”，可以听音乐和新闻；你想学习成语，到“趣味成语”栏目，可以了解到成语的来源和正确的用法；在“有奖问答”中你还可以展示自己的聪明才智，也许还会获得一份礼物，为你的学习生活增添一份喜悦。

这所学校应该有一大批具有丰富教学经验的老师，你在家中就可以轻松地跟他们交谈。它缩短了同学之间的距离、学生和老师之间的距离，为你的学习生活开辟了一个新的空间。

怎么样？你期待这样的学校吗？

听录音，找出短文中没有提到的内容

（1）（4）

Lesson 25

第二十五课
环境保护

一、听力理解练习 Listening comprehension

一、听录音，选择正确答案

1. 女：这孩子刚五岁，体重就五十多斤了，这样胖下去，恐怕跑都跑不动了。

   男：那从现在开始就要严格控制他的体重。

   问：女的觉得这个孩子怎么样？ [C]

2. 男：这段时间总是下雨，难得有今天这样的好天气，不如出去玩儿玩儿吧。

   女：好啊，再叫上小王、小李他们。

   问：下面哪句话是对的？ [B]

3. 女：这种葡萄价钱贵不说，吃起来味道也不觉得怎么好。

   男：我买回来就是因为以前没见过这种葡萄，以后不买了。

   问：关于这种葡萄，下面哪句话是对的？ [D]

4. 男：今天下雨，好像出租车很难打，我等了二十多分钟才等到。

   女：那我运气还可以，我和小王刚走出学校，只见一辆出租车就开过来了。

   问：女的是什么意思？ [B]

5. 男：你刚接到录取通知书的时候是什么心情呀？

   女：当时那种激动的心情真是无法用语言来表达。

   问：女的是什么意思？ [A]

6. 女：我们知道让您在这么短的时间里把文章写出来，确实有点儿为难。不过我们后天就要用，您看能不能……

男：好，好，我努力争取吧。

问：男的是什么意思？ [A]

7. 男：小王那么聪明，当然学习好了。

女：人家学习好，不只是因为聪明。

问：女的是什么意思？ [C]

8. 男：大夫，您觉得我需要住院吗？

女：不用，打打针、吃吃药就好了，不至于住院。

问：女的是什么意思？ [D]

9. 女：王经理，您看我这次是不是没希望了？

男：你英语很好，又有两年的工作经验，这些都符合我们的招聘要求。只是你的电脑水平要是再高一点儿就好了。

问：从上面的对话中我们可以知道什么？ [D]

10. 麦克，这个节目是在中央电视台的中文国际频道播出的。每个星期的一、三、五中午12点到1点是首播，二、四、五的下午5点到6点再重新播一次。

问：从这段话中我们可以知道，这个节目每次的内容可以在电视上看几遍？

[B]

二、听短文，做练习

环境保护

中国民众对国内环境整体质量的感觉是怎样的？对政府的环保工作成果是否满意？民众的环保意识怎么样？对垃圾分类的态度如何？最近上海交通大学

公布了一项调查。我们来听录音。

近日，上海交通大学发布了《中国城市居民环保意识调查》报告。调查采用了电话问卷调查的方式，对中国35个主要城市的3508位居民进行了调查。

调查主要包括以下四个方面：

第一个方面是大众对环境整体质量的感觉。他们主要调查了对饮用水和食品安全的认可度以及环境污染对健康造成的影响两个方面的问题。调查报告显示，在饮用水与食品安全方面，认为这两者“比较安全”的受访者比例分别是75.3%和69.7%。民众对饮用水安全的认可度明显高于对食品安全的认可度，这也表明食品安全将继续成为今后治理工作的重点。而对于环境污染对健康的影响，认为环境污染对自身健康造成明显影响的受访者为33.2%，有45.8%的受访者认为环境污染会对自己的身体健康造成少量伤害。

第二个方面是对政府治理污染工作的评价。数据显示，90.7%的调查对象对中央政府的环保工作持信任态度；而对地方政府持信任态度的受访者有81.3%。不难看出，近年来政府在环境治理方面的表现得到了民众的充分认可。

第三个方面是对大众环保意识和自觉程度的调查。这些年随着环保知识的普及和媒体宣传力度的增强，中国城市居民对环保的认识明显提高，超过半数的受访者对环境问题有一定的关注，并认为自己的行为会对环境产生影响。调查发现，超过80%的受访者表达了要为环保做贡献的意愿，其中，73.2%的受访者愿意为环保捐款，82.7%的受访者愿意为环保做义工。

第四个方面是对垃圾分类的态度。随着垃圾分类政策在国内各主要城市的逐渐推广，垃圾分类也成为当前民众关注的热点问题。94.6%的受访者表示“愿意”或“非常愿意”进行垃圾分类，但相比之下，当前垃圾分类的政策效果与民众的预期仍有一定的差距，51.6% 的受访者认为垃圾分类的效果“还可以”，而 39.1% 的受访者则认为现阶段垃圾分类的效果“不太理想”甚至“很不理想”。

报告建议，下一阶段环境治理工作的重点应是：引导公众参与环境治理，将环保意识转化为环保实践。

1. 听第一遍录音，判断正误

（1）×　（2）×　（3）√　（4）×

（5）√　（6）√　（7）√

2. 听第二遍录音，选择正确答案

（1）对于环境污染对健康的影响，下面哪个是调查的结果？　［B］

（2）有多少受访者表示愿意为环保做贡献？　［B］

（3）民众对政府治理污染工作的评价怎么样？　［D］

（4）对垃圾分类的态度，下面哪一项是调查的结果？　［A］

（5）下面哪一项是这个报告对今后工作的建议？　［C］

3. 听后填出百分比

（1）75.3%　69.7%

（2）33.2%　45.8%

（3）90.7%　81.3%

（4）80%　73.2%　82.7%

（5）94.6%　51.6%　39.1%

4. 听第三遍录音，回答问题

（1）这次调查主要有几个方面的问题？分别是什么？

（2）请你总结一下每个方面的调查结果。

二、泛听练习 Extensive listening

短文（一）

垃圾分类

下面我给大家介绍一下垃圾分类的方法。

这里有四种颜色的垃圾桶，蓝色、红色、棕色和黑色，分别对应四种不同的垃圾，就是可回收垃圾、有害垃圾、湿垃圾和干垃圾。

可回收垃圾是指可以回收利用的生活废弃物，包括废纸、废塑料、废玻璃制品、废金属、废织物等，像报纸、纸箱、书本、广告单、塑料瓶、塑料玩具、油桶、酒瓶、玻璃杯、旧衣服、包、旧玩偶、旧数码产品、旧家电等。

有害垃圾是指对人体健康或者自然环境造成危害的废弃物，主要包括：废电池、油漆、消毒剂、荧光灯管、含汞温度计、废药品及其包装物等。

湿垃圾是指日常生活中产生的容易腐烂的废弃物，主要包括食材废料、剩饭剩菜、过期食品、蔬菜水果、瓜皮果核、花卉绿植、中药残渣等。

干垃圾是指除可回收物、有害垃圾、湿垃圾以外的其他生活废弃物，主要包括餐盒、餐巾纸、湿纸巾、卫生间用纸、塑料袋、食品包装袋、污染严重的纸、烟蒂、纸尿裤、一次性杯子、大骨头、贝壳、花盆等。

难以辨识类别的生活垃圾可投入干垃圾容器内。

听录音，把左右两栏中的相关内容用线连起来

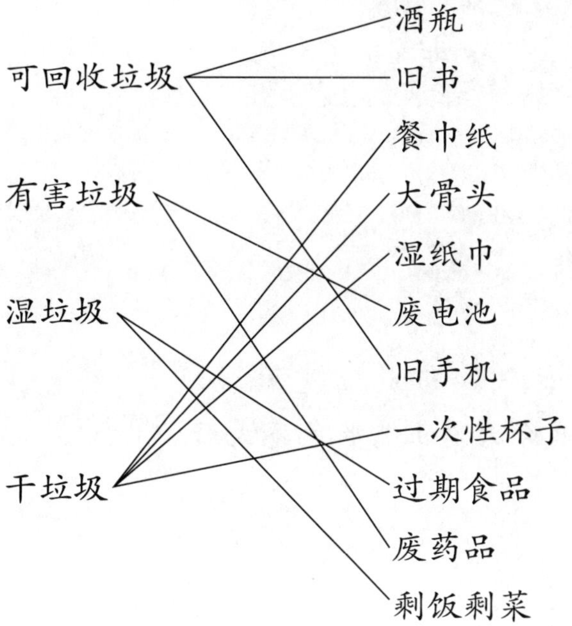

短文（二）

中国概况

中国位于东半球，地处亚洲东部，太平洋西岸。陆地上有14个邻国，全国陆地面积约960万平方公里，是亚洲最大的国家。中国南北距离约5500公里。北方的黑龙江还是冬天时，南方的海南岛已经是夏天了。中国东西距离约5200公里。

中国是世界上人口最多的国家，但人口分布不均匀，东部人口密度大，特别是东部沿海地区，每平方公里在400人以上，有些地方超过了600人。中国又是一个统一的多民族的国家，全国共有56个民族，汉族人最多，约占全国人口总数的92%，主要分布在东部。中国西部高，东部低，地形复杂。山岭占26%，高原占33%，盆地约占12%，平原占19%，丘陵约占10%。全国水资源丰富，生物资源种类多，数量大。中国矿产资源丰富，有171种，是目前世界上已知矿种比较齐全的几个国家之一。中国还有丰富的地热资源。

听录音，找出短文中没有提到的内容

（2）（3）（5）（7）

Lesson 26

第二十六课
人靠衣装

一、听力理解练习 Listening comprehension

一、听录音，选择正确答案

1. 女：刚才碰见小李，他说我今天看上去脸色不太好。

   男：好像是有点儿。

   问：女的是什么意思？ [B]

2. 女：你跟你哥哥长得太像了，我经常认错。

   男：别说老师了，就是我的朋友们也经常认错。

   问：男的是什么意思？ [C]

3. 男：昨天小王和小李闹矛盾了，今天两人见了面，连招呼都不打，好像谁也不认识谁。

   女：唉，有什么事儿能闹这么大的矛盾呀！这太不好了！

   问：小王和小李怎么了？ [C]

4. 男：寒假去旅行吗？

   女：去是肯定要去，至于去哪儿，还要跟朋友商量商量。

   问：女的是什么意思？ [B]

5. 男：小李，你看，这是前两天一位画家为我画的像，怎么样？像不像？

   女：像！像！真像！你看这帽子相当像。

   问：小李觉得那幅画儿画得像不像？ [A]

6. 男$_1$：爸爸，您非得让我学书法，不是我不想好好儿学，而是我觉得这些东西以后不会有什么用！

男$_2$：哎，小明，你怎么能这么说呢？咱们先不说你现在学得怎么样，就拿你这个态度来说，就有很大的问题！

问：爸爸是什么意思？　　［A］

7. 王教授的这本书以前我在书店里见过，水平实在不怎么样。我甚至怀疑这本书是不是王教授写的。

问：他觉得王教授的这本书怎么样？　　［C］

8. 王老师给我辅导了那么长时间，可我还是没有考上。他不但不怪我，反而还安慰我，让我觉得更对不起他了。

问：下面哪句话是对的？　　［D］

9. 今年我以全省第一名的成绩考上了北京大学。昨天收到妈妈的微信，她说为有我这样的女儿感到骄傲和自豪。

问：妈妈在微信中说了什么？　　［A］

10. 山田是我们班的同学，他来中国，与其说是来学习汉语，还不如说是来旅游。这一年，他玩儿遍了北京所有有名的地方。他还打算明年到别的城市玩儿，他要走遍中国所有的名胜古迹。

问：下面哪句话是对的？　　［B］

二、听短文，做练习

人靠衣装

中国有一句俗话叫“人靠衣装”，意思是服装对人来说是很重要的，一件漂亮得体的衣服会立刻让人精神很多。现在人们也越来越重视“包装”自己。青年工人小周也开始注意“包装”自己了。请听录音。

现在都讲究包装。商品要包装，明星要包装，普通人也要包装。而青年工人小周要包装自己是最近的事儿。

小周工作的那家工厂一年四季都给员工发工作服，小周觉得工作服穿着很舒服，就几乎每天都穿工作服。那天，他在公共汽车站等车，正好妻子上街从那儿经过，妻子像不认识他一样走了过去，弄得他上班后心里一天都不舒服。

晚上回家，他问妻子为什么早上不跟他打招呼，妻子说："那么多人在车站等车，你穿着工作服，太普通了，没注意到你。"

小周心想，妻子说的有道理。现在的人都注重包装，妻子对自己的态度就可以说明这个问题。于是，小周发誓也要包装包装自己。他拿出准备买电脑的钱，花了1000多块钱，买了一套休闲服，又理了理发，刻意打扮了一下。第二天，高高兴兴地上班去了。

穿惯了工作服的小周，今天突然穿了一身漂亮的休闲服，同事们都很惊奇，对他说："小周，今天有什么事儿吗？"

"没什么事儿啊。现在不是都要讲究包装吗？"

"样式不错呀，多少钱买的？"

"猜猜看。"小周有点儿得意地说。

"100块？"

"150块？"

"180？"

"反正不会超过200！"

小周瞪大眼睛看着大家，心里觉得奇怪：怎么回事儿？这么贵的衣服穿在我身上就不值钱了？

"小周，到底多少钱呀？"

"100元。"小周不知道为什么自己也给衣服降了价。他觉得，既然人家认为自己的衣服不值钱，就是说出来，人家也不会相信，弄不好别人还以为自己吹牛呢。

周末，小周穿着这套衣服去姐姐家。一进屋，姐姐就问："怎么，又发了一套工作服？"小周一愣，想解释解释，可是话到嘴边儿，又咽了回去，只说了一声："嗯。"回家后，小周把那套衣服脱下来，又换上了工作服。妻子问："这么好的衣服，怎么不穿了？"小周懒懒地说了句："累。"就再也不说话了。

1. 听第一遍录音，判断正误

（1）×　（2）×　（3）√　（4）×　（5）√

2. 听第二遍录音，选择正确答案

（1）那天在公共汽车站，妻子为什么没跟他说话？　[B]

（2）妻子那天在公共汽车站对小周的态度说明什么？　[B]

（3）小周为什么要包装自己？　[D]

（4）那天小周去上班，同事们为什么都很惊奇？　[C]

（5）同事们以为小周的那身衣服怎么样？　[C]

（6）小周跟同事说他的那身衣服怎么样？　[D]

（7）小周没跟同事们说那身衣服的实际价钱是因为什么？　[A]

（8）姐姐看见他穿的休闲服时是什么反应？　[B]

（9）小周对姐姐的误解是什么态度？　[A]

（10）小周最后对"包装"的感觉怎么样？　[B]

3. 选择对下面各句话的正确理解

（1）"一进屋，姐姐就问：'怎么，又发了一套工作服？'小周一愣，……"小周是什么态度？　[C]

（2）"小周一愣，想解释解释，可是话到嘴边儿，又咽了回去。"这句话中被小周"咽回去"的话可能是什么？　[A]

4. 听第三遍录音，回答问题

（1）那天在公共汽车站发生了什么事？

（2）在车站，妻子为什么没有跟小周说话？

（3）妻子对小周穿工作服的态度对小周有什么影响？

（4）小周怎样包装自己的？

（5）对小周的那身休闲服，同事们怎么说？

（6）小周为什么没有告诉同事们他那身衣服的实际价钱？

（7）小周的姐姐以为他的衣服是工作服，小周为什么没有解释？

（8）小周最后对“包装”是什么态度？

二、泛听练习 Extensive listening

短文（一）

服装是人的第二层皮肤，在人们的交往中起着重要的作用。通过服装，不但可以表现自己，还可以了解别人，影响别人。

人们发现，服装确实可以在某种程度上使穿衣人的感觉发生变化，从而影响穿衣人的行为。一位警察在谈到自己穿不同服装的感受时说：“当我穿便装跟家人在一起时，基本上是内向的，轻声说话。而一旦穿上警察的服装，感觉就完全不同了，觉得是一个很有权威的人。”同样，一位职业足球运动员也曾经说：“如果我穿了一套自己喜欢的球衣，就能在心理上感觉良好，球也踢得顺心。”

另外，通过服装，我们还可以影响别人。有一个人曾经做过这样一个实验：穿不同的服装出现在同一条街道上。当他穿着西服出现的时候，接近他的人，无论是向他问路，还是问时间，大多彬彬有礼。当他穿上很邋遢的服装时，接近他的多半是流浪汉，或是要跟他借烟，或是想跟他对火，还有向他借钱的乞丐。可见，尽管服装本身不会说话，但是人们可以通过服装判断一个人的地位、身份、职业等，也可以了解一个人的性格和情绪。

听录音，回答问题

（1）你觉得下面哪句话做这段文章的题目比较合适？　［C］

（2）服装在人们的交往中有什么作用？

（3）那位警察和足球运动员说他们穿上不同的服装会有什么不同？

（4）在那个实验中，当那个人穿着西服时，接近他的人都怎么样？当他穿着邋遢的服装时，接近他的人又怎么样？

短文（二）

到底多少钱

上个月我搬进了新家。为了装饰新家，我要买一个花瓶，星期天我就去了装饰市场。说是市场，其实就是一条南北向的街，街的两边就是商店，每家商店卖的东西也都差不多，都是一些房间装饰用品。我是穿着西服、打着领带去的。一到市场，我就看上了一种蓝色的很漂亮的花瓶，一问，600块。我从南往北走，看见好多家商店都有这种花瓶，我一连问了好几家，最便宜的也要550块。后来，我越走越热，就把西服脱了，把领带也摘了下来。看见那种蓝色的花瓶，再去问，只要400块，我想可能是这几家的花瓶质量不太好，就又回到开始的那几家商店去问，结果只要300块钱！同样的东西，怎么刚才600，现在才300？我看了看自己的衣服，忽然明白了。

听录音，回答问题

（1）他为什么去装饰市场？

（2）这是一个什么样的装饰市场？

（3）他一开始是什么打扮？

（4）他开始问的几家商店，那个花瓶多少钱？后来呢？你觉得这是为什么？

Lesson 27

第二十七课
中国菜

一、听力理解练习 Listening comprehension

一、听录音，选择正确答案

1. 女：小李，你父亲这几年身体还好吧？我好长时间没见他了。

 男：我父亲是年纪大了，不过身体还算健康。

 问：男的是什么意思？ ［A］

2. 男：这个试验不算这次的话，我已经做过五次了，都失败了。

 女：我希望这次能成功。

 问：算上这次，这个试验他做了几次？ ［C］

3. 男：今年北京太干燥了。

 女：是啊，大概有半年多没有下雨了，就算现在下上三天三夜也不算多。

 问：女的是什么意思？ ［D］

4. 男：小王，这件事你放心吧。只要是我能帮忙的地方，一定尽量帮忙。

 女：那我先谢谢你啊。

 问：男的是什么意思？ ［C］

5. 男：小华又聪明又漂亮，学习成绩又好，老师们也都很喜欢他，可是也免不了有同学忌妒他。

 女：这也能理解。

 问：男的说小华怎么样？ ［B］

6. 男：这家饭馆儿是不是有点儿小啊？明天请朋友在这儿吃饭，好吗？
女：这虽然是一家小饭馆儿，可是要说饭菜的味道，附近的饭馆儿没有哪家比得过。
问：女的是什么意思？ [C]

7. 女：小明，今天考试你怎么又是第一个交卷？你忘了考试以前我跟你说的话了？
男：我是第一个做完的，做完以后我就给老师了，忘了你的话了。
问：女的考试以前大概跟小明说了什么？ [A]

8. 男：这道题我真不应该错，当时没有好好儿地检查一下儿就交了卷。
女：你不要再埋怨自己了。就算再细心的人，也难免会出错的。
问：女的对男的是什么态度？ [D]

9. 男$_1$：小王还没起床呢？
男$_2$：他这段时间老是开夜车，所以早上能多睡一会儿就多睡一会儿。
问：下面哪句话是对的？ [B]

10. 男：你把那西服放回去吧，我真的不想穿。穿那么好的衣服去挤公共汽车，太可惜了。
女：看你每天穿的都是什么衣服啊！了解情况的人，知道你是有好衣服舍不得穿；不了解情况的人，还以为是我舍不得给你买呢！
问：下面哪句话是对的？ [A]

二、听对话，做练习

中国菜

你一定吃过中国菜，你喜欢吃吗？对中国菜，你想多了解一点儿吗？请听录音。

男：老师，我来中国好几个月了，现在已经喜欢吃中国菜了。

女：中国菜是很好吃，世界上几乎每个大城市都有中国餐馆。中国菜很讲究“色、香、味、形”。

男：什么意思？

女：“色”是“颜色”的“色”，是说菜的颜色要漂亮，让人一看就想吃；“香”是指闻起来有香气；“味”是指味道要鲜美；“形”是指菜的形状很好看。

男：真是讲究啊。不过我最爱吃的是川菜，又麻又辣，一边吃一边擦汗，尤其是冬天吃很舒服。

女：看来你很喜欢吃辣的。其实其他地方的菜也都有自己的特色。

男：对，北京的烤鸭也很好吃。

女：你知道吗？虽然叫“北京烤鸭”，但是北京最早的烤鸭店却不是北京人开的，而是山东人开的。

男：哦，是吗？山东菜是不是就是“鲁菜”？

女：对。山东菜在北方很受欢迎。北京很多大饭馆都是鲁菜馆。

男：老师，我听说过一句话，叫“食在广东”。

女：没错，广东菜是很好吃。广东人吃的东西很广。在广东菜里有一道菜叫“白蚁归巢”，就是用蚂蚁做的。广东人还吃蛇肉，不光吃蛇肉，甚至用蛇皮做菜。有一道菜叫“鸭掌龙衣”，就是用鸭掌和蛇皮做的。

男：我没吃过，不知道是什么味道。我对中国菜很感兴趣，真想学做几个中国菜。

女：这还不简单！哪天你到我家里去，我教你。

1. 听第一遍录音，判断正误

（1）√　（2）×　（3）√　（4）√　（5）×　（6）√

2. 听第二遍录音，选择正确答案

（1）关于川菜，下面哪句话不对？ [A]

（2）关于北京烤鸭，下面哪句话是对的？ [C]

（3）关于山东菜，下面哪句话是错的？ [D]

（4）“食在广东”是什么意思？ [B]

（5）“白蚁归巢”是哪个地方的菜？ [A]

（6）“白蚁归巢”是用什么做的？ [B]

（7）“鸭掌龙衣”中的“龙衣”是指什么？ [C]

3. 选择对下面各句话的正确理解

（1）“广东人……不光吃蛇肉，甚至用蛇皮做菜。”这个句子中的“不光”是什么意思？ [A]

（2）“这还不简单！”这句话是什么意思？ [B]

（3）“哪天你到我家里去，我教你。”这句话是什么意思？ [C]

4. 听第三遍录音，回答问题

（1）中国菜讲究的“色、香、味、形”分别是什么意思？

（2）川菜有什么特点？

（3）关于北京烤鸭，你知道什么？

（4）广东菜有什么特点？请你介绍两道广东菜。

二、泛听练习 Extensive listening

短文（一）

四季的饮食

一年有春、夏、秋、冬四季的变化。在这种变化中，人的身体也会随着季节发生变化，对饮食的要求也会随着季节不断变化。

春天天气由冷变暖，在饮食上，也应该清淡。因为冬天一般蔬菜的品种比较少，人体的营养也往往不足，因此，春天应该多吃一些新鲜的蔬菜，尤其是一些绿色蔬菜，少吃肥肉。在味道上应该少吃辛辣的食品，尤其要少喝酒。

夏天温度升高，天气很热。人们没有食欲，大多数人都不喜欢吃肥肉和油腻的东西，所以要特别注意食物的味道，尽量能引起人的食欲，使身体得到足够的营养。那么，夏天的饮食如何安排呢？一般来说，要少吃肉，多吃一些凉菜和豆制品、绿豆、西瓜等食物。另外可以适当地吃一些蒜来增加食欲。

秋天天气逐渐凉快，干燥，人们的食欲也逐渐恢复。同时这个季节的食物也最丰富，水果、蔬菜品种很多，鱼类、肉类也不少，因此这个季节在饮食上只要注意营养平衡就可以了。另外可以适当多吃一些辛辣的东西，如辣椒，也可以喝一些酒。

冬天气温很低，天气很冷，所以可以多吃一些炖肉、火锅之类的食物。在味道上可以多用一些辛辣的食物，如辣椒、葱、姜、蒜等。应该特别注意的是，冬天绿色蔬菜品种不多，往往会造成营养不足，所以应该尽可能多吃一些绿色蔬菜。

听录音，把左右两栏的相关内容用线连起来

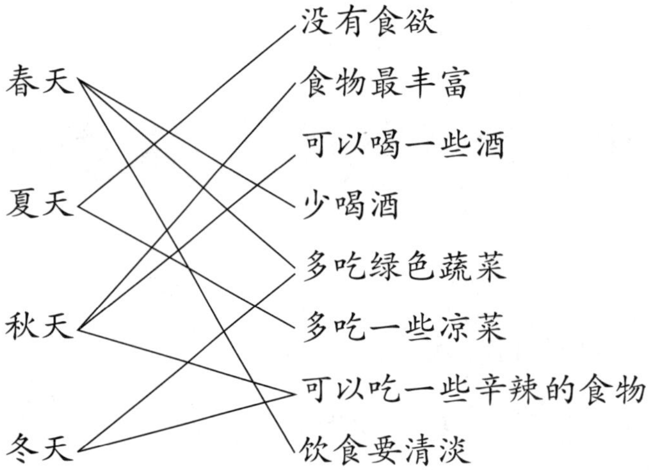

短文（二）

饺子

饺子是在中国北方比较受欢迎的一种食物，每年腊月三十的晚上，也就是除夕，还有正月初一的早上，在中国北方，家家都要吃饺子。因为按中国人的习惯，春节是全家人团圆的节日，所以春节吃饺子又叫作“吃团圆饺子”。因为饺子很好吃，所以人们在平常的日子里也经常吃饺子。

中国的饺子已经有一千多年的历史了。早在1700多年以前就出现了一种叫作馄饨的食品，不过与现在的馄饨不一样，那时的馄饨和现在的饺子做法一样，形状也相似。到了唐代，也就是1300多年以前，饺子已经是很普遍的食物了，可以说是家常便饭。饺子作为中国春节的传统食品也有四百多年了，四百多年以前，北京地区就有为庆贺春节吃饺子的风俗，不过那时饺子叫扁食。到了清代，也就是两三百年以前，人们往往在除夕半夜的时候吃饺子来迎接新年，这个新年和旧年交替的时刻又叫作“更岁交子”，所以后来就用“交子”的音，把“扁食”改名为“饺子”了。

人们春节吃饺子，不仅因为饺子好吃，还有庆祝“全家团圆”，祝愿“全年吉利”的意思。有的地方还在一两个饺子里放上干净的硬币，意思是谁如果吃到这个饺子就会发财；还有的在饺子里放入花生米，因为花生米又叫长生果，谁吃到这个饺子就能健康长寿。

小小的饺子包含着这么多美好的愿望，怎么样，你不想吃一个吗？

1. 听第一遍录音，判断正误

（1）×　（2）√　（3）×　（4）√　（5）×

2. 听第二遍录音，选择正确答案

（1）1700 多年以前的馄饨跟现在的饺子有什么不一样？ [C]

（2）“饺子已经是很普遍的食物了，可以说是家常便饭。”这句话中的“家常便饭”是什么意思？ [A]

（3）饺子 的名字有一个变化，这个变化的顺序是怎样的？ [D]

Lesson 28

第二十八课 买房还是租房

一、听力理解练习 Listening comprehension

一、听录音，选择正确答案

1. 女：大家把这本书好好儿看一看，明天上课我们讨论一下这本书，好吗？

   男：可是这么多内容，我一个星期也看不完啊！

   问：男的是什么意思？ [A]

2. 女：难怪麦克汉语说得那么好，原来他妈妈是中国人。

   男：你才知道啊！

   问：女的原来不知道什么情况？ [B]

3. 女：今天去商场想给孩子买一条裤子。到那儿一看，嗬，现在小孩儿的衣服一点儿都不比大人的便宜，一条裤子两百来块钱呢！

   男：可不是嘛！我这条裤子才一百二。

   问：下面哪句话是对的？ [C]

4. 男：我们公司今年经营得不错，这对我们当然有好处了。这不，这个月的工资又比上个月增加了一千多块呢！

   女：是吗？我们公司可就不行了。

   问：男的这个月的工资怎么样？ [B]

5. 男：我最爱吃的中国菜就是鱼香肉丝，可不知道是怎么做的，我还挺想学学的。

女：这还不容易啊！哪天我教你。

问：女的是说学做鱼香肉丝怎么样？ [A]

6. 女：今天的音乐会太精彩了，尤其是那个钢琴家，演奏得多棒啊！

男：是啊，除了这个节目以外，其他的也不错。

问：男的是什么意思？ [C]

7. 男：小王，明天早上七点半集合，别迟到啊！

女：七点半？后来说推迟一个小时了，你还不知道？

问：他们到底几点集合？ [D]

8. 男：小姐，这件羽绒服是不是因为质量不好才降价的？

女：我们现在是因为季节降价，质量一点儿问题也没有。

问：下面哪句话是对的？ [D]

9. 听说很多疾病是由于空气污染造成的，对这种说法我是毫不怀疑的。

问：对于"很多疾病是由于空气污染造成的"这种说法，她的态度怎么样？

[B]

10. 小刘跟他女朋友分手不到一个星期就后悔了。人呀，总是这样，好的东西，当你拥有它时，不知道去珍惜；而一旦失去了，才觉得它很好。就像冬天的时候，我们常常会怀念夏天的游泳池和冰激凌；而到了夏天，又会想念冬天的滑冰场和白雪一样。

问：这段话的主要意思是什么？ [A]

二、听对话，做练习

买房还是租房

如今，房子成了人们经常议论的话题，那么是买房子好还是租房子好呢？请听录音。

男：哎，小刘，听说你要结婚了。恭喜你啊！

女：谢谢，谢谢。

男：有房子了吗？

女：唉，要是有房子，不早就结婚了吗？这不正为房子的事发愁呢！

男：是想买房子还是租房子啊？

女：我想租房。

男：租房好啊，省心。房子什么地方坏了，让房东去找人来修就可以了，省得自己跑来跑去。

女：可我那位想买房。

男：买房也不错啊，买了房子心里踏实，住在一个固定的地方，心情也稳定啊！

女：不过最后我那位还是同意我的想法，租房子。

男：对，还是租房子好，租房子的话，就可以经常搬家。经常搬家好啊！可以帮你调节心情。比如你最近心情不好，就可以去郊区安静的地方租一间房子，住上几个月；你现在心情好了，想热闹热闹，那你又可以换一处城里的房子；想住新房子了，那就可以去找新房子。买房子的话恐怕就没有这个好处了。

女：你不是说住在固定的地方心情会比较稳定吗？

男：老在一个地方住着，时间长了也会觉得很无聊吧。

女：可我们周围的朋友都劝我们买房子。

男：对，有钱的话当然是买房好啦！租房子说不定一年要搬好几次家，太累了。再说，时间长了，租房子的钱都够买房了，还是买房子好。

女：你说买房的话，是一次性付款好呢，还是分期付款好？

男：分期付款好，这样不会让你的生活太紧张。

女：可是一次性付款有优惠呢！

男：那就一次性付款，免得以后万一有什么变化，交不起钱了怎么办呢？

女：老王，我知道为什么大家都叫你“好好先生”了。

男：“好好先生”？我吗？

1. 听第一遍录音，判断正误

（1）×　（2）√　（3）√　（4）×　（5）×

2. 听第二遍录音，把左右两栏中的相关内容用线连起来

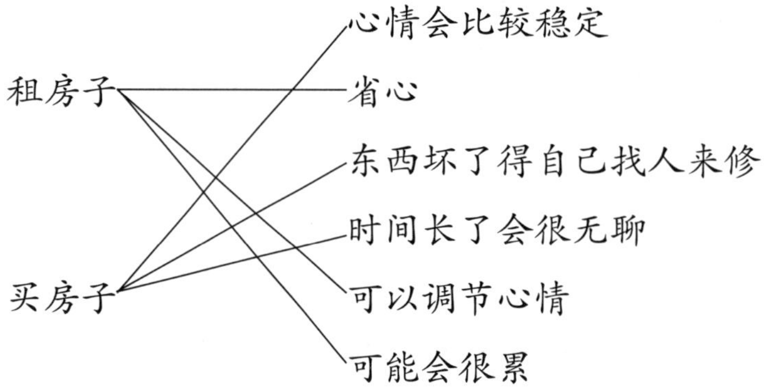

3. 听第三遍录音，填空

（1）最近心情不好　去郊区　心情好了　想热闹热闹　城里的房子

（2）不会让你的生活太紧张　免得以后万一有什么变化　交不起钱了

4. 根据录音内容回答问题

（1）“好好先生”是什么意思？

（2）说一说小刘为什么说老王是“好好先生”。

二、泛听练习　Extensive listening

对话

你喜欢这个城市吗

男：我来这儿打工已经五六年了，在这儿也住了这么多年了，可是我对这个城市就是喜欢不起来。

女：是吗？我在这儿工作也这么多年了，我倒觉得对这个城市特别有感情。我最喜欢它的自由自在，大家都各忙各的，没有人会对你特别关注，更不会有人在背后议论你，你可以自由地生活。还有，这儿的气候好，即使是冬天也可以穿裙子。

男：别提了，我最不喜欢的就是这儿的气候，根本没有冬天嘛，据说这儿有很多人一辈子都没见过雪。一年到头见不到雪，对我这个北方人来说，实在是不能忍受。还有一点我不能忍受的就是，夏天这儿的蚊子特别多，而且个儿又大，不是有人开玩笑说，这儿的蚊子三个就能炒一盘菜吗？

女：但是你不能否认这儿吃得好吧？不仅色、香、味俱全，而且又注意营养保健，国内有哪个城市可以比呢？

男：所谓吃得好，是指一些大菜。不过你注意过吗？这个城市里没有小吃，对不对？比较起来，还是小吃更能体现一个城市的特色。还有，这儿的人说的普通话不太标准，我听不太懂。

女：你自己说的普通话也不是很标准嘛！不管怎么说，这个城市工作效率很高，每个人都好像是在和时间赛跑，他们不是按年、月、日计算时间，而是按分来计算。这一点很适合我们年轻人的特点。

男：工作效率高？你看马路上堵的那些车，趴在那儿，半天都一动不动，效率高在哪儿呢？

女：算了，不跟你说了，反正我喜欢。

听录音，回答问题

（1）他们俩谁比较喜欢这个城市？谁不太喜欢？

（2）请你说一说他们喜欢和不喜欢这个城市的理由。

短文

北京的胡同

北京城到底有多少条胡同？老北京人说“有名的胡同三百六，没名的胡同似牛毛”，意思是说北京的胡同多得数不清。

北京城的胡同大多数都是正南正北、正东正西的，也有一些斜的或弯的。最长的胡同有六七公里，最短的只有三十来米长，最窄的胡同只有四十厘米，胖一点儿的人没有办法通过。

而北京胡同的名称更是各种各样，不过大致来说，一般有下面四种命名方式：一是用人名作为胡同的名字。这样的胡同有百十来条，既有用英雄的名字命名的，也有用历史人物命名的，还有不少用普通百姓的名字命名的。二是用市场或商品的名字命名。像“灯市”“花市”“菜市口”这些名字，一看就知道以前这些地方曾经是卖灯、鲜花和蔬菜的市场。而“玻璃胡同”“椅子胡同”“帽儿胡同”“裤子胡同”等都是用所卖的商品命名的。三是用建筑物命名。建筑物包括的范围很广，既有寺庙、花园，也有以前的政府机构、工厂什么的。四是根据地形命名。比如“大喇叭胡同”“小喇叭胡同”，一定是形状像一只喇叭。

现在，在胡同比较集中的什刹海地区有胡同旅游专线，游客可以坐着三轮车游览胡同，并且可以到普通老百姓家里做客，你有时间也去看看吧。

听录音，判断正误

（1）√ （2）√ （3）√ （4）× （5）× （6）× （7）×

Lesson 29

第二十九课 你想买车吗

一、听力理解练习 Listening comprehension

一、听录音，选择正确答案

1. 女：你是李华的朋友，应该比较了解他吧？

男：我们是大学同学，我是比较了解他，但还算不上是朋友。

问：男的和李华的关系怎么样？ [C]

2. 女：小李，你把词典还给小王吧，人家等着用呢。

男：好的，知道了。

问：谁在等着用这本词典？ [B]

3. 女：小王今天这是怎么了？他从来没对什么事这么认真过。

男：这件事关系到他以后的发展，他当然要认真了。

问：女的是什么意思？ [A]

4. 女：虽然现在中国足球的水平不如其他一些国家，可中国人热爱足球的程度却丝毫不亚于其他国家。

男：对呀，中国足球非常需要大家的支持嘛！

问：女的是什么意思？ [C]

5. 女：小明这孩子，昨天只顾看动画片了，作业都忘了做了。

男：他还是个孩子嘛！

问：小明昨天怎么了？ [D]

6. 男：昨天我们公司的小李辞职了。

女：我说什么来着！人家是博士，不可能在你们那种小公司里干下去的。

问：下面哪句话是对的？［A］

7. 女：这次世界杯足球比赛的转播几乎都是在晚上，如果是在12点以前的，你可以看，要是12点以后的就别看了吧，要不会影响第二天的工作。

男：12点以前也好，12点以后也好，反正我都得看。

问：男的是什么意思？［B］

8. 男：你平时老说我丢三落四的，我今天总算没丢东西吧。你看，我把雨伞带回来了！

女：我不得不告诉你，你今天出去的时候并没有带雨伞！

问：从上面的对话中我们可以知道什么？［D］

9. 我们单位的小王，那可是真正的球迷。他可以不吃饭，可以不睡觉，但却不能不看足球比赛。

问：从这段话中我们可以知道什么？［A］

10. 老王最近老是失眠，休息不好。他去医院看了看，人家说就是因为他的生活太没规律了。

问：这段话中的“人家”是指谁？［C］

二、听对话，做练习

你想买车吗

在中国，很多年轻人工作几年后会给自己买一辆汽车，这样出行会方便一些，但是也有人有不同的想法。这不，在同学聚会上，几个老同学又议论开了。

小宋：我的车是去年春节以后买的。买车以后一个明显的感觉就是，这个城市变小了。以前骑自行车的时候，每天的活动范围也就是方圆几公里。现在有了车，想去哪儿就去哪儿，多方便啊。所以，有了钱，买一辆汽车还是不错的。

小赵：小宋，你自己开着一家公司，当然有钱买车了。现在一辆车十几万、几十万，对我们工薪阶层来说，少说也得攒几年的钱才够啊。以我现在的工资，我是不会考虑买车的。

小刘：要我说呀，即使有钱，我大概也不会买车。我觉得买车完全是给自己找麻烦。你看，有了汽车，还要有车库，还要上保险。另外，买了车，我每个月要花很多钱去养车，买汽油啊，维修啊。再说，咱们这个城市的道路发展还很不够，你开着车去办事，在路上，很可能会堵车；到了要去的地方，又可能找不到停车的地方；等你办完了事出来，你的车又被别的车堵在里面出不来了。而且现在公共交通很方便呀，坐公共汽车、地铁都很方便，也很便宜。另外，还可以打车啊，也不算太贵，还省去了自己买车的麻烦。所以说啊，有了钱，我宁愿去买房子，也不买汽车。买汽车，真是一点儿好处都没有。

小高：也不能这么说。买车有买车的好处，不买也有不买的道理。虽然家庭用车会越来越多，但公共交通发展得也很快，所以堵车现象也不一定越来越严重。不过，少开车对减轻城市道路拥挤和保护环境有好处，所以，我完全支持你的想法。

1. 听第一遍录音，判断正误

（1）×　（2）×　（3）√　（4）√　（5）√　（6）×

2. 听第二遍录音，选择正确答案

（1）小宋买了车以后感觉怎么样？ ［A］

（2）关于第二个人，下面哪句话是对的？ ［D］

（3）第三个人不想买汽车是因为什么？ ［B］

（4）第三个人说如果他有钱的话会怎么样？ ［C］

（5）第三个人认为买了车会有很多麻烦，下面哪种情况是他没提到的？ ［C］

（6）关于这个城市的道路和交通情况，下面哪一个是第三个人说的？ ［B］

（7）下面哪一个不是第四个人的观点？ ［D］

3. 选择对下面各句话的正确理解

（1）“以前骑自行车的时候，每天的活动范围也就是方圆几公里。”这句话是什么意思？ ［D］

（2）“少说也得攒几年的钱才够啊。”这句话中的“少说”是什么意思？ ［B］

（3）“买车有买车的好处，不买也有不买的道理。”这句话是什么意思？ ［C］

4. 听第三遍录音，回答问题

（1）小宋买车以后觉得有什么变化？为什么会有这种变化？

（2）第二个人想不想买车？为什么？

（3）第三个人想不想买车？为什么？

（4）第四个人对买车是什么看法？

二、泛听练习 Extensive listening

短文（一）

电动汽车和燃油汽车

随着技术的不断发展，电动汽车进入了人们的视野，很多人在买车的时候就会犹豫，到底该买电动汽车还是燃油汽车呢？其实每种车都有自己的优点，这要取决于我们的喜好以及用途了。

首先，价格当然是很重要的一个参考因素了。电动车的价格要远高于燃油汽车，因为电动车的造价都比燃油汽车高不少。

其次，在行驶里程上两者差距还是很大的。电动车充满一次电可以行驶200到300公里，如果要开长途的话，电动车是非常不适合的，如果只在城市里跑短途的话还可以。

第三，电动车是绿色无污染的，更环保，这一点比燃油汽车要好得多。

第四，电动车要用电，燃油车要用油，电价要比油价便宜很多，这也是很多人考虑电动车的最重要原因。一般而言，电动车行驶相同的里程会比燃油车便宜三分之一。

第五，电动车有充电的问题。目前，电动车的充电站太少了，充电比较麻烦，而加油站却到处都有。这也是大家买电动车时需要考虑的一点。

还有，在舒适性上，电动汽车要比燃油汽车好。因为电动车没有发动机，所以噪音会小很多，这就让驾乘的舒适性提高不少。

最后是维修问题。燃油车基本没什么大的维护费用，但电动车的电池是非常昂贵的，更换电池的费用基本和买一辆比较便宜的电动车价格差不多。

说了这么多，你会怎么选择呢？

听录音，对比并勾选出以下每个方面有优势的汽车种类

	购车价格	行驶里程	环保	行驶费用	充电或加油的方便程度	舒适性	维修费用
电动汽车			√	√		√	
燃油汽车	√	√			√		√

短文（二）

出租车管理

目前，本市对出租车的管理采用了很多办法，比如统一汽车内座位上的座套，都使用白色的座套；统一司机的服装；因为有的顾客常把东西忘在车上，所以还统一安装了语音提示器。除此之外，还统一安装了交通信息接收器以及对出租车进行统一喷色等。

但是这些办法实行以后，人们有很大的反应。根据采访，对统一座套，100%的人都赞成；对统一服装，有98%的人赞成；而对语音提示器和交通信息接收器，则没有一人赞成。人们意见最大的是对出租车统一喷色。这次统一的颜色是车的上半部分是灰色，下半部分是红色，很多司机和乘客都反对这样做。他们觉得这种颜色看上去很不舒服，另外，晚上也看不清楚。所以目前给出租车统一喷色的工作停止了。

听录音，判断正误

（1）× （2）√ （3）√ （4）× （5）×

Lesson 30

第三十课
请跟我来

一、听力理解练习 Listening comprehension

一、听录音，选择正确答案

1. 女：小王，吃早饭了吗？

   男：今天有点儿不舒服，没吃多少。

   问：男的今天早晨怎么了？ ［C］

2. 女：我早上走的时候让小明在家把房间收拾干净，可他早就忘得一干二净了。

   男：他一定是玩儿游戏玩儿得忘了。

   问：下面哪句话是对的？ ［A］

3. 女：从我家到学校来回就要三个小时，而有时候来学校只上两个小时的课。上课的时间还不如我在路上的时间长呢！

   男：你真是挺辛苦的。

   问：女的从家到学校大概要多长时间？ ［C］

4. 男：最近这几年，我们村子里的人都富了，有钱了，家家都住上了楼房，而且一座比一座漂亮。

   女：是啊，人们的精神面貌也不一样了。

   问：这个村子里的楼房怎么样？ ［C］

5. 男：昨天小王不知道为什么哭了。

   女：还不是因为考试成绩嘛！

   问：小王为什么哭了？ ［A］

6. 女：这次汉语节目表演，你们班准备了什么节目？

男：到时候你就知道了。

问：男的是什么意思？ [D]

7. 男：今天我请大家看电影啊。喏，这是电影票。

女：哎，小王，这里只有 10 张电影票，还不够一人一张呢，我们怎么去呀？

问：女的是什么意思？ [B]

8. 人们休闲娱乐的方式跟很多因素有关系。收入高的家庭喜欢外出旅行；女性一般喜欢安全的娱乐方式；年纪大的人喜欢在一个固定的地方，跟一些熟悉的老人一起玩儿。

问：上面一段话没有提到什么跟娱乐方式的关系？ [B]

9. 别人给小王介绍了一个女朋友，今天下午见面。这不，从来不跟镜子打交道的小王，今天也对着镜子打扮起来了。

问：从这段话中我们可以知道小王怎么样？ [D]

10. 每天坐公共汽车上班吧，太不准时了，再说，路上一堵车，上班肯定就迟到；骑自行车吧，家离单位太远，骑起来太累；自己买辆汽车吧，又没钱，所以就买了这辆电动自行车，每天骑着它上下班，又快又轻松，问题不就都解决了？

问：他现在怎么去上班？ [B]

二、听短文，做练习

请跟我来

如果你来北京旅游、购物，可能会不知道怎样安排才能时间花得少，而地方逛得多，那你听这位“导游”的一定没错。

外地人来北京旅游，除了去那些名胜以外，许多人要专门留出一天来逛街购物，可是看着地图，常常不知道怎么安排这一天才能走的路最少，逛的地方最多，还能欣赏一些北京有特色的地方。那就请您跟我来吧。

咱们先去西单，早上9点半到就行，因为商场大多都是9点半以后才开始营业，早去也没有用。到西单的车很多，可以坐22路、52路、102路、109路、808路等，还可以坐地铁1号线、4号线，在西单下车，一下车就能看到位于长安街北边的北京市最大的书店——北京图书大厦。出了图书大厦，沿着长安街向西，就是北京最热闹的商业街之一——西单北大街。沿街道往北走，西侧依次是君太百货、西单大悦城；东侧依次是中友百货、西单商场。大悦城的商品年轻，时尚，具有国际化的特点，是主要面向年轻人的购物商城。西单商场有80多年的历史，共有7层，这儿的商品价格不贵，尤其是这儿的中老年服装，被认为是品种最多最全的。中友百货和君太百货很有现代感，商品都很流行，而且购物环境不错。

从西单乘22路可以直达天安门南边的前门大街，这条大街也是有名的商业街，已经有570余年的历史，有“天街”之称。2007年北京市政府对这条街进行了修缮。2008年8月，经过一年多的修缮，新前门大街重新开业。这条1660米的大街上既有很多家老字号，又有许多国际知名品牌的店铺，成为了北京标志性的老街，所以您不能不去看一看。逛了一上午，也该吃午饭了，咱们可以到这儿的全聚德去品尝一下北京烤鸭。吃完烤鸭，咱们可以到街对面的大栅栏去逛一逛，这条街虽然只有300米，却聚集了众多具有北京特色的老字号，是北京最古老、最著名并且是最有特点的街市和繁华的商业闹市区。相信您在这儿不但会有所收获，而且能感受到真正的北京文化。

逛完前门大街，咱们接着坐120路到另一个有名的商业街——王府井。王府井大街的东侧有东方新天地和新东安市场，西侧则是北京市百货大楼，是新中国成立后建造的第一家大型百货商店，享有“新中国第一店”的美称。

从王府井大街往北走大约一站地，过一个十字路口，就可以看到中国美术馆的大楼，咱们可以顺路去看看画展，也是一种享受。到这儿，咱们这一天的活动也该结束了。

我给您介绍的这条线路怎么样？这一路下来，您一定会觉得这一圈儿走得有些意思，而且效率高，收获多。

1. 听第一遍录音，画图并标出位置

（1）画出录音里介绍的路线图。

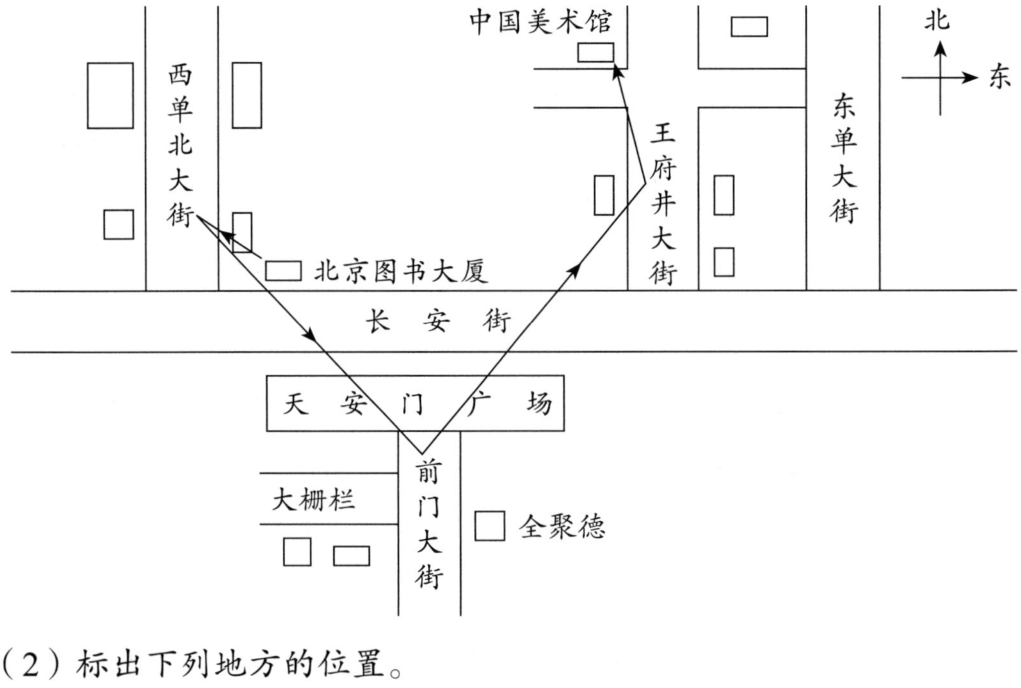

（2）标出下列地方的位置。

2. 听第二遍录音，判断正误

（1）√ （2）× （3）× （4）× （5）√ （6）× （7）√

3. 听第三遍录音，选择正确答案

（1）到西单可以坐哪些公共汽车？ [C]

（2）在西单北大街上，有 80 多年历史的商场是哪一家？ [B]

（3）在西单北大街上，为中老年人买衣服的话，去哪家商场比较好？ [B]

（4）从西单到前门可以坐几路公共汽车？ [A]

（5）有“天街”之称的是哪条大街？ [D]

（6）新前门大街有多长？ [C]

（7）从前门大街到王府井大街可以坐几路车？ [B]

（8）哪家商场被称为“新中国第一店”？ [D]

（9）中国美术馆在什么地方？ [C]

4. 根据录音内容回答问题

（1）在西单北大街可以去哪些地方？每个地方都有什么特点？

（2）在前门大街可以做什么？

（3）在王府井大街可以去哪些地方？它们分别在什么位置？

二、泛听练习 Extensive listening

短文（一）

世界遗产

世界遗产包括文化遗产、自然遗产、文化与自然双重遗产三类。到 2019 年 7 月，中国已有 55 项世界文化和自然遗产列入《世界遗产名录》，其中世界文化遗产 37 项、世界自然遗产 14 项、世界文化与自然双重遗产 4 项，与意大利并列为拥有世界遗产最多的国家。

北京拥有 7 项世界遗产，是世界遗产项目数最多的城市。这 7 项世界遗产是故宫、长城、周口店北京人遗址、天坛、颐和园、明清皇家陵寝、大运河。

故宫1987年被列为世界文化遗产。它是中国明清两代的皇家 宫殿，是中国古代宫廷建筑的精华。

长城1987年被列入世界文化遗产。它是中国古代的军事 防御 工程。明朝是最后一个大修长城的朝代，今天人们所看到的长城多是明朝时修筑的。

周口店北京人遗址1987年被列入世界文化遗产，位于北京市房山区周口店龙骨山，是中国旧石器时代的重要遗址。

天坛1998年被列入世界文化遗产。它是世界上最大的祭天建筑群，坛内主要建筑有祈年殿、圜丘、回音壁等。

颐和园1998年被列入世界文化遗产。它是中国清朝时期的皇家园林，坐落在北京西郊，距城区15公里，占地约290公顷，与圆明园毗邻，是中国保存最完整的一座皇家行宫御苑，被誉为“皇家园林博物馆”。

明清皇家陵寝2000年被列入世界文化遗产，位于北京的有明十三陵等，坐落于北京市昌平区天寿山麓，总面积120余平方公里，距离天安门约50公里。

大运河，2014年被列入世界文化遗产。它是世界上建造时间最早、使用最久、空间跨度最大的人工运河。

听录音，判断正误

（1）√ （2）√ （3）× （4）√ （5）√

短文（二）

北京世界公园

北京世界公园位于北京西南，是集中展示世界名胜的公园，也是北京的精品公园。1993年开园，占地面积800亩。园内有将近50个国家的100多处著名的微缩景观，大都是按照1∶10的比例建成的。走在公园里，会使您感到好像真的在周游世界，用一天的时间就可以游览近50个国家的名胜古迹。

进门以后，沿着入口向左前行，有日本园、澳大利亚的悉尼歌剧院、非洲部落、美国白宫等。沿着入口处向右游览，可以看到意大利名胜、荷兰风车、美国的金门大桥等。漫步在公园中，您可以观赏世界奇观，又可以了解各国风土人情。公园每天上午十点半在主要道路的两旁，举行由世界公园艺术团表演的世界民俗大游行，节目内容是世界主要民族的代表性舞蹈。下午在露天剧场，公园还为游客送上一台精彩的外国歌舞节目。

目前，从北京市区到世界公园，可以乘地铁9号线、北京地铁房山线直达公园。公交路线有特7路、959路、937路支、967路、913路、944路、692路。

每年4月初到10月底是旅游旺季，开园时间从早上8点到下午5点半；每年11月到次年的3月是旅游淡季，开园时间是早上8点到下午5点。

世界公园的门票价格是成年人100元，学生票60元。1米1以下的儿童免票，团体在50人以上，优惠15%。

听录音，判断正误

（1）×　（2）×　（3）√　（4）×　（5）√　（6）×　（7）×　（8）√

小测试（三）

一、听录音，选择正确答案

1. 女：这座建筑看上去非常古老。

男：据一位专家介绍，它建于19世纪，少说也有100年的历史了。

问：关于这座建筑，下面哪句话是对的？ [B]

2. 男：下午的座谈会有几个人来参加？

女：小王说他不可能来，小李说他可能不来，老张说他来不来不一定，反正老刘是一定来。

问：下午的座谈会谁会来？ [D]

3. 男：老师，您能尽量说得慢一点儿吗？不然我记不下来。

女：好的。

问：男的是什么意思？ [D]

4. 女：别人都说坐飞机旅行再舒服不过了，可我每次去旅行，宁可坐火车，觉得这样安全。

男：我也喜欢坐火车，可以看看外边的风景。

问：女的觉得坐火车怎么样？ [A]

5. 男：我这些年就是工作太辛苦了，头发都白了一半了！哪像46岁的人啊，看上去倒像64岁似的。

女：不过一头白发也挺帅的。

问：男的怎么了？ [B]

6. 女：我有了钱就去旅游。趁着年轻，身体好，多出去看看，也算长点儿见识。要不等以后老了，想去哪儿也去不了了。

男：好啊，年轻人应该多见见世面。

问：关于女的，下面哪句话是对的？ [C]

7. 女：小王说，要想真正了解一个国家，必须要先学好这个国家的语言。小李，你看呢？

男：我看不见得。

问：男的是什么意思？ [C]

8. 女：五年以前，我们学校300名教师中，女教师只占三分之一，到今年我们学校增加了200名教师，女教师也增加到了百分之四十。

男：嗯，女教师的比例增加了。

问：他们学校今年有多少女教师？ [C]

9. 男：我发现你们这个城市自行车特别多。

女：是的，在我们这个城市，人们都很喜欢骑自行车。根据去年的统计，全市有300万辆自行车，差不多平均两个人就有一辆自行车。

问：从对话中我们可以知道这个城市的人口有多少？ [D]

10. 男：每天晚上睡觉以前，我都要躺在床上听汉语录音，同屋非常佩服我能抓紧时间学习。他哪里知道，听着录音能很快睡着，效果还不错呢。

女：听汉语录音还有这个作用呢！

问：男的睡觉前为什么听汉语录音？ [B]

11. 女：要是遇到烦恼的事儿，先不要着急生气，不妨去做做自己感兴趣的事儿，或者跟朋友聊聊。

男：您放心，我知道怎么做。

问：女的是在说什么？ [A]

12. 男：我们公司的很多产品在质量上并不亚于一些名牌产品，但是我们的产品不重视包装，所以在价格上也往往竞争不过那些名牌产品。

女：看来，我们还要重视产品的包装。

问：从这个对话中我们可以知道他们公司的产品怎么样？ [D]

13. 女：这次试验又没成功！

男：只是出了一点点问题而已，算不上失败。

问：男的觉得这次试验怎么样？ [B]

14. 男：为了让我上大学，父母辛辛苦苦地挣钱，拼命地工作。如今我工作了，要好好报答他们，决不能再让他们像以前那样受苦受累了。

女：你的父母知道你这样想，一定非常高兴。

问：男的是什么意思？ [A]

15. 女：小李，你看，现在怎么办呢？这个饭店现在只剩下十五个房间了，每个房间只有两张床，只能住两个人，我们旅游团的人住不下。

男：别着急，我再想想办法。

问：从对话中我们可以知道他们旅游团大概有多少人？ [D]

16. 男：老王生什么气？他自己做得不对，我给他提意见，他还不接受！

女：小李，你说话太不考虑后果了。先不说你的意见对不对，就算是对的，你说得那么不客气，老王能不生气吗？

问：女的是什么意思？ [B]

17. 在现代社会中，广告对人们的影响越来越大。各个企业也都认识到了这一点，在广告上狠下功夫，因为只要你有钱做广告，你的产品就会被更多的消费者知道。但是，广告的质量跟产品的质量并不一定是成正比的。

问：下面哪句话跟上面这段话意思一致？ [C]

18. 有家商店卖的全是七岁儿童的用品，这家店在广告中说："必须是七岁儿童，或者有七岁儿童陪伴的大人才可以进店，否则不准进入。"广告所称的对七岁儿童以外者的禁忌，谜一般地吸引着顾客。恰好有七岁子女的家长当然会进去一饱眼福，那些没有七岁子女的家长们，也都千方百计纷纷进店来看个究竟。这样一来，这家店生意兴隆，热闹非凡。

问：下面哪句话是对的？ [C]

19. 我学习书法是五十岁以后的事儿。由于五十岁以后经常生病，才开始想锻炼，散步、爬楼梯、打太极拳、游泳、跳舞，什么都试过，但什么都坚持不下来，原因是没有一项运动是我感兴趣的，我只对艺术感兴趣。我想还是要把锻炼身体和我的艺术爱好联系起来，于是我就开始学习书法。

问：下面哪句话是对的？ [A]

20. 有一个人总是吹牛，说自己画画儿画得很好，于是他的朋友就请他给画幅画儿。可是他根本就不会画画儿，怎么办呢？他左思右想，想出了一个主意。过了几天，他的朋友来了，只见墙上贴着一张纸。朋友问他："我请你给我画的画儿画好了吗？""好了，就在这儿。"他说着，指了指墙上的那张纸。朋友看了半天，问道："你画的这是什么呢？""我画的是一头牛在吃草。""草呢？""草被牛吃完了。""那牛呢？""没有草了，牛还会在这儿吗？"

问：那张纸上画了什么？ [D]

二、听短文，完成试题

有一天，几个好朋友在一起聊天儿，谈着谈着就谈到了广告。

一个朋友忽然问大家："你们注意过没有？在电视的广告中，女性角色最多的是在做什么？男性角色最多的又是在做什么？"她这一问，突然提醒了我们。可不是，广告中的女性，尤其是成年女性，最多的角色就是在做饭、洗衣服、擦地、整理房间；而男性最多的镜头呢，则是潇洒地开着汽车，或是回到家里坐在摆着丰盛饭菜的饭桌旁吃饭，或是举起酒杯很满足地喝上一口。

难怪我的女儿总是感叹："还是男的好，不用做家务。"

在女儿的意识中，这是理所当然的。我想起了女儿以前画的一幅画儿，画儿的左边，我端着一盆脏衣服站在洗衣机旁边，女儿在中间坐着，玩儿着她的那些玩具，右边是她的爸爸，坐在沙发上看电视。这不能怪孩子，因为这是她经常看到的家庭情景，更何况还有电视的影响呢！

不过，这也不全是电视的责任，这种意识男人有，女人也有，比如在朋友聚会的时候，经常听到这样的对话：

女的问男的："你最近脸色不太好，你妻子是怎么搞的？"

男的回答："唉，她最近工作忙，没有顾得上照顾我。"

男的问女的："你今天出来参加聚会，你先生和孩子的晚饭怎么办？"

女的回答："我出来之前都给他们做好了。"

这一问一答，大家都觉得很自然，但是如果仔细想一想，是不是就觉得有什么地方不太对呢？

生词提示

1.	镜头	jìngtóu	（名）	camera lens
2.	潇洒	xiāosǎ	（形）	natural and unrestrained, unaffected
3.	丰盛	fēngshèng	（形）	sumptuous, (of a meal) hearty
4.	感叹	gǎntàn	（动）	to sigh with emotion
5.	理所当然	lǐsuǒdāngrán		to take... for granted

1. 听第一遍录音，判断正误

（1）√　（2）×　（3）×　（4）√

2. 听第二遍录音，选择正确答案

（1）广告中的女性最多的是在做什么？ ［A］

（2）广告中的男性最多的是在做什么？ ［B］

（3）女儿画的那幅画儿中，几个人在做什么？ ［C］

3. 听第三遍录音，回答问题

（1）女儿为什么说“还是男的好，不用做家务”？

（2）文章中有这样一段话，女的问男的：“你最近脸色不太好，你妻子是怎么搞的？”男的回答：“唉，她最近工作忙，没有顾得上照顾我。”从这段对话中，你可以了解到什么情况？

（3）文章中有这样一段话，男的问女的：“你今天出来参加聚会，你先生和孩子的晚饭怎么办？”女的回答：“我出来之前都给他们做好了。”从这段对话中，你可以知道什么？

（4）对上面的两段话你会觉得有什么地方不对吗？为什么？

（5）你能为这篇文章加一个题目吗？

三、听短文《茶》，完成试题

茶

茶在中国人的日常生活中有着很重要的地位，几乎是“不可一日无茶”，可见茶的重要。

中国人从什么时候开始喝茶，我们不太清楚。但在公元八世纪的唐代，茶是一种很普遍的饮料。唐代有一个叫陆羽的人，写了一本书叫《茶经》，介绍了茶叶生产的历史、源流、现状、生产技术以及饮茶等方面的内容，一直流传到现在。

在中国，茶叶主要生长在南方，北方适合茶叶生长的地方比较少。而且由于各地气候、土壤的不同，每个地方的茶叶形成了不同的特色。安徽的红茶、浙江的绿茶都是非常有名的。

茶叶分春、夏、秋三个季节采摘，经过加工，制成茶叶。由于加工方法的不同，一般分为红茶、绿茶、白茶、黄茶、青茶和黑茶，另外还有花茶。一棵茶树的叶子，可以制成青茶，也可以制成绿茶或红茶。

一般来说，生活在寒冷地区的人们喜欢喝红茶，而热带的人们喜欢喝绿茶。中国的红茶一般是出口到欧洲，绿茶主要是出口到非洲。中国的北方人一般喜欢喝花茶，南方人多喜欢喝绿茶。

生词提示

1.	土壤	tǔrǎng	（名）	soil
2.	采摘	cǎizhāi	（动）	to pick, to pluck
3.	寒冷	hánlěng	（形）	cold
4.	出口	chūkǒu	（动）	to export

专有名词

1. 唐代	Tángdài	Tang Dynasty
2. 陆羽	Lù Yǔ	Lu Yu, a Tang Dynasty tea master and writer
3.《茶经》	《Chá Jīng》	*The Classic of Tea*
4. 安徽	Ānhuī	Anhui Province
5. 浙江	Zhèjiāng	Zhejiang Province

1. 听第一遍录音，判断正误

（1）√ （2）× （3）× （4）√ （5）× （6）√

2. 听第二遍录音，选择正确答案

（1）录音中说中国人“不可一日无茶”，大概是什么意思？ ［A］

（2）不同的地方茶叶的特色也不一样，这是因为什么原因？ ［C］

（3）茶叶一般分为红茶、绿茶、白茶、黄茶、青茶、黑茶等是由于什么原因？ ［B］

（4）中国的红茶一般出口到什么地方？ ［D］

（5）中国的绿茶一般出口到什么地方？ ［A］